中國佛教典籍選刊

宗鏡録校注

八

〔五代〕延　壽　集

富世平　校注

中華書局

識論問云〔一〕：以有阿含證驗知故〔二〕，若但心識虚妄分别見外境界，不從色等外境界生眼識等者，以何義故，如來説眼、色等十二種入，明知有色、香、味等外境界也？

答曰：偈言：説色等諸入，爲可化衆生，依前人受法，説言有化生。

如來依彼心業相續，不斷不絶，是故説有化生衆生。又説言無我、無衆生、無壽者〔三〕，唯因緣和合，有諸法生。如來如是説色等入，爲令前人得受法故。以彼前人未解因緣諸法體空，非謂實有色、香、味等外諸境界。

問：若實無有色等入者，以何義故，如來經中作如是説？

答曰：偈言：依彼本心智，識妄取外境，是故如來説，有内外諸入。

此依無始心、意、識等種子轉變，虚妄見彼色、香、味等外諸境界。是故如來依此虚妄二種法故，作如是説：一、本識種子，二、虚妄外境界等。依此二法，如來説有眼、色等入。

問：依如是偈説，有何功德利益？

答：偈曰：觀虚妄無實，如是入我空，觀於〔四〕諸法異，入諸法無我。

爲令聲聞解知，因彼六根、六塵生六種識，無有一法是實見者。乃至無有一法是實覺者。爲令可化衆生等作是觀察，入人無我空。「觀於諸法異」者，謂菩薩觀，實無色等外塵一法可見〔五〕，乃至實無一觸可覺。如是觀察，得入因緣諸法體空。爲欲遮彼虚妄分别故，説色等一切諸法畢竟空無，非無言處，皆悉空無。無言處者，所謂諸佛如來行處，如是唯有真識，更無餘識，不能如是分別觀察，入於識空。如是依識，説入一切諸法無我，非謂一向謗真識我，説言無有佛性實我。又，如來方便，漸令衆生得入我空及法空故，説有内識，而實〔六〕無有内識可取。若不如是，則不得説我、法空。以是義故，虚妄分別，此心於彼心，彼心知此心。

校注

〔一〕按，後詳見天親造、般若流支譯唯識論。

〔二〕按，唯識論此句後有：「言阿含者，謂佛如來所説言教。」

〔三〕按，此説經中多見。如鳩摩羅什譯摩訶般若波羅蜜經卷二五具足品：「今有佛無佛，諸法相常住不異。是法相中，尚無我、無衆生、無壽命乃至無知者、無見者，何況當有色受想行識？」菩提流支譯金剛般若波羅蜜經：「一切法無我、無衆生、無壽者、無受者。」實叉難陀譯大方廣佛華嚴經卷：「我當了知一切諸法無我、無衆生、無壽命、無補伽羅，空、無相、無願，浄如虚空。」

〔四〕「於」，原作「知」，據唯識論改。

〔五〕按，「謂菩薩觀，實無色等外塵一法可見」，此句節略過甚，語義不明。唯識論作：「菩薩觀察，唯有内識。云何觀察？謂菩薩觀無外六塵，唯有内識，虚妄見有内外根塵，而實無有色等外塵一法可見。」

〔六〕「實」，原作「識」，據唯識論改。

辯中邊頌云：「識生變似義，有情、我及了，此境實非有，境無故識無。」〔一〕「『變似義』者，謂似色等諸境性現；『變似有情』者，謂似自、他身五根性現〔二〕；『變似我』者，謂染汙末那與我癡等〔三〕恒相應故；『變似了』者，諸餘六識了別相麁故；『此境實非有』者，謂似義似相無行相故，似我似了非真現故，皆非實有。『境無故識無』者，謂所取義、有情、我、了別等四境無故，能取諸識亦非實有。」〔四〕

校注

〔一〕見彌勒説、玄奘譯辯中邊論頌辯相品第一。

〔二〕玄奘譯成唯識論卷二：「似自、他身五根現者，説自、他識各自變義。」

〔三〕按，「我癡等」者，指與末那識常恒相應的四種根本煩惱：我癡（無明）、我慢、我見、我愛。

〔四〕見世親造、玄奘譯辯中邊論卷上辯相品。

是以若約大根頓悟之人，尚不得一，何況説多！何以故？以執多故迷，了一故悟。於迷多中，根有不同，遂開陰、處、界。若迷心不迷色，則數爲五陰；若迷色不迷心，則數爲十二處；若心、色俱迷者，則數爲十八界。若直見真心神解之性，則非一、非多，非法、非數。其餘能詮之教，皆是善巧之門，將逗機宜，廣申破立，欲顯真空之理，先明幻有之端，究竟指歸一心之海。

問：於世間法，五藴身中，作何見解，成外道義？云何通達，成佛法義？

答：外道不達諸法因緣和合成諸藴，凡有所爲皆是識陰，便於藴上執有實我，受用自在，名爲神主。於似常、似一相續之中，説有神性，是外道義；若了内外和合因緣所成，唯識所變，似境所現，即第八識任持不斷，似有相續，即佛法義。外道不知，將爲實有，迷無性之理，執身見之愚。

問：前破五陰、六入、十八界、七大性，識義俱無，云何建立唯識？

答：一、爲遣境故立識。何者？若不因識，何以立境？若不顯識，何以遣境？二、爲以有妄想心故，能知名義。何者？若無妄則不能顯真，若無真則不能破惑，故知破、立在我，染、淨由心。

三無性論云：「今爲成就此依他性故，説成立道理，此性不但以言説爲體。何以故？言説必有所依故。若不依亂識〔一〕品類，名言得立，無有是處。若不爾，所依品類既無有，所説名言則不得立。若爾，則無二性〔二〕。無二性故，則無惑品。無惑品故，則有二過：一、不由功用自然解脱，二、則生死涅槃不可顯現。由無此二過失故，是故應知決有依他性。」〔三〕有此性故，世諦立。若不立世諦，亦不得真諦。何者？以了俗無性故，即成真諦。

若撥無二諦，是惡取邪空，非善通正理〔四〕。

校注

〔一〕世親釋、真諦譯攝大乘論釋卷五相章第一：「欲顯虚妄分別，但以依他性爲體相。亂識及亂識變異，即是虚妄分別。分別即是亂識，虚妄即是亂識變異。虚妄分別，若廣説有十一種識，若略説有四種識：一、似塵識，二、似根識，三、似我識，四、似識識。一切三界中所有虚妄分別，不出此義。由如此識，即得顯現。」

〔二〕二性：指分別性、依他性。參後注。

〔三〕見真諦譯三無性論卷上。按，三無性論卷上：「一切諸法不出三性：一、分別性，二、依他性，三、真實性。分別性者，謂名言所顯諸法自性，即似塵識分；依他性者，謂依因依緣顯法自性，即亂識分，依因内根，緣内塵起故；真實性者，謂法如如。」

〔四〕玄奘譯成唯識論卷七：「唯識性故，説爲法空。此識若無，便無俗諦。俗諦無故，真諦亦無，真俗相依而建立故。撥無二諦，是惡取空，諸佛説爲不可治者。」

又，若無真諦之本，何以垂俗諦之跡？本、迹雖殊，不思議一。如法華玄義，廣釋本、迹爲六：「本者，理本，即是實相一究竟道；迹者，除諸法實相，其餘種種皆名爲迹。又，理之與事，皆名爲本；説理説事，皆名教迹也。又，理事之教皆爲本，稟教修行名爲迹。如人依處，則有行迹，尋迹得處也。又，行能證體，體爲本；依體起用，用爲迹。又，實得體用名爲本，權施體用名爲迹。又，今日所顯者爲本，先來已説者爲迹。約此六義，以明本迹也。

「一〔一〕、約理事明本迹者，從無住本立一切法，無住之理，即是本時實相真諦也；一切法，即是本時森羅俗諦也。由實相真本，垂於俗迹，尋於俗迹，即顯真本，本、迹雖殊，不思議一。故經云：『觀一切法空，如實相。』『但以因緣有，從顛倒生。』〔二〕

「二、理教明本迹者，即是本時所照二諦，俱不可説故，皆名本也。昔佛方便説之，即是二諦之教，教名爲迹。若無二諦之本，則無二種之教。若無教迹，豈顯諦本？本、迹雖殊，不思議一也。經偈云：『是法不可示，言詞相寂滅。』『以方便力故，爲五比丘説。』〔三〕

「三、約教行爲本迹者，最初禀昔佛之教以爲本，則有修因致果之行。由教詮理而得起行，由行會教而得顯理，本、迹雖殊，不思議一也。經偈云：『諸法從本來，常自寂滅相，佛子行道已，來世得作佛。』〔四〕

「四、約體用明本迹者，由昔最初修行契理，證於法身爲本。初得法身本故，即體起應身之用。由於應身，得顯法身，本、迹雖殊，不思議一也。經云：吾從成佛已來，甚大久遠若斯，但以方便教化衆生，作如此説〔五〕。

「五、約權實明本迹者，實者，最初久遠實得法、應二身，皆名爲本。中間數數唱生、唱滅，種種施權法、應二身，故名爲迹。非初得法、應之本，則無中間法、應之迹，由迹顯本，本、迹雖殊，不思議一也。經云：『是我方便，諸佛亦然。』〔六〕「六、約今已論本迹者，前來諸教已説理事乃至權實者，皆是迹也。今經所説久遠理事乃至權實者，皆名爲本。非今所明久遠之本，無以垂於已説之迹。非已説迹，豈顯今本？本、迹雖殊，不思議一也。經偈云：諸佛法久後，要當説真實。」〔七〕

校注

〔一〕「二」，原作「二又」，據妙法蓮華經玄義删。

〔二〕妙法蓮華經卷五安樂行品：「菩薩摩訶薩觀一切法空，如實相，不顛倒、不動、不退、不轉，如虚空，無所有性。一切語言道斷，不生、不出、不起，無名、無相，實無所有，無量、無邊，無礙、無障，但以因緣有，從顛倒生故説。」

〔三〕妙法蓮華經卷一方便品：「是法不可示，言辭相寂滅。」「諸法寂滅相，不可以言宣，以方便力故，爲五比丘説。」

〔四〕見妙法蓮華經卷一方便品。

〔五〕妙法蓮華經卷三化城喻品：「然我實成佛已來久遠若斯，但以方便教化衆生，令入佛道，作如是説。」

〔六〕見妙法蓮華經卷三藥草喻品。

〔七〕見智顗説妙法蓮華經玄義卷七上。「經偈云」者，妙法蓮華經卷一方便品：「世尊法久後，要當説真實。」

問：世間無有一法不從緣生，具幾因緣能生萬法？

答〔一〕：曾無心外法，能與心爲緣，但是自心生，還與心爲相。義海云：「明緣起者，如見塵時，此塵是自心現。由自心現，即與自心爲緣。由緣現前，心法方起，故名爲緣起法也。經云：『諸法從緣起，無緣即不起。』〔二〕乃至〔三〕則知塵體空無所有。今悟緣非緣，起無不妙，但緣起體寂，起恒不起，達體隨緣，不起恒起，如是見者，名實知見。」〔四〕何謂實知見？若見緣而不見體，即是常見；若見體而不見緣，即是斷見。今從因緣而見性，則不落常；於真性中而緣起，則不墮斷：名實知見。所以廣辯因緣行相者，謂因事而顯理，令理不孤；因理而成事，令事融即。

校注

〔一〕「答」，磧砂藏、嘉興藏本作「自答」，清藏本作「偈答」。按，冥樞會要作「答」。

〔二〕見實叉難陀譯大方廣佛華嚴經卷五八。

〔三〕乃至：表示引文中間有刪略。按，刪略部分爲：「沈淪因緣，皆非外有。終無心外法，能與心爲緣。縱分別於塵，亦非攀緣。然此一塵圓小之相，依法上起，假立似有，竟無實體，取不可得，捨不可得，以不可取捨。」

〔四〕見法藏述華嚴經義海百門緣生會寂門第一。

然約經論隨順世諦所立，有四因緣〔一〕，内外假立，不無行相：一、因緣者，論云：「一、因緣，謂有爲法親辦自果。此體有二：一、種子，二、現行。」〔二〕釋云：若一切煩惱種被加行智〔三〕折伏已，永無生現行用，雖種子是因緣法，以不能生現行故，不得名因緣。又如將心種望色現，亦不名因緣。若心種生心現，色種生色現等，皆是因緣。此雙通新、本二類種子故。

校注

〔一〕四因緣：因緣、等無間緣、所緣緣和增上緣。本卷釋「因緣」「等無間緣」、「所緣緣」見本卷及卷七一開頭部分，「增上緣」見卷七一。

〔二〕見玄奘譯成唯識論卷七。按，此處引文後，成唯識論卷七有云：「種子者，謂本識中善、染、無記諸界、地等功能差別，能引次後自類功能，及起同時自類現果，此唯望彼是因緣性。現行者，謂七轉識及彼相應所變相、見、性、界、地等，除佛果善、極劣無記，餘熏本識，生自類種，此唯望彼是因緣性。第八心品無所熏故，非簡所依獨能熏故，極微圓故，不熏成種。現行同類展轉相望皆非因緣，自種生故。一切異類展轉相望亦非因緣，不親生故。」

〔三〕加行智：又稱加行無分别智，是尋思智慧，爲地前加行位菩薩所修無分别智慧。世親釋、真諦譯攝大乘論釋卷一二：「無分别智有三種：一、加行無分别智，謂尋思等智，即是道因；二、無分别智，即是道正體；三、無分别後智，即是出觀智，謂道果。」

「二、等無間緣，謂八現識及彼心所前聚於後，自類無間，等而開導，令彼定生。」〔一〕釋云：「『八現識及心所』者，出緣體，唯見、自證，此是〔二〕緣體，總名現識，簡色、不相應、種子、無爲非此緣性。論説〔三〕等無間緣，唯望一切心、心所説，以前生開導所攝受故〔四〕。開者，避義，與後〔五〕處義；導者，招引義，即前法〔六〕避其處，招引後法令生。『前聚於後』者，簡俱時及後爲前緣義，非開導故。『自類』者，顯非他識爲緣。『無間』者，顯雖前無間爲後緣，非中間隔，要無間者〔七〕。『等而開導』者，顯緣義〔八〕。『令彼定生』，即顯後果。雖經久遠，如經八萬劫，前眼識望後亦爲此緣，以彼後果當定生故。即簡入無餘依最後心〔九〕，無果定生，故非此緣。雖有開義，無導引力故〔一〇〕。

校　注

〔一〕見玄奘譯成唯識論卷七。

〔二〕「此是」，成唯識論述記作「是此」。

〔三〕「論説」，成唯識論述記作「三十八説」。「三十八」者，指瑜伽師地論卷三八。參後注。

〔四〕玄奘譯瑜伽師地論卷三八：「若能生因，是名因緣；若方便因，是增上緣；等無間緣及所緣緣，唯望一切心、心法説，由彼一切心及心法前生開導所攝受故，所緣境界所攝受故，方生方轉。是故當知等無間緣及所緣緣，攝受因攝。」

〔五〕「後」，原作「彼」，據成唯識論述記改。

〔六〕「法」，原作「往」，據成唯識論述記改。

〔七〕窺基撰成唯識論述記卷七：「非中有間隔，要無間者。雖經百年等斷，亦是此緣故。」

〔八〕窺基撰成唯識論述記卷七：「『等而開導』者，顯前滅一心爲後心、心所緣，前一切心、心所爲後一心緣，意即齊等而開導故，名等開導。此乃『等』屬前後，通因果也，即簡相似法沙門義。彼一一心所，自望爲緣，非望餘故。又，等者，顯此心、心所聚中，唯一心、一所後亦爾，故一法非多故成等。非一聚中如色、不相應有多類起，彼非等故。且一身八識雖名多類，然體用各别，名但是等。其色等法，體用無别，多類並生，故非是等。如草火等喻，准此應知。『開導』者，顯緣義。」

〔九〕無餘依：即無餘依涅槃（無餘涅槃）。涅槃有二種，生死之因惑已盡，猶餘有漏依身之苦果，謂之有餘依涅槃（有餘涅槃）；更滅依身之苦果而無所餘，謂之無餘依涅槃。依者，有漏之依身。　最後心：又稱最後念，即將入無餘涅槃時最後剎那之心。

〔一〇〕「釋云」至此，詳見窺基撰成唯識論述記卷七。

問：心與心所既非自類，如八種識恒時俱轉，體、用各殊，如何俱起望後，並得互爲緣義？

答：論云：「心與心所雖恒俱轉，而相應故，和合似一，不可施設離別殊異，故得互作等無間緣。」〔一〕「『和合似一』者，同一所緣及同一〔二〕依同一時轉，同一性攝，不可離別，令其殊異。不同八識行相、所緣及依，各不等故，非互爲緣。」〔三〕又，但除卻入無餘依者外，餘一切心、心所，皆是等無間緣，以力用齊等，無自類間隔故。

校　注

〔一〕見玄奘譯成唯識論卷七。

〔二〕「一」，成唯識論述記作「所」。

〔三〕見窺基撰成唯識論述記卷七。

「三、所緣緣，謂若有法是帶己相，心或相應所慮所託。此體有二：一、親，二、疎。若與能緣體不相離，是見分等內所慮託，應知彼是親所緣緣；若與能緣體雖相離，爲質能起內所慮託，應知彼是疎所緣緣。親所緣緣能緣皆有，離內所慮託必不生故；疎所緣緣能緣或有，離外所慮託亦得生故。」〔一〕

校注

〔一〕見玄奘譯成唯識論卷七。

釋云：「謂若有法」者，謂非徧計所執。所執無體，不能發生能緣之識，故非是緣。緣者，必是依他。今此必是有體方緣。「是帶己相」者，謂能緣心等，帶此色等己之相也。帶者，是挾帶義；相者，體相，非相狀義。謂正智等生時，挾帶真如之體相起，與真不一、不異，非相、非非相。若挾帶所緣之己以爲境相者，是所緣故。若相言體，即有同時心、心所之體相，亦心挾帶而有。相者，分義，或體相義；真如亦名爲相，無相之相。所以經言：「皆同一相，所謂無相。」〔一〕「親所緣緣」者，若與見分等體不相離者，簡他識所變及自八識各各所緣別，唯是見分内所慮託。此有二種：一是有爲，即識所變，名内所慮託；二是無爲，真如體不離識，名所慮託。即如自證緣見分等〔二〕，並是此例，此説親緣。疎所緣緣，與能緣心相離法是。謂即他識所變及自身中別識所變，仗爲質者是。又，親所緣者，即謂見分，是帶己相。此疎中，即影像相分，是帶本質之相，故名所緣。又，親所緣緣，但是能緣之心皆有，離内所慮託之相分，一切心等必不行故。今大乘中，若緣無法，不生心也。疎所緣緣，能緣之法或有或無，以是心外法故。如執實我法，雖無本質，然離彼法心亦生故〔三〕。

校　注

〔一〕見大般若波羅蜜多經卷三八三等。

〔二〕如理集成唯識論疏義演卷八：「『即如自證緣見分等』者，即如自證分緣見分，及自證分緣證自證分、自性分緣自證分、無分別智緣真如等，並是親所緣緣。」

〔三〕「釋云」至此，詳見窺基撰成唯識論述記卷七。

又，觀所緣緣論頌云：「內色如外現，爲識所緣緣，許彼相在識，及能生識故。」〔一〕以自內識所變之色，爲所緣緣，是依他性有體法故，不緣心外所執無法故。論云：「見託彼生，帶彼相起。」〔二〕見託彼生，即是緣義。然心起時，帶彼相起，名爲所緣。帶是挾帶、逼附之義〔三〕。

校　注

〔一〕見陳那造、玄奘譯觀所緣緣論。

〔二〕見玄奘譯成唯識論卷一。

〔三〕「見託彼生，即是緣義」至此，詳見窺基撰成唯識論述記卷七。

百法云：護法明此所緣，如見、相，無定相分，以本智親證如體，不取相故，與如體冥合故，即無相狀之相，即但有體相之相，即挾帶之義，亦所緣緣。

難云：若有見分，即有分別相，何名無分別相也？又云無能取耶？

答：雖有見分，而無分別，復無能取。正智緣如，親挾附體相緣故，更無相狀之相，説無相分。言無能取者，即無分別妄執實能取故，不無内分能緣見分。

又難：若言無相分者，所緣緣論云：依彼生，帶彼相，故名所緣相。若無真如相分者，即無所緣〔一〕。

護法云：亦有所緣緣義雖無〔二〕相分，而可有帶如相起，不離故。即本智見分親挾帶真如之體相起故〔三〕，名所緣緣。如自證分親帶見分名所緣緣，此亦應爾。實無變帶之義，唯有挾帶，名所緣緣，故與後得别也。若變相分緣者，便非親證，即如後得智，應有分别。既異後得，即明知有見分、無相分也〔四〕。

又，一切見分皆有挾帶境相義者，由相不離見故，即是挾帶之義。不離有二：一者、有爲相分，望自能變之識，血脉相連，猶如父子，故名不離；二者、真如等境，雖非識變，然是識等實體，故名不離。

校　注

〔一〕陳那造、玄奘譯觀所緣緣論：「所緣緣者，謂能緣識帶彼相起及有實體，令能緣識託彼而生色等極微。

設有實體能生五識容有緣義，然非所緣，如眼根等於眼等識無彼相故。如是極微於眼等識，無所緣義。」

〔二〕「無」，原作「見」，據清藏本及成唯識論改。參後注。

〔三〕「故」，諸校本作「者」。

〔四〕玄奘譯成唯識論卷九：「有義，此智二分俱無。說無所取、能取相故。有義，此智相、見俱有，帶彼相起名緣彼故。若無彼相名緣彼者，應色智等名聲等智。若無見分，應不能緣，寧可説爲緣真如智？勿真如性亦名相緣，故應許此定有見分。有義，此智見有相無，説無相取，不取相故。雖有見分，而無分別，説非能取，非取全無。雖無相分，而可説此帶如相起，不離如故。如自證分緣見分時，不變而緣，此亦應爾。變而緣者，便非親證，如後得智，應有分別。故應許此有見無相。」

問：所緣緣論偈云：「内色如外現，爲識所緣緣，許彼相在識，及能生識故。」〔一〕是以外境雖無，而有内色，似外境現，爲所緣緣。既外相在識，即是俱起，以相在故。云何復能生識，能作識緣？

答：如眼等識，帶彼相起，雖即同時，不礙前後，以展轉相因，成所緣緣之理。

校注

〔一〕見陳那造、玄奘譯觀所緣緣論。

論問云：此内境相既不離識，如何俱起，能作識緣？頌答云：「決定相隨故，俱時亦作緣，或前爲後緣，引彼功能故。」境相與識定相隨故，雖俱時起，亦作識緣。而外諸法，理非有故，定應許在識非餘。此根功能，與前境色從無始際展轉爲因。如是諸識，唯内境相爲所緣緣，理善成立〔一〕。

校注

〔一〕「論問云」至此，詳見陳那造、玄奘譯觀所緣緣論。

問：所明挾帶是親所緣緣者，爲復挾體？挾用？

答：應作四句分別：一、體挾體者，即自證分緣證自證分，證自證分卻緣自證分是也；二、用挾用者，即八識心、心所見分，緣自親相分是也；三、用挾體者，即根本智見分緣真如是也；四、體挾用者，即自證分緣見分也。

問：所緣緣義，於八識如何料簡親、疎？

答：百法云：護法解此第八心及心所名此品。若因若果，疎所緣有無不定〔一〕。

校注

〔一〕玄奘譯成唯識論卷七：「第八心品，有義唯有親所緣緣，隨業、因力任運變故。有義亦定有疎所緣緣，要仗他變質自方變故。有義二説俱不應理，自他身土可互受用，他所變者爲自質故，自種於他無受用理，他變爲此不應理故。非諸有情種皆等故，應説此品疎所緣緣一切位中有無不定。」

若因中，第八識託他人扶塵、器世間境自變相分緣，即可互受用，有疎所緣義。若是自他緣義，五根及種子不互變緣，即無疎所緣緣義也。又，有色界即有扶塵，器世間可互扶塵，即有疎所緣緣。若無色界，即無色可扶託故，即無疎所緣緣義也。若自第八識緣自三境，唯有親所緣緣也。此是因中料簡。

若至佛果位中，第八識若緣自境及緣真如，及緣過、未一切無體法時，即無疎所緣緣也；若緣他佛身土，即變影而緣，亦有疎義，即第八識心王自果位中，疎所緣緣有無不定。若第八五心所〔一〕因果位中，皆有疎所緣緣也，若爲託第八心王三境爲質而緣故。

校注

〔一〕五心所：謂觸、作意、受、想、思。詳見本書卷四七。

若第七識者，論云：「第七心品，未轉依位是俱生故，必仗〔一〕外質，故亦定有疎所緣緣，於〔二〕轉依位此非定有，緣真如無外質故。」〔三〕今言此第七識有漏位中者，體是俱生，任運無力，必仗[四]第八識以爲外質故，自方變影緣故，即定有疎所緣緣；若約無漏時，即疎所緣緣，有無不定。若第七根本智相應心品緣真如，即無疎緣；若後得智緣如，即有疎緣。若是無漏第七緣過、未及諸無體法，皆無疎所緣緣。

校注

[一]「仗」，原作「扶」，據成唯識論改。

[二]「於」，成唯識論作「已」。

[三]見玄奘譯成唯識論卷七。

[四]「仗」，原作「扶」，據文意改。窺基撰成唯識論述記卷七：「此識因中有漏者，是俱生起，任運無力，必杖第八識以爲外質，自方變故，既非業果，體力須藉質起。無漏位不定有，緣真如、虚空、去來，無外質故。緣現在世、有爲法等，有外質故。」又，通潤成唯識論集解卷七：「若第七未轉依位，體是俱生，任運無力，必仗第八以爲本質，自變影緣，執第八爲自内我，定有疏緣。」

問：何故有漏第七起執事，須仗[一]託本質起耶？夫是執者，構畫所生，即不合假於外質而起。

答：執有二：一、有强思分別計度而起執者，即所託外[二]質有無不定，如第六識獨生散意是也；二者、有任運起執，即第七識是，爲第七心、心所是俱生任運，自無力起，要假外質，自方起執也。故知第七有漏位中，疎所緣緣有無不定。

校注

〔一〕「仗」，原作「扶」，據文意改。參前注。

〔二〕「外」，諸校本作「本」。

若第六識者，此識身心品，行相猛利，於一切位能自在轉，所仗外質或有或無，疎所緣緣有無不定〔一〕。於因果位中，皆自在轉，或分別起，或俱生故。緣一切法時，有仗質起，有不仗質起，緣境最廣故，疎所緣緣有無不定。

若前五轉識者，未轉依位麁鈍〔二〕劣故，必仗外質故，即定有疎所緣緣。若轉依位，此非定有，緣過、未等無外質故〔三〕。前五轉識因果位中，約諸根互用，亦須仗質而起，定有疎所緣緣。若至果位，有無不定。

校注

〔一〕玄奘譯成唯識論卷七：「第六心品，行相猛利，於一切位能自在轉，所仗外質或有或無，疏所緣緣有無不定。」

〔二〕「位麁鈍」，原作「麁觀」，據成唯識論改。參後注。

〔三〕玄奘譯成唯識論卷七：「前五心品，未轉依位麁鈍劣故，必仗外質故，亦定有疏所緣緣。已轉依位，此非定有，緣過、未等無外質故。」

又，諸識互緣者，第八識與前七爲所緣緣，即八識相分與五識爲所緣緣，第六識緣第八四分爲所緣緣，第七即唯託第八見分爲所緣緣；即第八識四分爲本質，即前七識見分變相分緣，即第八與前七爲所緣義。故「八於七有」也，即第八與前七爲疎所緣緣；「七於八無」者，即前七不與第八爲所緣緣，以第八不緣前七故，不託前七生故，唯緣自三境爲所緣緣〔一〕。

校注

〔一〕玄奘譯成唯識論卷八：「自八識聚展轉相望，定有增上緣，必無等無間，所緣緣義或無或有。八於七有，七於八無，餘七非八所仗質故，第七於六五無一有，餘六於彼一切皆無，第六於五無，餘五於彼有，五識唯託第八相故。」窺基撰成唯識論述記卷八：「此謂第八於餘七識有所緣緣義，七於第八無此緣義，以第八相色等爲其本質，生五識相分色等故，第七亦緣彼見分爲境故。第六理通以相、見爲境，若無第八定爲本質，五、七不生故，雖非親所緣緣，然是疏所緣緣也。第八不託七識而生故，七非八所緣緣也。第八若有，七識必有。七但爲八定有增上緣，非所緣緣也。」

又，廣釋云：古大乘師立所緣緣義者，彼云「謂若有法」者，即有體本質法，名緣。言「是帶己相」者，即相分，名所緣相。相、質合説，名所緣緣。所言「帶己相」者，「帶」字屬心，「己」字屬本質，「相」即相分，謂能緣心緣所緣境時，帶起本質家已有之相分，故名「是帶己相」。被小乘正量部般若毱多〔一〕不立相分師造謗大乘論七百偈，破古大乘師所緣緣義云：汝若言己相是相分，將爲所緣者，且如汝大乘宗無分別智緣真如時，不帶起真如相分。其真如望能緣智見分，應無所緣緣義。必若言本智緣如，亦有相分者，即違汝自宗一切經論，如何通會？

古大乘師被此一難，當時絶救。經一十二年，無人救得大乘所緣緣義。唐三藏救云：我宗大乘解「帶」有二義：一者、變帶變，二者、挾帶變。若變帶者，即變帶似質之己相起，是相狀之相，令根本智緣如時即無；若挾帶者，即有根本智親挾帶真如體相而緣，更不變相分故，亦成所緣緣。

校注

〔一〕正量部：小乘十八部之一。佛滅後三百年，自犢子部流出四部，此爲其中之第三部。異部宗輪論疏記：「正量部者，權衡刊定名之爲量，量無邪謬故言正也。此部所立甚深法義，刊定無邪，目稱正量，從所立法以彰部名。」窺基撰成唯識論述記卷四：「南印度羅羅國正量部僧名般若毱多，此名惠藏，安惠之學徒，三代帝王師，造七百頌，誹謗大乘。」

三藏云：謂若有法，即真如是有體法，名緣；即此真如，是本智所慮處，又名所緣。二勢合説，名所緣緣。所緣即緣，持業釋。亦如八識見分各緣自親相分時，皆是挾帶，乃至内二分相緣亦爾。故知本智緣如，雖不變相分，然親挾帶真如體相而緣，亦成所緣緣。

古大乘師錯解所緣緣義者，夫所緣緣義者，以有體法是緣，即此有體法是能緣心所慮處故，便名所緣，今古大乘師既唯將實相分爲所緣緣者，錯之甚矣。

正解所緣緣義者，「謂若有法是帶己相」者。「謂若有法」者，即有實法，簡於假法及徧計相分無體法，無體法但是所緣，不成緣。夫爲緣者，須是有體實法，有力用故，能牽生識，即實，圓成、依他，是有體法。言「是帶己相」者，帶有二義：一者、變帶，即八箇識有疎所緣緣本質是，爲託此有體境爲本質，變似質之相起，名爲變帶；二者、挾帶，即一切親所緣緣實相分是，爲此相分不離能緣心故，其能緣心親挾此相分而緣，名爲挾帶。言「己相」者，亦有二義，且第一、於變帶疎所緣緣上説者，即變似質之己相。己者，體也，即相分似本質己體，此是相狀之相；二、於挾帶親所緣緣上説者，即能緣心上親挾帶所緣相分之己相，此是境相之相，即不同於疎所緣緣，帶本質家之己相起。

忽有人問云：言「是帶己相」者，未審能緣心帶誰家之己相而緣？應答云：若疎所緣緣，即變帶本質家之己相緣；若親所緣緣，即挾帶相分家之己相緣。又，疎所緣緣，是帶相狀之相，即帶似質之相狀；若親所緣緣，即帶境相之相，以親挾境相而緣故。有人云「帶能緣心之己相」者，此人不會所緣義。

問：若言親挾帶境相及變帶似質之相狀起，成親、疎二緣者，即外色法亦成親、疎二緣。且如將鏡照人時，於鏡面上，亦能親挾於人影像，以人影不離於鏡面故，應成親所緣緣？又，鏡面望外邊人本質，應成疎所緣緣？

答：將所慮簡之，意云：夫爲所緣緣者，須對能緣慮法，所慮方名所緣緣。今鏡面既非能緣慮法者，即鏡中人影及外邊人本質亦不得名所慮法，既闕所慮義者，不成所緣緣。

外人又難：若爾者，且如第六識緣空華無體法時，有所慮義，應成所緣緣，爲識是能緣慮故。

答：將所託簡之，意云：其意緣無體法時，雖有所慮義，又闕所託義，以空華等無體，不與能緣心爲所託，不妨但成所緣，即不成緣。由是應須四句分別：一、有所慮、非所託，即偏計妄執我、法等是，以無體故，但爲所慮，不爲所託；二、有所託、非所慮，即鏡、水所照人等是，此但有所託，而無所慮，以鏡、水等非能慮故；三、俱句，即一切所緣緣實相分是；

四、俱非，即除鏡、水等所照外，餘不緣者是。

又，親緣者，是逼附義、近義，即如相分親逼附近於見分，更無餘分間隔故。言疎者，是遠義，被相分隔故，即本質法是。

又，親所緣緣都有四類：一、有親所緣緣從質及心而變起，即五識緣五塵境所緣相分是；二、有親所緣緣但從心變，不仗質起，即第八識緣三境相分是；三、有親所緣緣不由心變，亦不由質起，即根本智所證真如是；四、有親所緣緣而非相分，即内二分互相緣是。慈恩云：「若與能緣體不相離，是見分等内所慮託，應知彼是親所緣緣」〔二〕者，「若與能緣」者，是見分。「體不相離」者，即與自證分體不相離。意云：相分是見分親所緣緣，見分是自證分親所緣緣，皆不離自證分體。此正簡疎所緣緣本質法，望能緣見分有相離八識故。此亦簡他人所變相分及自身八識各各所變相分，更互相望，皆不是親。今唯取自識所變相分名親，望能變見分，體不相離，中間更無物隔礙，方是親義。言「是見分等内所慮託」者，言「見分等」者，即等取自證分及第四分并本智緣如等，此皆成親所緣緣。且如相分是見分家親所緣緣，見分即自證分親所緣緣，自證分是證自證分親所緣緣。又，真如是根本智親所緣緣。又，等取心、心所緣親相分，亦是親所緣緣。此上皆是挾帶而緣。

校注

〔一〕按，此句窺基大乘法苑義林章卷五有引，出玄奘譯成唯識論卷七，已見前文。此云「慈恩云」者，當爲後文對此句解釋之語，然今所見窺基著述中，未見有類此説者。

音義

挾，胡頰反。　逼，彼側反。　逗，田候反。　驗，魚窆反。　森，所金反。

戊申歲分司大藏都監開板

宗鏡録卷第七十一

慧日永明寺主智覺禪師延壽集

夫心不孤起，託境而方生，還有不仗境質起不？

答：有。護法菩薩云心生不必有本質正義者，若疎所緣緣，有無不定，不假本質，心亦得生唯識之境。若親相分，若待外質方生〔一〕。慈恩云：「良恐理乖唯識。」〔二〕若第八、第六有無不定，即如八識緣境時，前五、第七定有本質。第八若緣他人扶塵根并異界器及定果色時，即有本質。若緣自三境者，唯是親變親緣，即無本質〔三〕。第六若緣現在十八界時，可有本質。若緣過去十八界，或緣無體法時，將何爲質？故知六、八所仗本質，有無不定。若定果色，有變有化。言有變者，託質即有本質；言有化者，是離質。或有緣他起者，即有變之義，即託他爲質，自變影像，如攪長河爲酥酪，變大地爲黄金，此皆有本質。或有定力生者，即有化之義，即離質化，無而忽有。如虚空華〔四〕，化出樓臺、七寶等事，此皆從定心離質而化〔五〕。應作四句，分别本質相分三境有無：一、有本質相分是實性境，即前五識及明了意識初念并少分獨頭意識是；二、有本質相分是假，即有質獨影及帶質境是；三、無質相分是假，即無質獨影是；四、無質相分是實性境，即第八心王緣三境及本智緣如是。

校　注

〔一〕參見玄奘譯成唯識論卷七。按，見本書卷七〇釋「所緣緣」部分注引。

〔二〕窺基撰成唯識論述記卷八：「同一所緣，相似名同，各各變故，何要同質方名同也？又，唯識之境，取心内境，若待外質方生，良恐理乖唯識。」按，此句釋成唯識論卷八「設許變色亦定緣種，勿見分境不同質故」。智周法苑義林章決擇記卷下末：「若質爲所緣，相分爲行相；若相分爲所緣，見分爲行相。若唯影像，如何相分名爲行相？若唯本質，如何見分名爲行相？既説見、相分通名行相，故俱有質影二也。」又，成唯識論述記卷八：「所杖質同，名同一，非多見分共一親相分名爲同也。若爾，且如第八心王不能緣心所之相，即無本質，如何名爲同一所緣？同一所緣，總有二義：一、所杖質同名爲同一，如五識等俱心所法，必同本識所變質生故。二、相似名同一，即第八俱心、心所法及第六識緣過、未等，雖或無本質，不託他變，各各自變，相似名同一，不要心王緣心所之境生名爲同一也。此第一義。」

〔三〕智周撰成唯識論演祕卷三本：「如因第八緣自三境，但相無質。心所杖八相爲質緣，或所更互託爲質起，故不可言。本質是同，名爲同一，由此應言相名行相。行相相似，名同所緣。」

〔四〕仁王般若波羅蜜經卷上二諦品：「世諦幻化起，譬如虚空華，如影三手無，因緣故誑有。」楞伽阿跋多羅寶經卷一：「世間離生滅，猶如虚空華。」宗泐、如玘楞伽阿跋多羅寶經注解卷一：「『猶如虚空華』者，言衆生於真如實理中起生滅見，如病眼見華耳。」

〔五〕窺基撰大乘法苑義林章卷五法處色林義：「又定果色，有變有化，有緣他起，有定力生。若變緣他，定有本質；其化定力及自在位，不假他生。故此本質有無不定。」

又，別行鈔云：所緣緣者，謂是心之所慮處故，名爲所緣。只此所緣境，又有牽心令生，是心之所託故，復説名緣。即所緣爲緣，名所緣緣，緣是體，所緣是用。六識之中，所緣即緣，持業釋也〔一〕。

校注

〔一〕按，此別行鈔者，俟考。圓暉述俱舍論頌疏論本卷七：「所緣緣者，謂所緣境爲緣，能牽生心、心所法，所緣即緣，持業釋也。」慧暉述俱舍論釋頌疏義鈔卷中本：「所緣即緣者，所緣即在六境能爲緣，生六識等也。」

今先立正義者，汝趜多師不解我大乘所緣緣義〔二〕。只如我大乘言「是帶己相」者，「帶」與「己相」各有二義。言「帶」有二義者，一者、挾帶，即能緣心親挾境體而緣；二者、變帶，即能緣心變起相分而緣。「己相」亦有二義：一、體相名相，二、相狀名相。且初挾帶體相者，根本智緣真如，是挾帶體相而緣，是所緣緣。乃至内二分相緣及自證分緣見分，亦是挾帶體相，名所緣緣，謂能緣心親挾帶内二分見、相也。二、變帶相狀相者，有兩解不同：初、龍興鈔主〔二〕云：即有漏心、心所及無漏後得智見分緣境之時，變相而緣，不簡有質、無質，皆是變帶名帶，相狀名相，爲所緣緣也。第二、顯幽鈔〔三〕云：八識見分緣自親相時，皆是挾帶者，然雖多此説，理恐未然。若尔，即有三失：一、挾帶、變帶無别失。親挾境體緣，名爲挾帶。變起相分而緣，名爲變帶。今既呼相分爲挾帶，故知無别；二、今古相違失。古時挾帶，有少乖理。若於變帶，即乃無違。今言相分是挾帶，古云變帶，豈不相違？三、變帶唯緣本質失。豈無質相分非心變耶？今以理而推，但是相分，非論有質無質，皆名變帶。若不變相分，直附境體，即名挾帶。所以唐三藏將挾帶以救前義，謂古大乘師但明變帶也。

校注

〔一〕窺基撰成唯識論述記卷七：「若古西方師釋，已者境體，帶者是心似彼境相義，即能緣之心，有似所緣之相名帶。相者相狀。小乘是行相，能緣體攝。大乘是相分所攝。（中略）以此理故，正量部師般若毱多造謗大乘論，遂破此云：無分別智不似真如相起，應非所緣緣。我之大師，戒日大王爲設十八日無遮會時，造制惡見論，遂破彼云：汝不解我義。帶者是挾帶義，相者體相，非相狀義。謂正智等生時，挾帶真如之體相起，與真如不一、不異，非相、非非相。若挾帶彼所緣之已以爲境相者，是所緣故。若相言體，即有同時心、心所之體相，亦心挾帶而有。雖有所託，然非所慮故，非所緣緣故。相者相分義，或體相義。真如亦名爲相無相之相。所以經言：皆同一相，所謂無相。」

〔一〕按，圓仁撰入唐新求聖教目録著録有金剛述大乘百法義門抄二卷。又，東域傳燈目録著録百法論義門抄二卷，云「河中龍興寺義學沙門金剛述」。故此「龍興鈔主」者，或即金剛。大乘百法義門抄，已佚。

〔三〕顯幽鈔：當即從芳百法論顯幽鈔，十卷，現殘存卷一末、卷二末、卷七末，詳見本書卷五〇注。現存部分未見此説。

次依論破小乘所緣緣義，分二：

初、破正量部師。論主云：夫五識所緣者，謂能緣識帶彼相起及有實體，令能緣識託彼而生。汝正量部師若言所緣緣義但有能生識之一義，不許能緣眼識帶彼相起者，即應非是所緣緣〔一〕。大乘量云：汝眼識所緣緣是有法，應非眼識所緣緣，宗。因云：但有能生識一義故。同喻：如眼識因緣。又返立量破云：汝眼識因緣是有法，應是眼識所緣緣，宗。因云：但有能生一義故。如眼緣色時。此中意云：古大乘師不説挾帶，即本智緣真如時，爲所緣緣義如有失〔二〕。若正量部不許變帶，即眼識緣色時，所緣緣義不成。

校注

〔一〕陳那造、玄奘譯觀所緣緣論：「所緣緣者，謂能緣識帶彼相起及有實體，令能緣識託彼而生色等極微。設有實體能生五識容有緣義，然非所緣，如眼根等於眼等識無彼相故，如是極微於眼等識，無所緣義。」玄奘譯成唯識論卷一：「非但能生，勿因緣等亦名此識所緣緣故。」窺基撰成唯識論述記卷二：「正量不許具二義名緣，但能生識即是所緣，何假似自者？今難之云：以能生識故是所緣緣者，其因緣等應是所緣緣。等者，等取等無間、增上緣等。對立量云：且汝眼識現緣色時，眼識所有因緣等，應是眼識所緣緣，宗也。但能生眼識故，因也。如現色等，喻也。」

〔二〕靈泰撰成唯識論疏抄卷一六：「言挾者，皆名杖義。心杖真如境，心方得生故。其義云何？言挾者，即如病人不能自起，要得餘强人以手策此論人兩腋下，此强人使病人方得起也。今此亦爾。根本智由如病人，不能自起，真如喻能强人，即真如使根本智腋下，根本智方得起。言帶者，即如算袋不能自起，要由人及腰腰此算袋，算袋方得起。今真如，由如人腰帶。根本智，喻如算袋。根本智不能自起，由從真如帶此根本智，根本智方得起。」

次、破經部師〔一〕者。論主云：汝經部師將外和合假色作所緣緣者，不然。設許汝眼識帶彼麁色相故，許作所緣，亦不得名緣，以汝執假色無體故。猶如眼識錯亂，見第二月，彼無實體，不能生識，但名所緣，不得名緣。和合假色，亦復如是〔二〕。立量破云：汝和合麁色是有法，設爲眼識所緣，非緣，宗。因云：汝執是假無體故。同喻：如第二月故。觀所緣緣論偈云：「和合於五識，設所緣非緣，彼體實無故，猶如第二月。」〔三〕

經部有執云：和合麁色雖即是假有，能成一一極微是其實有，各得爲緣，引生五識，又何不可？論主破云：其和合色等能成極微，設許爲緣，又非所緣，以眼等識生不帶彼極微相故。如眼識生不帶彼眼根相，其眼等五根但能生眼等五識，然眼等五識即不能緣眼等五根。將根爲喻，立量云：汝色等能成極微是有法，設爲五識緣，非所緣，宗。因云：五識生不帶彼相故。同喻：如五根。觀所緣緣論偈云：「極微於五識，設許非所緣，彼相分無故，猶如眼根等。」

校注

〔一〕經部：俱稱經量部，小乘十八部之一。佛滅後至第四百年初，從説一切有部復出。窺基記異部宗輪論述記：「此師唯依經爲正量，不依律及對法。凡所援據，以經爲證，即經部師。從所立以名經量部。」

〔二〕玄奘譯成唯識論卷一：「眼等五識了色等時，但緣和合，似彼相故。非和合相異諸極微有實自體，分析彼時，似彼相識定不生故。彼和合相既非實有，故不可説是五識緣，勿第二月等能生五識故。非諸極微共和合位可與五識各作所緣，此識上無極微相故。非諸極微有和合相，不和合時無此相故。非和合位與不合時此諸極微體相有異，故和合位如不合時，色等極微非五識境。有執色等一一極微不和集時非五識境，共和集位展轉相資有麁相生，爲此識境，彼相實有爲此所緣。」窺基撰成唯識論述記卷二一：「此牒經部師計。自下並同觀所緣緣論，彼説實有極微非五識境，五識上無極微相故，隨彼彼處所攝衆多極微共和合時，總成一物名爲和合。如阿拏色等以上方爲五識境，和合是假，依實微立。即五識上有和合相故，名五識似彼相也。」

〔三〕見陳那造、玄奘譯觀所緣緣論。下一處引文同。

若十八部〔一〕師義，已許帶彼相故，所以不破。今正解者，疏云：謂若有法，是帶己相。所言有法者，有兩解：初、顯幽鈔解云：有法即有體實法，揀於假法及徧計相無體法，但是所緣，不成緣。夫爲緣，須是有體實法，有力用，能牽生識，即圓成、依他起，是有體法。二、龍興云：謂若有法者，即依、圓二性，以有體故，能牽於心，名之爲緣，不通無體。若是徧計，以無體故，但有所緣而非緣體。若是所緣，即體通有無〔二〕。

校　注

〔一〕十八部：即小乘十八末部。佛滅後百年，教分爲上座、大衆二部，此爲本部。第二百年，由大衆部出一説部、説出世部、雞胤部、多聞部、説假部，又於第二百年末出制多山部、西山住部、北山住部。上座部於三百年初，分爲薩婆多部（説一切有部）與雪山部，薩婆多部後又出犢子部，犢子部出法上、賢胄、正量、密林山四部，次由薩婆多部更出化地部，由化地部出法藏部。三百年末，薩婆多部更出飲光部。第四百年，由薩婆多部復出經量部。上座部分出十部，大衆部分出八部，共爲十八末部。

〔二〕窺基撰成唯識論述記卷二：「謂若有法者，謂非遍計所執。此中有二師釋，初或通緣假，次或唯緣實。前師即眼識緣長等，後師即不緣，故此但總言有法，不別定其假實體法。此則明非所執，所執無體不能發生能緣之識，故非是緣。緣者，必是依他、無爲，可有力用，發能緣識，名爲緣故。即簡經部眼識緣和合色體是假法，識雖似彼有所緣義，而非是緣以無體故。今此必是有體方緣。」

問：偏計所執既也〔一〕無體，不能生心，何得名爲所緣？

答：無體所緣依有體緣生，於有體法上，妄增益而有非緣，故兩解之中，後解爲正。

校注

〔一〕「也」，清藏本作「已」。

問：前解有何過？

答：若前解，有法唯取實法爲所緣者，然先德雖多礭此義，今略推徵，有三過失：一、固違疏文失。假法若非有體者，何以疏主將依、圓二性出百法體？以百法通假實故。今言假法無體，豈不相違？二、偏計無別失。依、圓假法既言無體，與偏計所執無體何別？論云依、圓是有，偏計是無，豈不相違？三、有法例不成失。所緣緣體，論云有法，便言唯實；增上緣體，論云有法，何乃通假？即命根等，豈是實耶？若依今明，有法通取三境，假之與實，但名有法，盡作所緣緣。於八識中分別，前五、第八，性境爲所緣緣，揀諸假法及偏計所執；第七，帶質境爲所緣緣，唯假非實，及簡偏計所執；第六意識，緣於三境，作所緣緣，通於假實，唯簡偏計所執。更立量云：諸假相分是有法，定爲能變心親所緣緣，宗。因云：法處有無門中影字攝故。同喻：如實定果色。偏計所執爲異喻。或作量云：帶質、獨影是有法，是親所緣緣，宗。因云：影之差別故。同喻：如性境。

問：實法有體，名所緣緣。假法無體，非所緣緣？

答：假法有二種：一、有體假，即依、圓性中諸假法也；二、無體假，即偏計所執也，若我、若法，空華、兔角等，但簡無體非所緣緣，不簡有體故。

問：若偏計所執非所緣緣者，如何第六緣空華等時，亦有所緣緣義，豈即有體耶？

答：但望自親相分爲親所緣緣，非望空華也。若是空華等，但於相分上妄執生華解，其體是無。若所變相分，其體是有，得成所緣緣。

問：有何教説帶質、獨影境假相分得爲所緣緣？

答：其教極多。下約識分別辯所緣緣。疏云：「八於七有，七於八無，餘七非八所仗質故。」〔一〕且如第七緣第八見分，豈非帶質境作所緣緣？乃至疏云：「第六於五無，餘五於彼有。」亦是帶質境作所緣緣。又，唯識論云：親所緣緣，一切心生，決定皆有，離内所慮託，必不能生〔二〕。爲證極多，不能繁引。

校注

〔一〕見玄奘譯成唯識論卷八。下一處引文同。

〔二〕玄奘譯成唯識論卷七：「親所緣緣能緣皆有，離内所慮託必不生故。疏所緣緣能緣或有，離外所慮託亦得生故。」

問：應一切有體法揔是所緣緣，以是有法故？

答：疏云：是帶己相，須是能緣之心緣所緣時帶起所緣己相，此有體法，即是所緣緣，餘不帶起己相者，雖是有法，不爲所緣緣。如眼識緣境時所帶起色己相，此有體法，即是眼識家所緣緣，餘不帶起己相者，雖是有法，不是眼識所緣緣。眼識既尒，餘識亦然。

「帶」與「己相」，各有二義。且「帶」二義者，一者、挾帶，即能緣心親附境體而緣；二者、變帶，即能緣心變起相分而緣。言「己相」，亦有二義：一、體相相，二、相狀相。若無分別智緣真如，是挾帶體相而緣，是所緣緣。及内二分相緣并自證緣見分，是挾帶。若有漏心、心所見分及無漏後得智起見分緣境時，即是變帶相狀而緣，是所緣緣。謂若有法是緣，是帶己相是所緣。具此二義，名所緣緣義。

又，簡法辯果者，先引慈恩徵云：「緣生於誰？誰帶己相？」〔一〕疏答云：「心，或相應。」此辯所緣緣果也〔二〕。以所緣爲緣，是因；生得心、心所，是果。言「心」者，即八識心王；言「或相應」者，即五十一心所。有起、有不起，不定故，而言「或」也。即簡不立色及不相應、無爲等爲所緣緣，彼非心法，無緣慮故。

校注

〔一〕見窺基撰成唯識論述記卷七。

〔二〕窺基撰成唯識論述記卷七：「緣生於誰？誰帶己相？謂心，或此相應法，是所緣緣果。」靈泰撰成唯識論疏抄卷一六：「由有所緣之境故，即能緣心、心所得生。即所緣境爲因，能緣心、心所是果。」

問：親、疎所緣緣中，於相分内，何者是實？

答：二俱不實。唯識鏡〔一〕云：相、見二分之中，見分唯實。就相分中，真如是實。餘親、疎相，皆非是實。

校注

〔一〕唯識鏡：已佚。明王肯堂成唯識論俗詮序：「自基師以來，有疏有鈔，疏、鈔之外，又有掌中樞要、唯識

〔鏡等諸著述，不知何緣不入藏中。宋南渡後，禪宗盛極，空談者多，實踐者少，排擯義學，輕蔑相宗，前舉諸典，漸以散失。」參見本書卷三七注。

疏云：以疎所緣緣等取親相，不即親得，不爲行相者，疎所緣緣能緣之心，不親得本質故，疎所緣不名行相。如前五識緣五塵時，必託第八所變五塵爲其本質。五識緣時，但得自識所變相分。以此相分必帶本質，緣相分時，疎緣本質故，疎所緣不即親得，不名行相。五識相分各望自識，依他中假，攝假從實，無心外境，故名唯識。其本質境，望於能變第八識體本質之境，亦非實有故，親、疎二境皆不實也。

夫所緣緣義者，大、小雖通，疎、親莫辯。親則挾帶、逼附而起，如鉗取物，似日舒光，親照親持，體不相離；疎則變帶、仗託、附影而起，緣似質之狀，離相分之親，體不相收，内生慮託。若如是了達，親、疎不濫，方知心外無境，見法是心。或愚暗不分，則心境宛尒。深窮緣性，始蕩情塵；細達見原，方明佛旨。

「四、增上緣者，謂若有法，有勝勢用，能於餘法或順或違。」〔一〕則成增上緣義。釋云：「『謂若有法』，亦是有體，此簡所執。『有勝勢用』者，謂爲勝〔二〕義，即有爲、無爲有勝勢用。此用非是與果等用，但不障力。『能於餘法』者，簡其自體，顯不同前所緣緣故。『或順或違』者，顯與順、違俱能爲緣，與後生異法爲緣，非前滅法。謂十因〔三〕中，前九是順，第十是違，亦是此緣故。」

校注

〔一〕見玄奘譯成唯識論卷七。下一處引文同。

〔二〕「勝」，成唯識論述記作「緣」。

〔三〕十因：謂隨説因、觀待因、牽引因、生起因、攝受因、引發因、定異因、同事因、相違因、不相違因。詳見後文。

問：增上緣約逆、順、有力、無力，都有幾種？

答：古釋有四種：夫增上緣者，即簡偏計所執是無體法，須是有體法，得爲增上緣，即是依、圓二性，皆是有體法，爲增上緣義。若無體法，即是我、法等，全無體故，從妄執生，非增上緣：一、順，如水、土與青草等順增上緣，六波羅蜜行與〔一〕佛果爲順增上緣，受、取二支與五果種子爲順增上緣；二、違，即如霜雹與青草作違增上緣，又如智與惑作違增上緣，即一念間智起時惑便斷。即知一念有二增上，一念正與惑作違增上，便與二空理作順增上。三、有力增上，亦名親增上，如五根發生五識等；四、無力增上，即此人五根望彼人五識，是無力增上，亦名疎增上。如燈談正生時，一切大地等法不礙此談生，名疎增上，但取不障礙義邊，名增上緣。

校注

〔一〕「與」，原作「爲」，據文意改。

問：因緣與緣起，二義同別？

答：古德云：「因緣者，隨俗差別，即是因緣相望，顯無自性義，正是俗諦體也；緣起者，順性無分別，即是相即相融，顯平等義，正順第一義諦體也。」〔一〕

校注

〔一〕出新羅義湘撰華嚴一乘法界圖。故此「古德」者，義湘也。義湘，俗姓朴，號「海東華嚴初祖」。傳見宋高僧傳卷四唐新羅國義湘傳。

問：染、浄諸法，有因有緣，因親緣疎，成其二義。緣義已顯，因理如何？廣略備陳，都有幾種？

答：經論共立，有六因〔一〕、十因〔二〕。且六因者，一、能作因，除自餘能作者。除自體外，餘一切法不障有爲法生，揔名能作因〔三〕。因是一切有爲無爲法是體，體上有能作之用，能作即因，持業釋〔四〕。持即任持，業即業用。因是體能作是用，攝用歸體，名持業釋。

二、俱有因，俱有互爲果，心於心隨轉，俱時而有，果與因俱，名俱有因〔五〕。互爲果者，有三：一、四大種互爲俱有因，互爲士用果。二、如能相、所相法，能相爲因，所相爲果；所相爲因，能相爲果。三、心、心所法，心王爲因，心所爲果；心所爲因，心王爲果。

三、同類因，即因似果，果似因。如染性五藴中，色藴能引色藴，色藴引餘四藴，四藴引色藴，雖心、色不同，同是染性故。

四、相應因，決定心、心所同依，即心王、心所具五義：一、同一所依根，二、同一所緣境，三、同一時，四、同一事，五、同一行相。具足五義，名相應。相應之因，且如心所引起心王時，心王是相應法，是果，即勝；心所是因，即劣。依主釋也。

五、偏行因，爲同地染因，即十一徧使〔六〕，徧行即因，徧行即十一徧使。是體上有徧行五部爲因之用，持業釋也。

六、異熟因，有漏善、不善業爲異熟因，因通善、惡，果唯無記，異熟即因，因即善、不善業。是體上有異熟之用，持業釋也。

校注

〔一〕世親造、玄奘譯阿毗達摩俱舍論卷六：「因有六種：一、能作因，二、俱有因，三、同類因，四、相應因，五、遍行因，六、異熟因。」

〔二〕十因：隨説因、觀待因、牽引因、攝受因、生起因、引發因、定異因、同事因、相違因、不相違因。詳見後引瑜伽師地論。

〔三〕世親造、玄奘譯阿毗達摩俱舍論卷六：「頌曰：除自餘能作。論曰：一切有爲，唯除自體，以一切法爲能作因，由彼生時無障住故。雖餘因性，亦能作因。」圓暉述俱舍論頌疏論本卷六：「『除自』者，唯有爲法也，謂有爲法生，除其自體，自體非因，故須除也。『餘能作』者，正明因體，有爲法生時，除自體外，餘一切法皆不爲障，名能作因。」

〔四〕圓暉述俱舍論頌疏論本卷六：「以不障義，釋能作因，故知能作因寬，通一切法；增上果狹，唯有爲法也。因能作果，名能作因，能作即因，持業釋也。」

〔五〕世親造、玄奘譯阿毗達摩俱舍論卷六：「頌曰：俱有互爲果，如大相所相，心於心隨轉。論曰：若法更互爲士用果，彼法更互爲俱有因。其相云何？如四大種，更互相望，爲俱有因。如是諸相與所相法，心與心隨轉，亦更互爲因。是則俱有因由互爲果遍攝有爲法，如其所應，法與隨相非互爲果。然法與隨相爲俱有因，非隨相於法。」

〔六〕隋慧遠大乘義章卷四十因義七門分別：「十一偏使，增長一切染污之法，名之偏因。何者十一？苦下五見、疑及無明，以爲七；集下二見邪見、見取、疑及無明，即以爲四，通前十一。」「苦下五見、疑及無明」者，迷於苦諦十惑中之身見、邊見、邪見、見取見、戒禁取見、疑、無明；「集下二見邪見、見取、疑及無明」者，迷於集諦七惑中之邪見、見取見、疑、無明。

十因者，瑜伽論云：五明中，「諸佛語言名内明」〔一〕。云何内明？論云：「顯示正因果相，謂有十種因，當知建立無顛倒因，攝一切因，或爲雜染，或爲清淨，或爲世間彼彼稼穡等無記法轉。云何十因？一、隨説因，謂一切法名爲先故想，想爲先故説，是名彼諸法隨説因。二、觀待因，觀待此故，此爲因故，於彼彼事若求若取，此名彼觀待因。如觀待手故，手爲因故，有親〔二〕持業；觀待足故，足爲因故，有往來業。三、牽引因，一切種子望後自果，名牽引因。四、攝受因，除種子外所餘諸緣，名攝受因。五、生起因，即諸種子望初自果，名生起因。六、引發因，即初種子所生起果，望後種子所牽引果，名引發因。七、定異因，種種異類，各別因緣，名定異因。八、同事因，從隨説因至定異因，如是諸因，揔攝爲一，名同事因。九、相違因，於所生法能障礙因，名相違因。十、不相違因，此障礙因若闕若離，名不相違因。此一切因，二因所攝：一、能生因，二、方便因。當知此中牽引種子、生起種子，名能生因；所餘諸因，名方便因。當知此中若能生因，是名因緣；若方便因，是增上緣。若等無間緣及所緣緣，唯望一切心、心法説，由彼一切心及心法前生開導所攝受故，所緣境界所

攝受故，方生方轉，是故當知等無間緣及所緣緣攝受因攝。」〔三〕

校注

〔一〕玄奘譯瑜伽師地論卷三八本地分中菩薩地第十五初持瑜伽處力種姓品：「如是一切明處所攝，有五明處：一、内明處，二、因明處，三、聲明處，四、醫方明處，五、工業明處。菩薩於此五種明處，若正勤求，則名勤求一切明處。諸佛語言，名内明論。」

〔二〕「親」，瑜伽師地論作「執」。

〔三〕見玄奘譯瑜伽師地論卷三八本地分中菩薩地第十五初持瑜伽處力種姓品。

問：一心建立，已具因緣，因緣所感，必有其果。所以法華經云：「如是因，如是緣，如是果，如是報。」〔一〕其果有幾種？各依何處而得？

答：凡、聖通論，略有五種。

識論云：「一者、異熟果，謂有漏善及不善法所招自相續異熟生無記。」〔二〕

釋云：「有漏善」者，簡無漏善。「自相續」者，簡他身及非情。若但言異熟，即六識中報，非真異熟攝，今爲揔攝彼故，言「異熟生」。然本識亦名異熟生，是無記故，此位稍長，至金剛心，頓通三乘無學〔三〕。一、真異熟，即第八識。二、異熟生，即前六識。或本識，亦名異熟生故，從自異熟種子而生起故。若前六識，從真異熟識生起故，亦名異熟生。是一分心、心所，緣境昧劣不明利，不熏解心種故，是無記性。異熟有四：一、異時而熟，異謂是別異，屬因；熟謂成熟，是果。異因居過去，熟果即現在，故名異熟。二、異性而熟，過去修異因，因五戒、十戒等業所招天人摠、別報異熟果。若因十不善惡業所招三塗不善摠、別報異熟果，摠無記性。三、異類而熟，造異類業，受異類生，五趣各別。四、異聖而熟，謂異熟果依分別二障種上，有趣生差別功用故，聖人已無。八識之中，唯第八具三義：一、徧，簡前五識；二、相續，簡第六；三、業招，簡第七。

校注

〔一〕見妙法蓮華經卷一方便品。

〔二〕玄奘譯成唯識論卷八：「果有五種：一者、異熟，謂有漏善及不善法所招自相續異熟生無記。二者、等流，謂習善等所引同類，或似先業後果隨轉。三者、離繫，謂無漏道斷障所證善無爲法。四者、士用，謂諸作者假諸作具所辦事業。五者、增上，謂除前四餘所得果。」

〔三〕「釋云」至此，詳見窺基撰成唯識論述記卷八。

二、等流果者，等謂平等，流謂流類。等流不同，有二：一、真等流，爲善、不善、無記三性爲因，所引同類果故，名等流果。如第八識中三性種子，各生三性現行果，果與因性同故，即心種子生心現行，色種子生色現行，有漏種生有漏現行，無漏種生無漏現行。名等流者，是流類義。二、假等流者，前生令他命短，今生自身亦命短，是先殺業同類果故，依所招揔報第八識有短長，名假等流，理實是增上果，但取殺他令他命短，今生自命亦短，有相似義故，假名等流，實是善惡感無記果〔一〕。

校注

〔一〕栖復集法華經玄贊要集卷一八：「言等流者，此有二種：一、真等流，種子生現行也。惡、不善種子生不善現行，性同故，親辨自果，名真等流。等謂齊等，流謂類也。二、假等流，則不必性同，但取相似義也。前生障他人不聞法，今生自不得聞法，故名相似義也。果似昔因，因似於果，故名等流果。」

三、增上果者，增勝殊上，但除四果外〔二〕，餘一切所得果者，皆是此增上緣果收。此增上果最廣，如四緣中增上緣、五見中邪見，不簡有漏無漏、有爲無爲，但有所得果於前四果中所不攝，皆是增上果中收。此有二種：一、與力增上果，如外器能受用順益義故；二、不與力增上果，如他人金帛、妻子等。復有二種：一、順，如眼識得明緣；二、違，如遇暗相等〔三〕。

校注

〔一〕但除四果外：即除異熟果、等流果、士用果和離繫果外。

〔二〕栖復集法華經玄贊要集卷一八：「增上果亦有二，一者、順增上，他人欲得聞法，與力借助，令交聞法，今生自身亦得聞正法，名順增上；二者、違增上，前人欲得聞法，障礙不交聞，名違增上。增上是因，今生自不聞法是果，增上之家果，名增上果。」

四、士用果者，謂諸作者假〔一〕諸器等成辦種種事業，名士用果〔二〕。瑜伽論云：「一類於現法中依止，隨一切工巧業處起士夫用，所謂仕農、賣賈、書算、占卜等事，由此士夫之用，成辦諸稼穡、財利等果，名士用果。」〔三〕

校注

〔一〕「假」，原作「餘」，據成唯識論改。假者，憑藉。參後注。

〔二〕玄奘譯成唯識論卷八：「四者、士用，謂諸作者假諸作具所辦事業。」圓暉述俱舍論頌疏論本卷六：「言士用果者，因有作用，如世士夫營農等用，因名士用。果從因生，名士用果。士用之果，依主釋也。」

〔三〕見玄奘譯瑜伽師地論卷三八。窺基撰成唯識論述記卷八：「謂諸作者假諸作具等所辦事業。然三十八等，皆但云士夫用乃至占卜等事，由此成辦諸稼穡等，是士用果。不言如俱有因等，得俱生、無間、隔越、不生之果。由此故有二説：一者、唯士夫爲因所得，是士用果。因唯假者，非少實法。第二師意，心、心所俱等亦得此果，即不唯士夫假者爲因故，文但通言『諸作者假作具所辦事』。前師唯有爲少分爲果體，士夫力所辦故；第二師即通無爲亦是果體，因法爲作者，緣法爲作具故，從喻爲名。」

問：於八識中一一識如何各具四果？

答：古釋云：且如眼識，從種生現，是等流果；眼根爲所依故，名增上果；眼識作意警心，爲士用果。或眼識能緣實色等，亦士用果；眼根是第八親相分故，亦異熟果。耳等四識，亦皆例此。若第六識種生現，是等流果；前念意根爲能引，或能引前五識，故〔一〕增上果；又能緣三世内外境等用〔二〕，名士用果；能造當來揔、别報，名異熟果。約與異熟爲因故，名異熟果。若第七識種生現，等流果；前念第七與後念爲所依，即增上果；内能緣第八見分爲我，即士用果；能與真異熟識爲所依故，名異熟果。若八識種生現，名等流；與第七爲所依故，是增上果；能緣三境及持種受熏，名士用果，當體是真異熟故。

校　注

〔一〕「故」，清藏本作「爲」。

〔二〕「用」，清藏本無。

五、離繫果者，以擇滅無爲爲體，體是無漏，能斷道之所證得，名離繫果〔一〕。唯聖人，非凡夫得。瑜伽、顯揚等論，皆云異生以世俗智，滅諸煩惱不究竟故，非此果攝〔二〕。唯識論云：離繫果，謂無漏道斷障，證得無漏法故〔三〕。若本智與真如合時，是離繫果攝。若後得緣真如時，是士用果攝。

校注

〔一〕「以擇滅無爲爲體，體是無漏，能斷道之所證得，名離繫果」二十二字，原在後文「異熟因感異熟果及離繫果」後，據清藏本改。

〔二〕玄奘譯瑜伽師地論卷三八本地分中菩薩地第十五初持瑜伽處力種姓品：「若諸異生以世俗道，滅諸煩惱不究竟故，非離繫果。」顯揚聖教論卷三八：「若諸異生由世間道，諸煩惱滅，非究竟轉故，非離繫果。」

〔三〕玄奘譯成唯識論卷八：「離繫，謂無漏道斷障所證善無爲法。」

問：六因能感幾果？

答：六因揔感五果：能作因感增上果，相應、俱有二因得士用果，同類、徧行二因得等流果，異熟因感異熟果及〔一〕離繫果。

校注

〔一〕「及」，原作「五」，據清藏本改。

問：相應、俱有二因何別？

答：相應，唯心、心所法；俱有，即通色通心。得士用果者，緣二種因，各於所得果有士夫力用，名同體別。

問：同類、偏行二因何別？

答：同類，徧三性，通有漏無漏；徧行，唯染汙，別也。二種因所得之果，皆似於因，名等流果也。

夫四緣、六因、十因、五果者，收盡凡、聖之道，能成教法之門，闕之則一法不圓，昧之則終爲外道。

且四緣者，因緣則於有爲之門，親辦自果；無間則爲開導之義，萬有咸生；所緣則具慮託而方成，約親疎而俱立；增上則有勝勢力，不障他緣。

六因者，能作因則業用成辦，俱有因則更互同時，同類因初後相似，相應因則決定一緣，偏行因則同其染類，異熟因則成熟後果。

十因者，隨説因爲諸法先導之門，觀待因了現得作用之事，牽引因則令成自果，攝受因則能攝萬緣，生起因令萬類能生，引發因使諸果成辦，定異因則種類各別，同事因則體揔一如，相違因能起障礙之門，不違因隨順緣生之理。

五果者，異熟果則因生果熟，異時而成；等流則因果性同，流類無濫；增上則力用殊勝，能助他緣；士用則功業所成，能獲財利；離繫則斷障證真，超諸漏縛。

揔攝如上因緣，報成五果，咸歸真異熟第八識中。斯異熟果門，於異時而熟。若起一念善，如將甜種子下於肥田内；或生一念惡，似植苦種子下向瘦田中。以水土因緣時節際會，則抽芽布葉，次第而生；華發果成，積漸而熟。此染、浄種子，異熟亦然，若作善因，下人天之樂種；或興惡行，生四趣之惡田。靡起善惡因，終無苦樂報；不下麄好種，豈有華果生？

故知因果相酬，唯識變定，如鏡現像，似影隨形，無有影而不隨形，無有鏡而不現像，斯則無有作而不受報，無有果而不酬因，法尔如然，世所共悉。唯有不作者，業果定難羈，但了一心宗，諸緣皆頓息。是以了唯識理，無所用心，終不妄興三界業果，以唯識變定故，懼業之人方能信受。

如前定録云：昔韓公滉之在中書也，嘗召一吏，不時而至〔一〕，怒，將鞭〔二〕之。吏曰：

「某別有所屬，不得遽至〔三〕。」晉公曰：「宰相之吏，更屬何人？」吏曰：「某不幸，兼屬陰官〔四〕。」晉公以爲不誠，怒曰：「既屬陰司，有何所主？」吏曰：「某所主，三品已上食料。」晉公曰：「若然，某明日當以何食？」吏曰：「此雖〔五〕細事，不可顯言。乞〔六〕疏於紙，過後爲驗。」乃如〔七〕之，而繫其吏。明旦，遽有詔命，既對，適遇太官進食餻糜一器，上以其半賜晉公。晉公食之美，又以賜之。既退而腹脹，歸于私第，召醫視之，曰：「食物所壅，宜服少橘皮湯，至夜，可飲漿水。」明旦疾愈，思前〔八〕吏言，召之，視其書云：「明晨，相公只食一飣半餻糜，橘皮湯一椀，漿水一甌。」則皆如其言。公固復問：「人間之食皆有籍耶？」答曰：「三品已上，日支。五品已上有權者，旬支，無則月支。凡六品至一命〔九〕，皆季支。其不食禄者，年支耳。」〔一〇〕

校注

〔一〕不時，謂不及時。「不時至」，没有按時到。

〔二〕「鞭」，百川學海本前定録作「撻」。

〔三〕按，百川學海本前定録此後有「乞寬其罪」。

〔四〕「官」，百川學海本前定録作「司」。

〔五〕「雖」，百川學海本前定録作「非」。

〔六〕「乞」，百川學海本前定録作「請」。

〔七〕「如」，百川學海本前定録作「恕」。

〔八〕「前」，百川學海本前定録作「前夕」。

〔九〕「一命」，百川學海本前定録作「九品」。按，「一命」即「九品」，爲最低的官階。北史周紀上：「以第一品爲九命，第九品爲一命。」

〔一〇〕見鍾輅撰前定録韓晉公條。文字不完全相同，重要者參見前面諸校記。

故知飲啄有分，豐儉無差，所謂玉食錦袍，鶉衣藜藿，席門金屋，千駟一瓢，皆因最初一念而造，心跡纔現，果報難逃。以過去善惡爲因，現今苦樂爲果，絲毫匪濫，孰能免之？猶響之應聲，影之隨形，此必然之理也。唯除悟道，定力所排，若處世幻之中，焉有能脱之者？所以經偈云：「假使百千劫，所作業不忘，因緣會遇時，果報還自受。」〔一〕所以才命論〔二〕云：貧者無立錐之地，刁彝則田逾萬頃；餓者無擔石之儲，李衡則木号千奴。故史記楚相孫叔敖盡忠於國，及身死，其子貧無立錐之地〔三〕。漢書云：刁彝歷官尚書郎，不隨德行，種植爲務，有田萬頃，奴婢千人〔四〕。魏志云：華歆效官清貧，家無擔石之儲〔五〕。晉書云：李衡植橘千株，号爲木奴千頭〔六〕。又，不但貧富唯識變定，壽命亦然，以先心所作慈殺之因，今定受後報脩短之果，非干今身善惡之行。若〔七〕云無禮必斃，跖何事而獨壽？行善則吉，託何事而早終？如莊子云：「盜跖從卒九千，横行天下，侵暴諸侯而其壽考。」〔八〕論語疏云：項託七歲爲孔子之師而少殀焉〔九〕。

校注

〔一〕見大寶積經卷五七。

〔二〕按，新唐書藝文四：「才命論一卷，張鷟撰，郗昂注。一作張説撰，潘詢注。」此處所引，或即出此書及注。後引文中，「貧者無立錐之地，刁彝則田逾萬頃；餓者無擔石之儲，李衡則木號千奴」「不但貧富唯識變定，壽命亦然，以先心所作慈殺之因，今定受後報脩短之果，非干今身善惡之行。若云無禮必斃，跖何事而獨壽？行善則吉，託何事而早終」等當爲才命論文，餘者皆當注疏之辭。

〔三〕詳見史記滑稽列傳。

〔四〕按，刁彝事出晉書，言漢書者，當誤。云刁彝「不隨德行」等者，或亦誤。晉書刁協傳：其子刁彝「歷尚書吏部郎、吴國内史，累遷北中郎將、徐兗二州刺史、假節，鎮廣陵，卒於官」。刁彝有四子：逵、暢、弘、騁，多「並歷顯職」「兄弟子侄並不拘名行，以貨殖爲務，有田萬頃，奴婢數千人，餘資稱是」。

〔五〕詳見三國志魏志華歆傳。

〔六〕按，此晉書云者，或誤。三國志吴志孫休傳「丹陽太守李衡」裴松之注引習鑿齒襄陽記曰：「（李衡）於武陵龍陽氾洲上作宅，種甘橘千株。臨死，敕兒曰：『汝母惡我治家，故窮如是。然吾州里有千頭木奴，不責汝衣食，歲上一匹絹，亦可足用耳。』（中略）吴末，衡柑橘成，歲得絹數千匹，家道殷足。」

〔七〕「若」，原作「故」，據文意改。明通潤集成唯識論集解卷八引作「若」。

〔八〕見莊子盜跖。

〔九〕按，戰國策秦策：「甘羅曰：項橐七歲爲孔子師。」項託（項橐）事，民間流傳頗廣，如敦煌遺書中演義孔子項託相問故事者近二十卷。

音義

確，苦角反。　鉗，巨淹反，鎖頭也。　雹，蒲角反。　𧶠，式羊反，𧶠賈也。　稼，古訝反。　穡，所力反。　滉，胡廣反，滉瀁也。　遽，其據反，急也，竟也。　餻，古勞反。　糜，武悲反〔一〕。　脹，知亮反，脹滿也。　壅，於隴反。　飣，丁定反，貯食也。　甌，烏侯反，瓦器也。　啄，竹角反〔二〕。　鶉，常倫反。　藜，郎奚反。　藿，虛郭反，豆葉也。　駟，息利反。　瓢，符宵反，瓠也。　錐，職追反。　彝，以脂反，常也，法也。　儲，直魚反。　敖，五勞反。　歆，許金反。　衡，户庚反。　斃，毗祭反〔三〕，死也。　跖，之石反。　殀，於兆反，殁也。

戊申歲分司大藏都監開板

校注

〔一〕「反」，原無，據文意補。

〔二〕「反」，原無，據文意補。

〔三〕「反」，原無，據文意補。

宗鏡録卷第七十二

慧日永明寺主智覺禪師延壽集

夫對登地大士，天鼓演無依印之法門〔一〕；破外道邪倫，教主述有因緣之正道。既立因依之處，須憑開析之門，未審依處當有幾種？

答：廣有十五依處，略有三依。且十五依處者，一、語依處，二、領受依處，三、習氣依處，四、有潤依處，五、無間滅依處，六、境界依處，七、根依處，八、作用依處，九、士用依處，十、真實見依處，十一、隨順依處，十二、善功能依處，十三、和合依處，十四、障礙依處，十五、不障礙依處〔二〕。

校注

〔一〕參見實叉難陀譯大方廣佛華嚴經卷四八如來隨好光明功德品。登地大士：即已登五十二階位中十地位之初地（歡喜地）的菩薩。菩薩階位有十信、十住、十行、十迴向、十地、等覺、妙覺五十二位。見前注。天鼓：忉利天善法堂中不擊而自發妙音的鼓。實叉難陀譯大方廣佛華嚴經卷一五：「忉利天中有天鼓，從天業報而生得，知諸天衆放逸時，空中自然出此音。（中略）三十三天聞此音，悉共來昇

善法堂，帝釋爲説微妙法，咸令順寂除貪愛。」澄觀撰大方廣佛華嚴經疏卷四八：「言『無依印』者，既

悟無生，則能、所雙絶，儻然靡據，故曰無依。以斯智印，印定萬法，不收不攝，任心自安，故稱三昧。」

〔三〕玄奘譯成唯識論卷八：「如是四緣，依十五處義差別故，立爲十因。云何此依十五處立？一、語依處，謂法、名、想所起語性，即依此處立隨説因，謂依此語隨見聞等説諸義故，此即能説爲所説因。有論説此是名、想、見，由如名字取相執著隨起説故，若依彼説，便顯此因是語依處。二、領受依處，謂所觀待能所受性，即依此處立觀待因。謂觀待此，令彼諸事或生、或住、或成、或得，此是彼觀待因。三、習氣依處，謂內、外種未成熟位，即依此處立牽引因，謂能牽引遠自果故。四、有潤種子依處，謂內、外種已成熟位，即依此處立生起因，謂能生起近自果故。五、無間滅依處，謂心、心所等無間緣。六、境界依處，謂心、心所所緣緣。七、根依處，謂心、心所所依六根。八、作用依處，謂於所作業、作具、作用，即除種子餘助現緣。九、士用依處，謂於所作業、作者、作用，即除種子餘作現緣。十、真實見依處，謂無漏見，除引自種於無漏法能助、引、證。總依此六立攝受因，謂攝受五辦有漏法，具攝受六辦無漏故。十一、隨順依處，謂無記、染、善現種諸行，能隨順同類勝品諸法，即依此處立引發因，謂能引起同類勝行及能引得無爲法故。十二、差別功能依處，謂有爲法各於自果有能起證差別勢力，即依此處立定異因，謂各能生自界等果及各能得自乘果故。十三、和合依處，謂從領受乃至差別功能依處，於所生、住、成得果中有和合力，即依此處立同事因，謂從觀待乃至定異皆同生等一事業故。十四、障礙依處，謂於生、住、成、得事中能障礙法，即依此處立相違因，謂彼能違生等事故。十五、不障礙依處，謂於生、住、成、得事中不障礙法，即依此處立不相違因，謂彼不違生等事故。」

百法鈔〔一〕與〔二〕十五依處配十因，一、語依處者，即以法、名、想三爲語因。所言法者，即一切法。爲有此所詮諸法故，便能令諸有情内心起想，想像此等所詮諸法已，次方安立其名，内心安立名後，方能發語。即法、名、想三爲先，是能起，方起得所起之語，即語依處，立隨説因。

二、領受依處者，領謂領納，受通五受〔三〕。五受皆以領納爲性，即領受依處，立觀待因。觀者，對義；待者，藉義。即能、所相對，藉以立其因。

三、習氣依處者，所謂内、外一切〔四〕種子未成〔五〕熟位，未經被潤已前，此名習氣依處，即依此未潤種上，立爲牽引因。且内種者，如第八識中有無量種子。若有漏種子，未被愛取水潤已前，雖未便生現行，然此種上，且有能牽引生當起現行果之功能，即以此種子名牽引因。

四、有潤依處，爲前習氣依處種子，若曾被潤已去，雖未便生現行，然且潤了，即此有潤種子，能與後近現行果爲依處。前習氣依處，約内、外種未被潤者；今有潤依處，即約内、外種曾被潤已去説。即有潤依處，立生起因。

五、無間滅依處者，即心、心所法等無間緣，謂前滅心、心所爲緣。緣者，是開避〔六〕導引功能。即前滅爲緣，能與後念一聚心、心所爲依處；其後念心、心所，依他前念爲緣處生，故名無間滅依處。即無間滅依處，立攝受因。此一因寬，自下六種依處，皆是攝受因攝。

六、境界依處者，即是一切所緣緣境。爲此一切所緣緣境，能與一切能緣心、心所爲依憑起處故，以心不孤起，託境方生，亦立攝受因。

七、根依處者，即内六處，謂五色根及意根，成六。即此六根，是八識心所、心所依之處，前無間滅依處即取八識前念功能爲依處，引後念令生。今此根依處，即取現在五色根及第七意名根依處，亦立攝受因。

八、作用依處者，問：何名作用依處？答：此通作業并作具之作用。且作業者，即有情工巧智，能造殿堂，或造立種種器具等物是；言作具者，即世間種種作具，如斤、斧、車、船等所受用之具是。但知一切疎助現緣，能成辦種種事業者，皆是此作用依處。即除卻識中種子及外法種子、及種子生現行、現行熏種子、種子引種子及親助現緣，非作用依處。此處亦立攝受因。

九、士用依處者，即於前作用依處中，唯取作者士夫之用，此處亦立攝受因。

十、真實見依處者，謂一切無漏見不虚妄，故名真實，能與餘一切無漏有爲法及無爲法而所依，名依處，此處亦立攝受因。

此前六攝受因者〔七〕，攝受即是因果相關涉義，但除卻親因緣外，取餘一切疎助成因緣者，名爲攝受因。故對法論云：如日、水、糞，望穀、麥芽等，雖有自種所生，然增彼力〔八〕，名攝受因。

十一、隨順依處者，即一切色、心等種現，皆有隨順自性及勝同類品諸法，故名隨順依處。言「隨順自性」者，即簡他法不得爲此依因，如第八識中三性種子，各各自望三性現行，爲依爲因。言「勝同類品諸法」者，如無漏法，即唯與自無漏有爲及無爲勝品法爲因處，不與下品劣有漏法爲因。就有漏位中，亦自有勝劣，爲因果亦尔。此處立引發因，引謂引起，發謂發生，爲因能引起發生果故。

十二、差別功能依處者，謂一切法不簡自性、他性，各各自有因果相稱，名爲差別功能。如五、八戒善業，定引人天第八，非引三塗第八，以不相稱故。若十不善業，定引三塗第八，非引人天第八，性不相稱爲因故。若自界法，即與自界爲因。如是等三界一切有漏法，各各自有差別功能爲因。如長安一百二十司官職，各各自有公事爲因，與所綰相稱。若浄因者，即自三乘種子，各望自三乘有爲、無爲果爲因，此處立定異因。定者，是因果自相稱義。不共他故，名異。如僧人以持齋戒相稱名定，不共他俗人四業同故名異。即一切諸法各各相望，皆有定異因。

十三、和合依處者，立同事因，從前第二領受依處，乃至第十二差别功能依處，即揔攝前六因十一依，爲此和合處體。謂前十一依，各各於自所獲生、住、成、得果中，皆有和合力故，名和合依處。即依此處立同事因，爲觀待乃至定異，如是六因，各共成一事，故説六因爲同事。

略舉一法以辯者：且如眼識生時，待空〔九〕、明等緣，立此爲觀待因。由有新、本二類種故，如其次第，得有牽引及生起因；次取等無間緣及根境等，立爲攝受因；望前引於後，是引發因；由名言種故，有定異因。餘法亦尔。

十四、障礙依處，立相違因者，惑能障智，明能障暗等，即明爲因，暗立爲果，即依此處立相違因。

十五、不障礙依處，立不相違因者，唯識論云：「十五、不障礙依處，謂於生、住、成、得事中不障礙法，即依此處立不相違因。」〔一〇〕

校注

〔一〕百法鈔：不詳。参見本書卷四六注。

〔二〕「與」，清藏本作「以」。

〔三〕五受：五種感受，即憂受、喜受、苦受、樂受、捨受。

〔四〕「切」，原無，據清藏本補。

〔五〕「成」，原作「來」，據文意改。參前注引成唯識論。

〔六〕「避」，嘉興藏本作「闢」。成唯識論述記卷四：「此開導依，若言『開避』，二義無別。開即避故，今言開者，離其處所即開彼路。」

〔七〕「此前六攝受因者」，指此前六種依處（無間滅依處、境界依處、根依處、作用依處、士用依處、真實見依處）皆爲攝受因攝。

〔八〕玄奘譯大乘阿毗達磨雜集論卷四：「攝受能作，謂所餘緣，如田、水、糞等，望穀生等，雖自種所生，然增彼力故。」按，開元釋教録卷二〇：「大乘阿毗達磨雜集論，十六卷，亦呼爲對法論，二百五十五紙。唐玄奘譯。」

〔九〕「空」，原作「愛」，據清藏本改。按，眼識具空、明等九緣生，詳見本書卷五五。又，窺基撰成唯識論述記卷七：「今大乘稍別，眼識依肉眼具九緣生，謂空、明、根、境、作意——五同小乘，若加根本第八、染淨第七、分別俱六，能生種子，九依而生。」

〔一〇〕見玄奘譯成唯識論卷八。

略説三依者，一、因緣依，即是俱有依，亦種子依；二、增上緣依，即增上緣；三、等無間緣依，即開導依〔一一〕。

「一、因緣依者，謂自種子諸有爲法皆託此依，離自因緣必不生故。」此因緣依者，對果得名。因即是緣，即不取因由之義。此因是果之所依故，即現行名果，能生種子名因緣。又，因者，是現行果之因；緣者，即此因有親生現行果之用，名緣。

問：因緣依與因緣何別？

答：依狹，緣寬。若因緣，即有三義：一、種引種，二、種生現，三、現熏種；若因緣依，即唯取種生現一義，是真因緣依。若種生種，但名因緣，不得名依，以異念因果故。即前念無體非依，定須同時。

問：且如現熏種，亦是同念因果，何不爲依？

答：現熏種雖同念，然又闕因沉隱、果顯現義，亦非因緣依。故知唯取真因緣義名依，都具三義，方名因緣依：一是主，即種是主；二、因沉隱、果顯現，即簡現熏種；三、因果同時，即簡種生種。

問：此種子爲因緣依體者，取何法爲能依？

答：諸有爲法皆託此依。即一切有爲、緣生法〔二〕、色之與心，皆須託自種爲依。有此種故，一切色、心現行方始得生，離自因緣必不生故。意云：心現若離〔三〕自心，種必不生。色法亦尔。

二、增上緣依者，若增上緣即寬，謂通有、無及疎增上。若爲依即狹，唯取有力及親增上。以五色根并意根處，唯此内六處〔四〕爲增上依體，即簡外六處望心、心所法但爲增上，即不得爲依體。又，唯取同時八識心王爲意根處，以意根處緣得八箇識故。若是等無間意，即自爲一依，故不取。即此增上依，須具三義：一、有力，二、親，三、内。其外六處，以不具三義，但爲緣，非依。若能依法，即諸心、心所皆託此依。言諸心、心所者，即簡色、不相應行、無爲後三位，皆無增上依。

問：其一切心、心所法，若無内六處時，亦得轉不？

答：「離俱有根必不轉故。」意云：若無所依根時，其心、心所定不得轉。

三、等無間緣依者，等無間依即狹，唯取心王，心王有主義故。若四緣中等無間緣，即寬，雙通心、心所。爲前念心王有力，能引生後念一聚心、心所法，名「等」；以力用齊等故，無自類爲間隔，名「無間」。

問：此依以何爲體？

答：以前念八識心王摠名等無間，此是依體，即前念心王與後念心、心所爲依。

問：前念心法已滅無體，何得爲依？

答：「彼先滅時，已於今識爲開導故。」〔五〕意云：彼前念心王臨欲滅時，有其力用，能引後念令生，作此功能了便滅。即現在一念，有引〔六〕後功能以爲法體，非取過去已滅無體法爲依。

校注

〔一〕玄奘譯成唯識論卷四：「諸心、心所，皆有所依。然彼所依總有三種：一、因緣依，謂自種子諸有爲法，皆託此依，離自因緣，必不生故。二、增上緣依，謂内六處，諸心、心所皆託此依，離俱有根必不轉故。三、等無間緣依，謂前滅意，諸心、心所皆託此依，離開導根必不起故。唯心、心所具三所依，名有所依，非所餘法。」

〔二〕緣生法：謂由緣而生者。雜阿含經卷一二：「云何緣生法？謂無明、行。若佛出世，若未出世，此法常住，法住法界，彼如來自所覺知，成等正覺，爲人演説，開示顯發，謂緣無明有行，乃至緣生有老死。若佛出世，若未出世，此法常住，法住法界，彼如來自覺知，成等正覺，爲人演説，開示顯發，謂緣生故，有老、病、死、憂、悲、惱、苦。此等諸法，法住、法空、法如、法爾，法不離如，法不異如，審諦真實、不顛倒。如是隨順緣起，是名緣生法。謂無明、行、識、名色、六入處、觸、受、愛、取、有、生、老、病、死、憂、悲、惱、苦，是名緣生法。」

〔三〕「離」，原作「親」，據清藏本改。

〔四〕窺基撰成唯識論述記卷四：「謂内六處，即眼根等。八識俱有依，皆不過内六處故。若對大乘，即通六處。若對小部，唯在五内。意處，説是等無間故。」

〔五〕見玄奘譯成唯識論卷四。

〔六〕「引」，原作「行」，據清藏本改。

問：其前念心王有引後力用名爲依者，未審將何法爲能依？

答：諸心、心所，皆託此依，即一切心、心所法起，定能須託此前滅意爲依，方起。

問：諸心、心所，若不依前滅心王，亦得起不？

答：「離開導根必不起〔一〕故。」意云：心、心所若不得前念心王爲開避引導，即無因得起。

問：心法四緣生，何故三緣別立爲依，所緣緣不尔？

答：三緣有常義、主義故，亦緣亦依。所緣緣皆有常義，闕主義故，但爲緣，不爲依。

又，種子依具六義。六義者，一、刹那滅，二、果俱有，三、恒隨轉，四、性決定，五、待衆緣，六、引自果。一、刹那滅者，謂體纔生，無間必滅，有勝功能，方成種子；二、果俱有者，謂與所生現行果俱現，和合方成種子；三、恒隨轉者，謂要長時一類相續，至究竟位，方成種子；四、性決定者，謂隨因力生善、惡等功能決定，方名種子；五、待衆緣者，謂此要待自衆緣和合，功能殊勝，方成種子；六、引自果者，謂於別別色心等果，各各引生，方成種子〔二〕。

校注

〔一〕「起」，原作「轉」，據成唯識論改，參前文注。又，窺基撰成唯識論述記卷四：「種子所依，辨體生故，言

『必不生』；增上緣依隨須與力，不障彼故，言『必不轉』；開導之依顯開彼路，導彼生故，言『必不起』。」

〔二〕玄奘譯成唯識論卷二：「種子義，略有六種：一、刹那滅，謂體纔生，無間必滅，有勝功力，方成種子。此遮常法，常無轉變，不可説有能生用故。二、果俱有，謂與所生現行果法，俱現和合，方成種子。此遮前後及定相離，現、種異類互不相違，一身俱時有能生用，非如種子自類相生，前後相違，必不俱有。雖因與果有俱不俱，而現在時可有因用，未生已滅，無自體故。依生現果立種子名，不依引生自類名種，故但應説與果俱有。三、恒隨轉，謂要長時一類相續至究竟位，方成種子。此遮轉識，轉易間斷，與種子法不相應故。此顯種子自類相生。四、性決定，謂隨因力，生善、惡等功能決定，方成種子。此遮餘部執異性因生異性果，有因緣義。五、待衆緣，謂此要待自衆緣合，功能殊勝方成種子。此遮外道執自然因，不待衆緣恒頓生果。或遮餘部緣恒非無，顯所待緣非恒有性，故種於果非恒頓生。六、引自果，謂於别别色、心等果各各引生，方成種子。此遮外道執唯一因生一切果，或遮餘部執色、心等互爲因緣。」

又，俱[一]有依者，即所依與能依俱時而有。依者，但是一切有爲生滅法，仗因託緣而生、住者，皆名爲依。依具四義：一、決定，二、有境，三、爲主，四、令心、心所取自所緣，方名所依[二]。此四依，各有所簡。且第一義者，若法決定，此正簡將前五識與第六識作不定依，夫爲所依者，且須決定有方得，今有第六時，不決定有前五故。亦簡將五色根與第八爲依亦是不定有，如生無色界第八，即無色根爲依。又簡將能熏七現與所熏種子爲生長依等，即此能熏現識有間斷故，無決定義〔三〕。

校注

〔一〕「俱」，原作「具」，據嘉興藏本改。按，「具」「俱」意同，然本書前後亦皆作「俱有依」，故改。

〔二〕玄奘譯成唯識論卷四：「『依』謂一切有生滅法，仗因託緣而得生、住。諸所仗託，皆説爲『依』，如王與臣，互相依等。若法決定、有境、爲主、令心心所取自所緣，乃是所依，即内六處，餘非有境、定、爲主故，此但如王，非如臣等。」

〔三〕韓廷傑成唯識論校釋卷四：「『決定』，如果有的事物是依此而生，無時不依此而生，此稱決定。第六識不能以前五識爲依，因爲第六識生時前五識不一定有。第八識不能以五根爲依，即使無五根第八識也可産生。第七、第八二識不能以第六識和前五識爲依，因七、八恒轉，第六識和前五識有時可斷。」

問：若有決定義便是所依者，即如四大種及命根、五塵等及種子，皆有決定義，應是所依？有現行識時，必決定有種子故。

答：將第二義簡云：有境。言有境者，即有照境緣境功能，除心、心所及五色根識，餘法皆非有境。今四大、五塵、命根等，雖有決定義，而闕有境義，故非所依〔一〕。

校注

〔一〕韓廷傑成唯識論校釋卷四：「『有境』，雖是決定，體須有境。如命根等，雖是決定，但無境可緣，不能稱爲所依。四大、種子及一切無爲法，都不是所依。」

問：若具二義即名所依者，且如偏行五數，亦具決定、有境二義，應與心、心所爲所依？

答：將第三義簡云：爲主。今偏行五數雖有二義，闕主義故，亦非所依〔一〕。

校注

〔一〕韓廷傑成唯識論校釋卷四：「『爲主』，具備決定、有境兩個條件以後，還須『爲主』，即有自在力，可以使其他事物産生，偏行及其他心所法都不能稱爲所依。」

問：若具三義便成所依者，且如第八識現行，望識中種子，亦有決定、有境、爲主三義，即此等八識現行，應與種子爲俱有依？

答：將第四義簡云：令心、心所取自所緣，即令能依心、心所緣取自所依家境，方成所依。今第八現行識不能令種子取自所緣，故非所依。今第八識中種子無緣慮，不能取自所緣，故第八非種子所依，但爲依義〔一〕。

校注

〔一〕韓廷傑成唯識論校釋卷四：「『令心心所取自所緣』，這表明種子不以阿賴耶識爲所依，因爲種子不能取所緣。」

問：未審何法具此四義足，得名所依？

答：爲五色根及意處，即此六處，具前四義足，獨名所依。

問：內六處爲俱有依，與六根體義何別？

答：俱有依唯取六處現行，不取種子，闕有境義故。若但言六根，即通種、現。又，俱有依取所依義，若言六根，即取生長義，各據勝以論。又，若心、心所法生時、住時，即具俱有依。若色法生時、住時，但有因緣依，即得定無俱有依，以色法無所緣故，自體不是能緣法故。又，瑜伽論云：於五識有三依：一、種子依，二、俱有依，三、開導依〔一〕。

校注

〔一〕詳見玄奘譯瑜伽師地論卷一本地分中五識身相應地。又，「開導依」，瑜伽師地論作「等無間依」，同。成唯識論卷四：「開導依者，謂有緣法、爲主、能作等無間緣，此於後生心、心所法開避引導，名開導依。」

問：所依有幾重？

答：有四重，謂五色根、六、七、八識，即五識各依自根，若後三識，即通與五識爲依。

問：五色根、六、七、八識四重所依，各有何用而言隨闕一種，即便不轉？

答：謂一同境、二分别、三染浄、四根本等所依别故〔一〕。

校　注

〔一〕玄奘譯成唯識論卷四：「五識俱有所依定有四種，謂五色根、六、七、八識。隨闕一種，必不轉故，同境、分别、染浄、根本所依别故。聖教唯説依五根者，以不共故，又必同境，近、相順故。第六意識俱有所依唯有二種，謂七、八識，隨闕一種，必不轉故。雖五識俱，取境明了，而不定有故非所依。聖教唯説依第七者，染浄依故，同轉識攝，近、相順故。第七意識俱有所依，但有一種，謂第八識。藏識若無，定不轉故。」

言同境者，即自五色根是，如眼根照青色境時，眼識亦緣青色境，以青色境同故名同境。乃至身根識亦尔。

言分别者，即第六識，能與前五爲分别依，同緣境時起分别故，此是第六自體與五識爲分别依。瑜伽論云：「有分别無分别。」〔一〕同緣現在境故，即第六名有分别，前五名無分别。解深密經云：五識起時，定有意識同緣境〔二〕。

言染浄者，即第七識，第七識能與五識爲染浄依。第七若在有漏位中，即與五識爲染依；若成無漏時，即與前五爲浄依。有此染浄依，前五方轉，若無，即不得生。

言根本者，即第八識，第八識與前五識爲根本依，前五識是枝條。又，第八能持前五識種，種方生現，推功歸本，皆從第八識中成故。此第八不唯與前五識爲根本依，亦與萬法爲根本，以能持萬法種故。於因果位中，第八皆爲根本。

此四重依，各各不同，即八識俱有所依。四種名義不同者，如眼等五識，即同境等四種所依，各有決定義。且如眼識，以眼根爲決定同境依，以決定共取一境故。餘四境與四根各決定取自境亦尔，以第六識爲決定分别依，以第七識爲決定染浄依，以第八識爲決定根本依。

校　注

〔一〕見玄奘譯瑜伽師地論卷七一。

〔二〕解深密經卷一心意識相品：「若於爾時一眼識轉，即於此時唯有一分别意識，與眼識同所行轉。若於爾時二、三、四、五諸識身轉，即於此時唯有一分別意識，與五識身同所行轉。」

又，能、所依，四句分別：一、唯能依非所依，即心所法；二、唯所依非能依，即五色根；三、俱句，即八識心王；四、俱非，即外色法。

又，開導依者，開者，避〔一〕也，即開避處所；導謂導引，導引令生〔二〕。即前念心王臨滅時，開避處所，引後念心、心所，令彼生起。即後念心、心所託前念開導心王所依而生，名開導依。

夫因依之處，則染、浄出生之始；果報之境，乃苦、樂成熟之時：則十因、五果以無差，三依、四緣而非濫，皆爲最初一念，背覺合塵，轉作能心，現爲諸境。三細識〔三〕全因不覺，六麁相〔四〕永爲所緣。入生死旋火之輪，未曾暫歇；處塵勞無間之獄，曷有出期？若能明萬法元起之由，了一念最初之際，方知自我心起，起處無蹤，唯我心亡，滅時無跡，則永枯苦本，六趣爲之冰消；頓竭愛原，二死因兹雲散。二十八祖之正意，從此皎然；三世諸佛之本懷，於斯釋矣！

校注

〔一〕「避」，嘉興藏本作「闢」。後同。按，「避」，通「闢」。

〔二〕窺基撰成唯識論述記卷四：「此開導依，若言『開避』，二義無別。開即避故，今言開者，離其處所，即開彼路。復言導者，引彼令生，引導招彼，令生此處。」

〔三〕三細識：業識、轉識、現識。詳見本書卷五六。

〔四〕六麁相：智相、相續相、執取相、計名字相、起業相、業繫苦相。詳見本書卷五六。

問：般若無相，不受一塵，云何廣辯四緣及諸因果？

答：夫佛道正法，皆從緣生，故云心法四緣生，色法二緣起〔一〕。若執不從緣生者，皆非正法，悉屬外道自然邪見。且心之一法，若無第一因緣者，無有親生現行果之義，則諸法不成立；若無第二等無間緣者，則無開導引後生義，無有相續，全成間斷；若無第三所緣緣者，則心無所慮處，不能牽心用，心無所託，乃心、境俱成斷滅；若無第四增上緣者，雖具前三緣，若無增上，即成障礙，法亦不生。四緣具足，方成心法。若能明了世間因緣所生之法，方乃見無生之旨，以即生法達無生故。且生法尚不知正因，云何能了無生妙理？

校注

〔一〕龍樹造、鳩摩羅什譯大智度論卷三二：「心、心數法從四緣生。無想、滅盡定從三緣生，除緣緣；諸餘心不相應諸行及色從二緣生，除次第緣、緣緣。」栖復集法華經玄贊要集卷二：「有爲之法，不假因而不生，不約緣而不立，所以心法四緣生，色法二緣起。」

所以華嚴鈔云：「緣起深義，佛教所宗。自古諸德多云三教之宗，儒則宗於五常，道宗自然，佛宗因緣。然老子雖云『道生一，一生二，二生三，三生萬物』，似有因緣，而非正因緣。言『道生一』者，道即虛無自然故。彼又云：『人法地，地法天，天法道，道法自然。』謂虛通曰道，即自然而然。是雖有因緣，亦成自然之義耳。佛法雖有無師智、自然智，而是常住真理，要假緣顯，則亦因緣矣。故教說三世修因契果，非無善因惡因。故楞伽經大慧白佛：『佛説常不思議，彼諸外道亦有常不思議，何以異耶？』佛言：『彼諸外道無有常不思議，以無因故；我説常不思議有因，因於内證。豈得同耶？是則真常亦因緣顯。』〔一〕淨名經云：『説法不有亦不無，以因緣故諸法生。』〔二〕法華經云：『諸佛兩足尊，知法常無性，佛種從緣起，是故説一乘。』〔三〕又經云：『一切諸法，因緣爲本。』〔四〕中論云：『未曾有一法，不從因緣生，是故一切法，無不是空者。』〔五〕則真空中道亦因緣矣。若尔，涅槃經云：『我觀諸行，悉皆無常。云何知耶？以因緣故。若一切法從緣生者，則知無常。是諸外道無有一法不從緣生。』〔六〕是故無常則外道有因緣矣。釋曰：此明外道在因緣内，執於緣相以爲常住，是故破之，言無常耳。今明教詮因緣妙理，具常無常，豈得同耶？況復宗者從多

分説，所以因緣是所宗，不應致疑。」〔七〕

校注

〔一〕參見楞伽阿跋多羅寶經卷一。
〔二〕見維摩詰所説經卷上佛國品。
〔三〕見妙法蓮華經卷一方便品。
〔四〕見實叉難陀譯大方廣佛華嚴經卷二四。
〔五〕見龍樹造、鳩摩羅什譯中論卷四觀四諦品。
〔六〕見大般涅槃經卷一四，南本見卷一三。
〔七〕見澄觀述大方廣佛華嚴經隨疏演義鈔卷六四。

故知唯是一心，緣起法門，以法無自性，隨心所現。所現之法，全是自心，終無心外法，能與心爲緣。所以本末相收，皆歸宗鏡。何者？「内即是本，外即是末。以唯心義，則内收外；託境生心，則末亦收内。若以法性爲本，法性融通，緣起相由，則塵包大身，毛容刹土，故合爲一大緣起也。」〔一〕故知有智慧無多聞，有多聞無智慧，俱不達實相，聞、慧具足，真見心原。

校注

〔一〕見澄觀述大方廣佛華嚴經隨疏演義鈔卷六四。

又，經云：若欲學般若，應學一切法。以色無邊故，般若無邊〔一〕。又，經云：若欲了達因緣、等無間緣、所緣緣、增上緣者，應當學般若〔二〕。智論釋云：不破四緣之義，唯破四緣之執。如水中之月，不破所見，只破所取〔三〕。

校注

〔一〕摩訶般若波羅蜜經卷二三慧品：「菩薩摩訶薩行般若波羅蜜時，應當學一切法不可説。」卷二二道樹品：「菩薩學般若波羅蜜如，則能學一切法如。學一切法如，則得具足一切法如。」卷八散花品：「色無邊故，諸菩薩摩訶薩般若波羅蜜無邊。」

〔二〕摩訶般若波羅蜜經卷一序品：「菩薩摩訶薩欲知諸法因緣、次第緣、緣緣、增上緣，當學般若波羅蜜。」又，大般若波羅蜜多經卷三：「若菩薩摩訶薩欲通達一切法盡所有性、如所有性，應學般若波羅蜜多。若菩薩摩訶薩欲通達一切法因緣、等無間緣、所緣緣、增上緣性，應學般若波羅蜜多。」

〔三〕龍樹造、鳩摩羅什譯大智度論卷三二：「菩薩於般若波羅蜜中，無有一法定性可取故，則不可破；以衆生著因緣空法故，名爲可破。譬如小兒見水中月，心生愛著，欲取而不能得，心懷憂惱。智者教言：『雖可眼見，不可手捉，但破可取，不可破見！』菩薩觀知諸法從四緣生，而不取四緣中定相。四緣和合生，如水中月，雖爲虛誑無所有，要從水月因緣生，不從餘緣有。諸法亦如是，各自從因緣生，亦無定實。以是故說：『菩薩欲如實知因緣、次第緣、緣緣、增上緣相，當學般若波羅蜜。』」

故知但有能取執情，則非幻而成幻法。若成無所得慧，則非幻尚自不生，執喪情虛，萬法無咎，般若真性，何所滯乎？如大涅槃經云：「菩薩善知諸緣，菩薩摩訶薩不見色相、不見色緣、不見色體、不見色生、不見色滅、不見一相、不見異相、不見見者、不見相貌、不見受者。何以故？了因緣故。如色，一切法亦如是。」〔一〕

校注

〔一〕見大般涅槃經卷二四，南本見卷二二。

又，前十因、四緣等義，是約法相宗說，略明行相。今依法性宗自在無礙法門說，明其體性。據華嚴法界緣起無盡宗，亦有因門六義，緣起十義。

今且釋因門六義者〔一〕：一、空有力不待緣，是刹那滅義〔二〕。由刹那滅故，即無自體，是空也；由此滅故，果法得生，是有力也；然此謝滅，非由緣力，故不待緣。二、空有力待緣，是俱有義〔三〕。由俱有〔四〕故方有，即顯是不有，空義也；俱故能成有，是有力也；俱故非孤〔五〕，是待緣也。三、空無力待緣，是待緣義〔六〕。由無自性故，是空也；因不生緣生故，是無力也。四、有有力不待緣，是決定義〔七〕。由自類不改故，是有義；然自不改而生果故，是〔八〕有力義；然此不改，非由緣力故，不待緣。五、有有力待緣，引自果義〔九〕。由引現自果，是有義；雖得緣方生，然不生緣果，是有力義；即由此故，是待緣義。六、有無力待緣，恒隨轉義〔一〇〕。由隨他故無力，是故待緣〔一一〕。

校　注

〔一〕按，此後參見法藏述華嚴一乘教義分齊章卷四。

〔二〕空有力不待緣：謂「因」之體性爲空，具有引生果的全部力用，不須藉助他緣。相當於種子六義中的「刹那滅義」。

〔三〕空有力待緣：謂「因」之體性爲空，雖具有引生果的力用，還須藉助他緣。相當於種子六義中的「果俱有義」。

〔四〕「有」，據大正藏本華嚴一乘教義分齊章校勘記，諸參校本中無。

〔五〕「孤」，原作「散」，據華嚴一乘教義分齊章改。善熹述華嚴一乘教義分齊章復古記卷三之上：「是俱有力故，所以知者，爲得外緣，唯顯體空，俱成用力，有力待緣，非孤起也。」

〔六〕空無力待緣：謂「因」之體性爲空，不具有引生果的力用，必須藉助他緣。相當於種子六義中之「待衆緣義」。

〔七〕有有力不待緣：謂「因」之體性爲假有，具有引生果的全部力用，不須藉助他緣。相當於種子六義中的「性決定義」。

〔八〕「是」，磧砂藏、嘉興藏、清藏本作「果」。按，華嚴一乘教義分齊章作「是」。

〔九〕有有力待緣：謂「因」之體性爲假有（本體不變而隨緣示現諸法），雖具有引生果的力用，還須藉助他緣。相當於種子六義中的「引自果義」。

〔一〇〕有無力待緣：謂「因」之體性爲假有，不具有引生果的力用，必須藉助他緣。相當於種子六義中的「恒隨轉義」。

〔一一〕按，衡之以前五義，此第六應分説「有」「無力」「待緣」三義。故「由隨他故無力，是故待緣」，據華嚴一乘教義分齊章應作：「由隨他故，不可無；不能違緣故，無力用；即由此故，是待緣也。」

正因對緣，唯有三義：一、因有力不待緣〔一〕，全能生故，不雜緣力故。二、因有力待緣〔二〕，相資發故。三、因無力待緣〔三〕，全不作故，用緣故。又，由上三義，因中各有空、有二義，二門各三，唯有六故，不增減也。何故不立第四句無力不待緣義者？以彼非因義，故不立〔四〕。

校注

〔一〕因有力不待緣：即因生，「因」之自體具有生果的全部力用，無須藉助他緣。

〔二〕因有力待緣：即因緣生，「因」與「緣」必須和合纔能生果。

〔三〕因無力待緣：即緣生，「因」之自體無生果的力用，必須藉助他緣。

〔四〕「今且釋因門六義者」至此，參見法藏述華嚴一乘教義分齊章卷四。

問：果中有六義不？

答：果中唯空、有二義，謂從他生無體故，是空義；酬因故，是有義。若約互爲因果説，即爲他因時，具斯六義；與他作果時，即唯有二義。是故六義唯在因中。待緣者，待因事之外增上等三緣〔一〕也。若緣起秘密義，皆具此六義。六義約體、用，各有四句：一、約體，有無四句：一、是有，謂決定義故；二、是無，謂刹那滅義故；三、亦有亦無，謂合彼引自果及俱有無二是也；四、非有非無，謂合彼恒隨轉及待衆緣無二是也。二、就用。四句：一、由合彼恒隨及待衆緣無二故，是不自生；二、由合彼刹那滅及決定義無二故，是不他生；三、由合彼俱有及引自果無二故，不共生也；四、由具三句合其六義因義方成故，非無因生也〔二〕。

校　注

〔一〕三緣：謂等無間緣、所緣緣、增上緣。因緣雖能親辦果體，要待三緣，果法得成。

〔三〕「問：果中有六義不」至此，見法藏述華嚴一乘教義分齊章卷四。

中觀「八不」〔一〕，據遮詮；「六義」，約表詮。「八不」約反，情理自現；「六義」據現，理情自亡，有斯左右耳。六義開合者，或約體唯一，以因無二體故；或約義分二，謂空、有，以無自性故，緣起現前故；或約用分三：一、有力不待緣，二、有力待緣，三、無力待緣。初即全有力，後即全無力，中即亦有力亦無力。第四句，無力不待緣，非因故不論。六義據緣起自體，六相據緣起義門。六義由空、有義故，有相即門；由有力、無力義故，有相入門；由有待緣、不待緣義故，有同體異體門。由諸義門故，得有毛容刹海等事也〔二〕。

校注

〔一〕八不：即中道、正觀，是遮止生滅、常斷、一異、來出，遠離一切執著、分別而無所得者。中論卷一觀因緣品：「不生亦不滅，不常亦不斷，不一亦不異，不來亦不出。能説是因緣，善滅諸戲論。」按，中論，具名中觀論。吉藏撰中觀論疏卷二本：「八不者，蓋是正觀之旨歸，方等之心骨。定佛法之偏正，示得失之根原。迷之，即八萬法藏冥若夜遊；悟之，即十二部經如對白日。」

〔二〕「中觀『八不』」至此，詳見法藏述華嚴一乘教義分齊章卷四。

若論相入相持，皆因有力無力，即此二義不得同時。若俱有力無無力者，即成多果過，一一各生故；若俱無力無有力者，即成無果過，俱不生故。論云：因不生緣生故，緣不生因生故〔一〕。以一有力能持多，以多無力即入一中；以多有力能持一，以一無力即入多中〔二〕。是以一塵有力，能含刹海；刹海無力，潛入一中。

校注

〔一〕澄觀述大方廣佛華嚴經隨疏演義鈔卷一一：「論有二意：一、顯無生之義，則上句以緣破自。如中論云：『如諸法自性，不在於緣中。』以若有自性，不合假衆緣，既假衆緣，則自性應在緣中。緣中求自性不可得故，無自性生。下句以自破緣，故云『緣不生』，自因生故。謂若他生，則但有緣即應能生，不合假於自因。今假於因，明非他生也。上來顯無生之義耳。二者、顯緣起義。因不生者，因全無力。緣生故者，緣全有力。」

〔二〕「若俱有力無無力者」至此，詳見法藏述華嚴經探玄記卷一。

問：有力、無力，其義如何？

答：若以一有力者，是空、無性義，無性故能成諸法，以有空義故一切法得成，則是一有力爲主，多無力爲伴；若以多有力者，則無一法而有自體能獨立者，皆假衆緣相待而成，則多有力爲主，一無力爲伴。所以主、伴相成，自、他互立，無伴則主不立，闕自則他不成。又，約用，由相待故，具有力、無力義，是相收及相入。二、約體，由相作故，具有體、無體義，是故相即及相是。經偈云：「諸法無作用，亦無有體性。是故一切法，各各不相知。」〔一〕以他而爲自，故無體性；以相待而成，故無作用：此是無力義。又，因此無知無性，方有緣起。若一法有體，則不假相依；若無相依，則無諸法；若諸法不空，則無道無果：此是有力義。

校注

〔一〕見實叉難陀譯大方廣佛華嚴經卷一三。

次緣起十門〔一〕者，即緣起相由之力〔二〕，謂一與多互爲緣起，相由成立，故有相即、相入等。此有二種：一、約緣用，有有力、無力，相待、相依，全體相收，故有相入；二、約緣體，有空、不空，能作、所作，全體相是，故有相即。此即入二門。復有二義：一、異體相望故，有微細、隱顯，謂異體相容是微細義，異體相是具隱顯義；二、同體内具德故，有一多、廣狹，謂同體相入故有一多無礙，同體相即故有廣狹無礙。又，由以異攝同故有帝網義，於時中故有十世義，緣起無性故有性相無礙義，相關互攝故有主伴義〔三〕。

校注

〔一〕按，緣起十門者，一、性相無礙，二、廣狹無礙，三、一多無礙，四、相入無礙，五、相即無礙，六、隱顯無礙，七、微細無礙，八、帝網無礙，九、十世無礙，十、主伴無礙。詳見本書卷二八。

〔二〕「之力」，當作「力故」。法藏述華嚴經旨歸釋經意第八：「緣起相由力故者，謂一與多互爲緣起，相由成立。」法藏述華嚴經探玄記卷一五：「以緣起相由力，令二事亦相即，如幻師幻術力，令多則一，一則多等故。」

〔三〕「即緣起相由之力」至此，參見法藏述華嚴經旨歸釋經意第八。

十緣義者，一、諸緣各異義。大緣起中，諸緣相望，要須體、用各别，不相雜亂，方成緣起。若雜亂者，失本緣法，緣起不成。此則諸緣各各自守一位。經頌云：「多中無一性，一亦無有多。」〔一〕

二、互徧相資義。要互相徧，方成緣起。如一緣徧應多緣，各與彼多全爲一故，此一即是多箇一也，此即一一各具一切。經頌云：「知以一故衆，知以衆故一。」〔二〕

三、俱存無礙義。凡是一緣，要具前二。以要住自一，方能徧應。徧應多緣，多緣方是一故。以一不自作一，以多作一；以多不自多，以一作多。是故唯一、多一，自在無礙：或舉體全住，是唯一也；或舉體徧，應是多一也；或俱存，或雙泯，或揔合，或全離。經頌云：「諸法無所依，但從和合起。」此三門，揔明緣起本法竟。

四、異體相入義。謂法門力用遞相依持，互形奪故，各有全力、全無力義。由一有力，必不與多有力俱，是故無有一而不持多也；由多無力，必不與一無力俱，是故無有多而不入一也。多持一依亦然。

五、異體相即義。諸緣相望，全體形奪，有有體、無體義。是故一緣是能起能成，故有體；多緣是所起所成，故無體。由一有體，必不得與多有體俱；多無體，必不得與一無體俱。是故無有不多之一，無有不一之多。

六、體用雙融義。一、以體無不用故，舉體全用，即有相入、無相即義；二、用無不體故，舉用全體，即唯有相即、無相入義；三、歸體之用不礙用，全用之體不失體，無礙雙存，亦即亦入，自在俱現；四、全用之體體泯，全體之用用亡，非即非入，圓融一味；五、合前四句，同一緣起，無礙雙存；六、泯前五句，絶待離言，冥同性海。此上三門，於初異體門中顯義理竟。

七、同體相入義。謂前一緣所有多一，與彼一緣體無別故，名爲同體。又，由此一緣應多緣故，先明相入，謂一緣有力能持多一，多一無力依彼一緣，是故一能攝多，多便入一。

八、同體相即義。謂前一緣所具多一，亦有有體、無體義，故亦相即。以多一無體，由本一成，多即一也；由本一有體，能持多一，全一攝多。如一有多空既尔，多有一空亦然。

九、俱融無礙義。同前六句，體、用雙融。此三門，於前第二同體門中辯義理竟。

十、同異圓滿義。以前九門，揔合爲一大緣起，令多種義門同時具足。由住一徧應故，有廣狹自在門；由就體，有相即；就用，有相入；由異體相容，具微細門；由異體相即，具隱顯門。就用相入爲顯，就體相即爲隱。又，由異體相入，帶同體相入，具帝網門；由此大緣起，即無礙法界，有託事門；顯於時中，有十世門；相關互攝，有主伴門。此圓滿門，就第三門中以辯義理竟〔三〕。經頌云：「菩薩善觀緣起法，於一法中解衆多，衆多法中解了一。」〔四〕如是理事開合，緣性融通，方達一心無盡之用。

校注

〔二〕見實叉難陀譯大方廣佛華嚴經卷一三。

〔三〕見實叉難陀譯大方廣佛華嚴經卷一六。下一處引文同。

〔三〕按，「十緣義者」至此，出法藏述華嚴經探玄記卷一。此處引文，當據澄觀撰大方廣佛華嚴經疏卷二一（其中部分文字又有删改），故後文有「華嚴演義釋云」。

〔四〕按，此非經頌，引文據澄觀撰大方廣佛華嚴經疏卷二一。佛馱跋陀羅譯大方廣佛華嚴經卷二八：「此菩薩深入諸法皆悉如幻，觀緣起法；於一法中解衆多法，衆多法中解了一法。」

華嚴演義釋云〔一〕：夫緣起者，初有三門：一、異體門，二、同體門，三、同異合明門。所以〔二〕有同、異體者，以諸緣起門內有二義故：一、不相由義，謂自具德故，如因中不待緣是；二、相由義，如待緣等是也。初即同體門，後即異體門。若尔，何以初異體門中云諸緣各別，不相雜亂？第二同體門中云互相徧應，方成緣起？釋曰：謂要由各異，方得待緣；要由徧應，方自具德耳。所以前之二門各生三者：一、互相依持，有力、無力故；二、互相形奪，有體、無體故；三、體用雙融，無前後故。此即緣起大意。

次、第一異體門者，然由相成，方各有體〔三〕。

二、互徧相資義者，即同體門，則具多箇一，如十錢爲緣，當體自是本一。應二之時，乃諸初一以爲二一，應三爲三一，乃至應十爲十一，故有多一。若此一緣不具多一，則資應不徧，不成緣起。此則一一各具一切者，一既有十，二、三、四等亦各有十，故云一一各具。如十錢爲喻，其法界差別無盡法中，各各徧應故，隨一一各具法界差別法也。

三、俱存無礙義者，唯一、多一，自在無礙者，揔明欲多常多、欲一常一，故云自在。一、或舉體徧應，二、或舉體全住，三、或俱存者，俱存住自及徧應也，亦俱存唯一及多一也。四、雙泯者，即由俱存，則相即奪故，住一即徧應，非住一也；徧應即住一，非徧應也。五、或揔合者，合前四句爲解境故。六、或全離者，全離前五成行境故。

四、異體〔四〕相入義者〔五〕，「遞相依持」者，以是緣起一多等，非定性一多等。謂一有定性，不由於多；多有定性，不由於一。今由一無定性，假多而起；多無定性，由一而生故。由無性平等之義，方成緣起。若有一可一，此是自〔六〕性一；若有多可多，此是定性多。若是定性多，多不因於一；若是定性一，一不因於多。今由多故一，此一不自一；今由一故多，此多不自多。此多則無力，此一不自一；此一則無力，無力隨有力。一多互相收故，隨一佛會即一切佛會，一切法會即是一法會。故此一法會，不動而常徧，不分而常多，前後互相成，如何不信？又謂前一望多中，一爲持邊，一能攝多；一爲依邊，一能入多。「如一望多，有依有持」者，「有依」者，即前多持，故一成也；「有持」者，即前一有力，爲多依故。言「全力」者，成上持；言「無力」者，成上依。言「常含多在己中」者，一有力爲持，能攝多故；言「潛入己在多中」者，一無力爲依，便入多故。「俱存雙泯」者，謂一攝多是第一句，多攝一是第二句，俱存即第三句，謂即一攝一入時，即多攝多入故。雙泯者，即第四句，一攝一入故，則多攝多入故，便一攝一入泯；多攝多入故，即一攝一入故，則多攝多入泯：故云雙泯。對前別明二句，則有四句，亦可成六。五、俱照前四成解境故，六、頓絶前五成行境故。

五、異體相即義者，爲能起邊即有體，爲所起邊即無體，如云法從緣生，是法即空，意取所生空也，空即無體義。若形奪者，以能起之緣，形對所起，奪彼所起，令無體也。「由一有體，不得與多有體俱」者，謂有難言：一之與多，俱有有體、無體二義，云何獨言一有體耶？故今通云：由有、無義不得並故，今一爲能起邊，多必是所起故。若不尔者，能所不成，緣起亦壞。「是故無有不多之一」者，此一是多故；「無有不一之多」者，此多是一故。

問：一不即多有何過？

答：有二過故：一、不成多過，謂一〔七〕既不成多，餘亦不成多故，如一不成十，二、三、四等亦不成十，故無十過；二、不成一過，謂若一不成十，此即不成一，由十不成故，一義亦不成，以無於十是誰一故。一不即多成過既尔，多不即一成過亦然。又，若不相即，緣起門中空、有二義即不成立，便有自性斷滅等過故。

「俱存雙泯」者，俱謂正一攝他同己、廢己同他時，即是多攝一同己、廢己同一也；雙泯者，以一望於他二義，即是多望於一二義故，則一望於他二義泯矣；多望於一二義，即是一望於多二義故，即多望於一二義泯也。旨不異前，思之！

六、體用雙融義者，一、以體就用；二、以用就體；三、體用雙存；四、體用雙泯，以體、用交徹，形、奪兩亡，即入同原，故圓融一味；五、成解境；六、成行境。

七、同體相入義者，此門即指前第二門，以第二是本同體門故。如一，本自是一，爲本一應二爲二一，應三爲三一等，只是一箇一，對他成多。亦如一人，望父名子，望子名父，望兄爲弟，望弟爲兄等，同一人體而有多名。今本一如一人，多一如諸名也。

八、同體相即義者，一有多空既尔者，例多一有體也。由有多一，方詺本一爲本一故。多一有體，本一無體也。多一有體故，能攝本一；本一無體，潛入多一。

九、俱融無礙者，同前異體門也，即前第六門，謂同體緣起法中，力用交涉，全體融合，方成緣起。

十、同異圓滿義者，謂前來異體四門、同體四門及第三同異俱存，並不出同異，合居一處，不偏一門，故云圓滿。若具足皆具十玄，有多種義門，有本有末，有同有異，有即有入，四句六句等，合前九門，爲同時門也。且如由異體相入帶同體相入故，有帝網門者，同體相入，一中已含於多，更入異體，故有重重之義。同體相入，如鏡已含多影，更入異體，如含影之鏡，更入餘鏡，故有重重無盡之義。餘九玄如文。

今結屬者，由第三〔八〕本門之中融同異故，今則融前六門，則異體中三門與同體三門相成。無異體，同體不成；無同體，異體不成：故六門相成。後之七門，從前三生，前三融故，後七必融，故十門一際也。例前第三融通，亦有六句：一、或舉體全異，具入即俱；二、或舉體全同，亦具入即俱；三、或具同異，雙現無二體故；四、或雙非同異，以相奪俱盡故，謂同即異故非同，異即同故非異；五、或具前四，爲解境故；六、或絶前五，成行境故。故約智顯理，諸門不同，廢智忘筌，一切叵説。説與不説，無礙難思，没同果海。唯亡言遺照，庶幾玄取耳。

校注

〔一〕按，此後詳見澄觀述大方廣佛華嚴經隨疏演義鈔卷一一。

〔二〕「以」，原無，據大方廣佛華嚴經隨疏演義鈔補。

〔三〕參見前引法藏述華嚴經探玄記卷一釋「諸緣各異義」。又見澄觀撰大方廣佛華嚴經疏卷二。

〔四〕「體」，原作「門」，據清藏本改。

〔五〕按，前引華嚴經探玄記（或大方廣佛華嚴經疏）删略較多，爲便於理解此段演義鈔中釋文，這裏全録澄觀述大方廣佛華嚴經疏卷二相應文字：「四、異體相入義，謂諸門力用遞相依持，互形奪故，各全有力、全無力義，緣起方成。如論云：因不生緣生故，緣不生自因生故。若各唯有力無無力，則有多果過，一一各生故。若各唯無力無有力，則有無果過，以同非緣俱不生故。是故緣起要互相依具力無力，如闕一緣，一切不成。餘亦如是。是故一能持多，一是有力，能持於多。多依於一，多是無力，潛入一内。由一有力，必不與多有力俱，是故無有一而不攝多也。由多無力，必不與一無力俱，是故無有多而不入一也。如一持多依既爾，多持一依亦然。反上思之，如一望多，有依有持。全力無力，常含多在己中，潛入己在多中，同時無礙。多望於一，當知亦爾。俱存、雙泯，二句無礙，思之。」

〔六〕「自」，清藏本作「定」。按，大方廣佛華嚴經隨疏演義鈔作「自」。

〔七〕「二」，原無，據大方廣佛華嚴經隨疏演義鈔補。

〔八〕「三」，原作「二」，據大方廣佛華嚴經隨疏演義鈔改。又，大方廣佛華嚴經疏卷二：「此第十圓滿一門，就前第三門中以辯義理。」故作「三」是。

如上緣起揔因云：「外由内變，本末相收。」〔一〕「外諸器界，内識頓變。增上之果，亦因自業，故云内變。内即是本，外即是末，以唯心義，則内收外，以末攝本。若以法性爲本，法性融通，緣起相由，則塵包大〔二〕身，毛容刹土，故合爲一大緣起。」〔三〕

校注

〔一〕見澄觀撰大方廣佛華嚴經疏卷三九。

〔二〕「大」，磧砂藏、清藏本作「一」。按，大方廣佛華嚴經隨疏演義鈔作「大」。相對通常化身佛之丈六身量，偏滿虚空的大化身謂之大身。妙法蓮華經卷七妙莊嚴王本事品：「或現大身，滿虚空中，而復現小，小復現大。」

〔三〕見澄觀述大方廣佛華嚴經隨疏演義鈔卷六四。

音義

寬，苦官反。　斧，方巨反，斧鉞也。　綰，烏板反。　詺，弥正反。　叵，普火反。

戊申歲分司大藏都監開板

宗鏡録卷第七十三

慧日永明寺主智覺禪師延壽集

夫八識之中，覆真習妄，何識造業、何識爲因、何識爲依，成其妄種？

答：前五識取塵，第六識爲因，第七識計我造業〔一〕，第八識爲依，以此生、死、苦果不斷。楞伽經偈云：「如水大流盡，波浪則不起，如是意識滅，種種識不生。」〔二〕

釋云：謂五識取塵，轉入六識，六識記法爲因。七識攀緣六識，造善、惡業，得未來生死，覆障八識不得顯現。若五識不取塵，即無六識。六識無故，七識不生。七識不生故，則無善、惡業。無善、惡業故，即無生死。無生死故，如來藏心湛然常住，即是六、七識滅，建立八識。又，八識爲五、六、七識所依，與諸識作因者，即第六識心，諸識依之。如水盡則無波浪，六識滅，七識亦不生。故云一念無明風，鼓動真如海〔三〕。無明風盡，識浪不生，則「覺海性澄圓，圓〔四〕澄覺元妙」〔五〕。

校注

〔一〕寶臣述注大乘入楞伽經卷二：「其第七識，唯有倶生惑、智二障，業障、報障，彼七倶無。雖具四惑，但緣内故，屬於有覆無記性攝，則不能造善、惡二業。唯前六識起惑造業，業成難逃，感諸異報，如鏡現像，不漏絲毫。故楞嚴云『六識造業，所招惡報從六根出』也。或注此經指第七識而爲能造善惡業者，教無明文。」子注曰：「唯宗鏡録七十三卷首一處因憑古注而云『七識造業』，又與本録節次引經論義明諸識處皆相違，斷可見也。」窺基成唯識論述記卷一：「由七識熏習種子因緣力故，阿賴耶識生於諸趣，相續無斷，六識造業，此并第八亦能受果，於理無違。又，心、心所，即第八識自許種子因緣力故，其現行識相續無斷。即此六識有時造業，并與第八亦能受果，於理無違。又，八識等心、心所法，各自種子因緣力故，諸趣五蘊相續無斷。即此假者，六識作業，六、八受果，於理無違，除第七識。」

〔二〕見楞伽阿跋多羅寶經卷二。

〔三〕楞伽阿跋多羅寶經卷一：「譬如巨海浪，斯由猛風起，洪波鼓冥壑，無有斷絶時。藏識海常住，境界風所動，種種諸識浪，騰躍而轉生。」實叉難陀譯大乘起信論卷上：「如海水與波，非一非異，波因風動，非水性動。若風止時，波動即滅，非水性滅。衆生亦爾，自性清淨心因無明風動，起識波浪。」

〔四〕「圓圓」，原作「源源」，據嘉興藏本及首楞嚴經改。

〔五〕見大佛頂如來密因修證了義諸菩薩萬行首楞嚴經卷六。子璿集首楞嚴義疏注經卷六：「此顯一真性海，離名絶相，非真非妄，不悟不迷，唯一圓常，餘無所得。（中略）覺性周遍，甚深湛然，故如海也。下句重歎，不可思議，絶諸對待，故曰妙也。」

問：一切世間因果相酬，生死不絶，於諸識中何識爲主？

答：生滅因緣最初依阿賴耶識爲體，以意識爲用。如是三世因果，流轉不絶，功在意識。以是義故，意名相續識。

起信論云：「復次，生滅因緣者，謂諸衆生依心、意、識轉。此義云何？以依阿賴耶識有無明，不覺起、能見、能現、能取境界分別相續，説名爲意。此意復有五種異名：一名業識，謂無明力不覺心動；二名轉識，謂依動心能見境相；三名現識，謂現一切境界相，猶如明鏡現衆色像。現識亦尔，如其五境對至即現，無有前後，不由功力；四名智識，謂分別染、浄諸差別法；五名相續識，謂恒作意相應不斷，任持過去善、惡等業，令無失壞，成熟現、未苦、樂等報，使無違越，已曾經事，忽然憶念；未曾經事，妄生分別。是故三界一切，皆以心爲自性，離心則無六塵境界。何以故？一切諸法，以心爲主，從妄念起。凡所分別，皆分別自心，心不見心，無相可得。是故當知一切世間境界之相，皆依衆生無明妄念而得建立。如鏡中像，無體可得，唯從虚妄分別心轉，心生則種種法生，心滅則種種法滅故。」〔一〕

釋云：通論五種之識，皆名爲意。就本而言，但取業識，以最微細，作諸識本故。如是業識，見、相未分，然諸菩薩知心妄動，無別〔二〕境界，了一切法唯是識量，捨前外執，順業識義，故名業識〔三〕。

「心不見心，無相可得」者，是明諸法非有之義。入楞伽經偈云：「身資生住持，若如夢中生，應有二種心，而心無二相。如刀不自割，如指不自觸，如心不自見，其事亦如是。」〔四〕

若如夢中所見諸事是實有者，即有能見、所見二相，而其夢中實無二法。三界諸心，皆如此夢，離心之外，無可分別，故言「一切分別，即分別自心」。而就自心不能自見，如刀、指等，故言「心不見心」。既無他可見，亦不能自見，所見無故，能見不成，能、所二相皆無所得，故言「無相可得」〔五〕。

校　注

〔一〕見實叉難陀譯大乘起信論卷上。

〔二〕「别」，原作「前」，據起信論疏改。

〔三〕「釋云」至此，詳見元曉撰起信論疏卷下。

〔四〕見入楞伽經卷一〇。

〔五〕「『心不見心，無相可得』者」至此，詳見元曉撰起信論疏卷上。按，起信論疏引大乘起信論出真諦譯本。真諦譯大乘起信論：「是故三界虚僞，唯心所作，離心則無六塵境界。此義云何？以一切法皆從心起妄念而生。一切分別，即分別自心，心不見心，無相可得。是故當知一切世間境界，皆依衆生無明妄念而得住持。是故一切法，如鏡中像，無體可得，唯心虚妄，以心生則種種法生，心滅則種種法滅故。」

又〔一〕，一心隨無明動，作五種識，故説「三界唯心轉」〔二〕也。此心隨熏，似現雖有種種，然窮其因緣，唯心作也。離現識，則無六塵境。反驗六塵，唯是一心，故云離心則無境〔三〕等。

問：現有六塵境，云何唯心？

答：以一切法皆是此心，隨熏所起，更無異體，故説唯心。

疑云：何作諸法耶？

答：由妄念熏故，生起諸法，故云「從妄念起」。亦可疑云：法既唯心，我何不見？而我所見，唯是異心？釋云：異心者，是妄念分別而作，故云妄念生也。既境唯識，無外異法，是故種種分別皆是自心。即塵無相，識不自緣，是故無塵識不生，則「心不見心」矣。攝論云：無有別法能取別法〔四〕。能、所既窮故，「無相可得」也。

心生種種法生，心滅種種法滅者〔五〕，瑜伽論問：諸修觀行者，見徧計所執無相時，當言入何等性？答：入圓成實性。問：入圓成實性時，當言遣何等性？答：遣依他起性〔六〕。以此當知唯識觀成，則無有識。楞伽經偈亦云：「無心之心量，我説爲心量。」〔七〕此之謂也。若依此論，無明動真如，成生滅緣起，無明風滅，識浪即止，唯是真如平等平等也。此境界離心之外，無體可得也。又，亦即是心故，復無體也，如鏡外無體，鏡内復無體也。

疑云：既其無體，何以宛然顯現？

釋云：並是真心之上，虚妄顯現，何處有體而可得也？

疑云：何以知心上顯現？

釋云：以心生則種種法生，以無明力不覺心動能現一切境界，則心隨熏動，故云「生」也；若無明滅，境界隨滅，諸分別識皆滅無餘，故言「心滅則種種法滅」。此則心原還淨，故云「滅」也。既心隨不覺妄現諸境，則驗諸境唯心無體也。

校　注

〔一〕按，此後詳見法藏撰大乘起信論義記卷中末。

〔二〕按，參後引真諦譯大乘起信論。又，菩提流支譯十地經論卷八：「但是一心作者，一切三界唯心轉故。」

〔三〕按，參後引真諦譯大乘起信論。又，義淨譯成唯識寶生論卷三：「離心無境。」

〔四〕世親釋、真諦譯攝大乘論釋卷五：「無有法能取餘法。」

〔五〕參見前引大乘起信論。又，大佛頂如來密因修證了義諸菩薩萬行首楞嚴經卷一：「由心生故，種種法生；由法生故，種種心生。」

〔六〕玄奘譯瑜伽師地論卷七四：「問：若觀行者如實悟入遍計所執自性時，當言隨入何等自性？答：圓成實自性。問：若觀行者隨入圓成實自性時，當言除遣何等自性？答：依他起自性。」

〔七〕見楞伽阿跋多羅寶經卷三。

又，夫心者，形於未兆，動静無不應於自心。如詩云：「願言則嚏。」〔一〕願，思也；言，我也。謂人或思己則嚏，故知心應千里，設有處遠而思者，我皆知矣。是以萬事唯心先知，故得稱心靈，斯之謂也。如太山吴伯武，與弟相失二十餘年，相遇於市，仍共相毆，伯武覺心神悲慟，因問，乃兄弟也〔二〕。

校注

〔一〕見詩邶風終風。

〔二〕水經注卷二五泗水：「昔泰山吴伯武少孤，與弟文章相失二十餘年，遇於縣市，文章欲毆伯武，心神悲慟，因尋相問，乃兄弟也。」

問：生滅因緣别，以何爲因、以何爲緣而得生起？

答：古師釋云：生滅因緣，體相有二：一、阿賴耶心體不守自性，變作諸法，是生滅因；根本無明熏動心體，是生滅緣。又復無明住地諸染根本，起諸生滅，故説爲因；六塵境界能動七識，波浪生滅，是生滅緣。依此二義，以顯因緣，諸生滅相聚集而生，故名「衆生」。而無別體，唯依心體，故言「依心」。即是阿賴耶自心相也〔一〕。

校注

〔一〕「古師釋云」至此，詳見法藏撰大乘起信論義記卷中末。按，此處所引或據元曉起信論疏卷上。又，此段釋真諦譯大乘起信論中「復次，生滅因緣者，所謂衆生依心、意、意識轉故」。

又，「真妄和合，諸識緣起，以四句辯之：一、以如來藏唯不生滅，如水濕性；二、七識唯生滅，如水波浪；三、賴耶識亦生亦滅，亦不生滅，如海含動靜；四、無明倒執非生滅，非不生滅，如起浪猛風，非水非浪。」〔一〕

「問：賴耶既通動靜，不應唯在生滅門？

「答：爲起靜以成動，無別有動體，是故靜性隨於動，亦在生滅門中，非直賴耶具動靜在此生滅中，亦乃如來藏唯不動亦在此門中。何以故？彼生滅無別體〔二〕故。」如水作波。

校注

〔一〕見法藏撰大乘起信論義記卷中本。下一處引文同。

〔二〕「體」，大乘起信論義記作「法」。

又，起信論説無明爲因，境界爲緣，生三細之識、六麁之相〔一〕，則隨迷昧之緣而沉六趣；始覺爲因、五度爲緣，則隨悟解之緣而昇一乘。又説，迷則有過恒沙等妄染之法，即染緣生而淨緣滅；悟則有過恒沙等諸淨功德，即淨緣起而染緣亡。然但一心所作，更無二原。義説逐悟逐迷，實無能逐所逐。故論云：「以一切法皆從心起妄念而生。凡所分別，皆分別自心，心不見心，無相可得。」〔二〕如古德釋波水之喻真如、生滅二門，以水濕喻心真如，以波動喻心生滅。波無異濕之動，則無異真如之生滅，即水以辯於波，不變性而緣起也；水無異動之濕，則無有離生滅之真如，即波以明於水，不捨緣而即真也〔三〕。

校注

〔一〕真諦譯大乘起信論：「依不覺故生三種相，與彼不覺相應不離。云何爲三？一者、無明業相，以依不覺故心動，説名爲業。覺則不動，動則有苦，果不離因故。二者、能見相，以依動故能見，不動則無見。三者、境界相，以依能見故境界妄現，離見則無境界。以有境界緣故，復生六種相。云何爲六？一者、智相。依於境界，心起分別，愛與不愛故。二者、相續相。依於智故，生其苦樂，覺心起念，相應不斷故。三者、執取相。依於相續，緣念境界，住持苦樂，心起著故。四者、計名字相。依於妄執，分別假名言相故。五者、起業相。依於名字，尋名取著，造種種業故。六者、業繫苦相。以依業受果，不自在故。當知無明能生一切染法，以一切染法皆是不覺相故。」

〔二〕見實叉難陀譯大乘起信論卷上。

〔三〕法藏撰大乘起信論義記卷上：「以無住爲性，隨派分岐，逐迷悟而升沈，任因緣而起滅，雖復繁興鼓躍，未始動於心源；靜謐虛凝，未嘗乖於業果。故使不變性而緣起，染淨恒殊；不捨緣而即真，凡聖致一。其猶波無異水之動故，即水以辨於波；水無異動之濕故，即波以明於水。是則動靜交徹，真俗雙融，生死涅槃，夷齊同貫。」

問：記憶之事，定屬何法而生？

答：大乘説能記憶法，有三：一、自證分，能記憶見分；二、別境中念，能記憶曾所更事；三、識中種子，能不妄生自現行。唯識疏〔一〕云：「如不曾更境，必不能憶。」〔二〕如現行色，曾被見分緣者，後必能憶；若不曾爲見〔三〕分緣者，後時必不能記憶也。以能緣見分於過去時及現在世但緣相分，不曾自緣，前已滅心既過去已，今時見分有何所以，能自憶持？以於昔時不曾返緣自見分故，既許今時心、心所法能自記憶，明由昔時有自證分緣於見分，證彼緣境，作量果故，故今能憶〔四〕。

校注

〔一〕按，後引文與成唯識論述記不同，此唯識疏俟考。

〔二〕玄奘譯成唯識論卷二：「達無離識所緣境者，則説相分是所緣，見分名行相，相、見所依自體名事，即自證分。此若無者，應不自憶心、心所法，如不曾更境，必不能憶故。」

〔三〕「見」，原作「相」，據清藏本改。按，錢謙益楞嚴經疏解蒙鈔、通潤成唯識論集解引皆作「見」。

〔四〕窺基撰成唯識論述記卷三：「謂無自體分，應不自憶心、心所法。所以者何？如不曾更境，必不能憶故。謂若曾未得之境，必不能憶。心昔、現在曾不自緣，既過去已，如何能憶此已滅心？以不曾爲相分緣故。我今雖不令爲相分緣，然自證分緣故，如曾相分所更境故，今能憶之。」智周撰成唯識論演祕卷三：「『以不曾爲相分緣』等者，如諸色等曾爲相分被見分緣，故後能憶，心既不爾，後何能憶？故後能憶，明由先時自證緣也。」靈泰撰成唯識論疏抄卷五：「論『此若無者，應不自憶心、心所法，如不曾更境，必不能憶故』者，更者，經也。如曾經境，被釋（校注者按，當作「見」）分曾緣，後時能憶念，即是曾更憶也，即相分被見分緣。如曾不見事，見分則不能憶。如先時釋（校注者按，當作「見」）人，後相逢已，遂言省已前何處相見。相見分者，即是見分。見分者，即被自證。自分能見故，由自證分見分故，見分經曾之事，自證能説也。」「疏『心昔、現在曾不自緣』乃至『以不曾爲相分緣故』者，已成心者，即是見分。則此中意説，若相分曾被見（校注者按，「見」原無，據文意補）分緣，其見分後時熏見相分時能應境；相分曾不被見分緣，後時見分不能境相分。此見分亦爾。若見分曾被自證緣，其證分後時能境已滅見分；若見分曾不被自證，後時自證不能憶已滅見分。」

問：生滅門中，有漏位内，約教所論，有幾種生死？

答：略有二種：一、分段，二、變易。識論云：「一、分段生死，謂諸有漏善、不善業，由煩惱障緣助勢力，所感三界麁異熟果，身命短長，隨因緣力，有定齊限，故名分段。二、不思議變易生死，謂諸無漏有分別業，由所知障緣助勢力所感殊勝細異熟果，由悲願力故轉身命，無定齊限，故名變易。無漏定願正所資感，妙用難測〔一〕，名不思議。或名意生〔二〕身，隨意願成故。如契經説，如取爲緣，有漏業因續後有者而生三有，如是無明習地〔三〕爲緣，無漏業因有阿羅漢、獨覺、已得自在菩薩，生〔四〕三種意生身。亦名變化身，無漏定力轉令異本，如變化故。」〔五〕

校注

〔一〕「測」，原作「惻」，據諸校本改。

〔二〕「生」，成唯識論作「成」。按，意生身，又稱意成身，指由心意業力所化而非父母所生之身。吉藏撰勝鬘寶窟卷中之末：「言『意生身』者，是初地已上一切菩薩。彼人受生，無礙自在，如心如意，名意受生。意有三義：一、遍到，二、速疾，三、無礙，故云『意生身』。此等皆是變易生死差別也。」

〔三〕無明習地：即五住地之第五無明住地，是根本、枝末煩惱中之根本無明。根本煩惱能生枝末煩惱，是一切煩惱之所依，爲變易生死之因，故名住地。隋慧遠撰大乘義章卷五五住地義八門分別：「本爲末依，名之爲住；本能生末，稱之爲地。」吉藏撰勝鬘經寶窟中之末：「此無明住地，即指妄想心體以爲無明。（中略）暗惑之心，體無慧明，故曰無明。爲彼恒沙起惑所依，名之爲住。能生恒沙，故稱爲地。」窺基撰成唯識論述記卷八：「舊言『無明住地』，今言『習地』，梵本無『住』，所言『習』者，由數習故，有此無明等五住地，故名無明習地。」五住地者，見一處住地、欲愛住地、色愛住地、有愛住地、無明住地。詳參本卷後「五住地」注。

〔四〕「生」，原無，據成唯識論補。

〔五〕見玄奘譯成唯識論卷八。

問：論云：「所知障不障解脱，無能發業潤生用故，何用資感生死苦爲？」〔一〕

答：成二利故，更須資生。論云：「自證菩提利樂他故，謂不定性獨覺、聲聞及得自在大願菩薩已永斷伏煩惱障故，無容復受當分段身。恐廢長時修菩薩行，遂以無漏勝定願力，如延壽法，資現身因，令彼長時與果不絶。數數如是定願資助，乃至證得無上菩提，彼復何須所知障助？既未圓證無相大悲，不執菩提有情實有，無由發起猛利悲願。又，所知障障大菩提，爲永斷除，留身久住。又，所知障爲有漏依，此障若無，彼定非有，故於身住有大助力。若所留身有漏定願所資助者，分段身攝，二乘異生所知境故。無漏定願所資助者，變易身攝，非彼境故。由此應知變易生死，性是有漏，異熟果攝，於無漏業是增上果。」

校注

〔一〕見玄奘譯成唯識論卷八。下一處引文同。

釋云：「得自在大願菩薩已永斷伏煩惱障」者，謂八地已去菩薩雖藉煩惱生死受生，不同凡夫及二乘説現及種潤，由起煩惱利益有情業勢，方能感生死果；煩惱若伏，業勢便盡，故須法執助願〔一〕受生，故「已永斷伏」「無容復受當分段果」。既有二利之益，觀知分段報終，恐廢長時修菩薩行，遂入無漏勝定勝願之力，如阿羅漢延壽之法，資現身之因，即資過去感今〔二〕身業，令業長時與果不絶。

「既未圓證無相大悲，不執菩提有情實有，無由發起猛利悲願」者，既未成佛圓證無相大悲一味平等之解〔三〕，若不執菩提可求、有情可度爲實有者，無有因由可能起猛利大悲及猛利願。以所知障可求、可度執爲先，方能發起無漏業故，説業爲因，以是勝故〔四〕；無明爲緣，以疎遠故〔五〕。非如煩惱資有漏業，但緣義同，少分相似。又，「所知障障大菩提」，正障智故，爲永斷除此所知障，留身久住，説之爲緣，爲所斷緣故。又，此所知障，能爲一切有漏之依，由有此障，俱諸行法不成無漏故。此所依之障若無，彼能依有漏決定非有。今既留身久住，由有所知障爲緣，故説此障爲「於身住有大助力」，説爲緣也〔六〕。

校注

〔一〕「願」，成唯識論述記作「智」。如理集成唯識論疏義演卷一一：「智者，即是無漏有分別業，故須法執無知障助無漏有分別業受變易也。」

〔二〕「今」，原作「令」，據成唯識論述記改。

〔三〕如理集成唯識論疏義演卷一一：「『既未成佛圓證無相大悲一味平等之解』者，無相者，謂真如也；大悲者，謂利他；之解者，謂行解也，即佛之真智。意説佛智能圓證真如，得利他之大悲，皆悉平等而無法執。故諸菩薩雖證真如，未能圓證，不能平等而起大悲一味之解，所以起所知障。由此障故，有情菩提執有可求可度爲先後，方發起無漏業。」

〔四〕如理集成唯識論疏義演卷一一：「『説業爲因，以是勝故』者，意説無漏業力能延今身而得長時，故説無漏業爲因，唯所知障稍近也。」

〔五〕如理集成唯識論疏義演卷一一：「『無明爲緣，以疏遠故』者，所知障望身之故，業不能資，但執有情菩提實有，故是疏也，但名爲緣。」

〔六〕「釋云」至此，詳見窺基撰成唯識論述記卷八。

此變易生死，乃是菩薩成就悲願，圓滿菩提。若分段生死，即是凡夫妄心所造，念念耽著，入大苦輪，無有休息。

如大涅槃經云：「佛告迦葉：世間衆生，顛倒覆心，貪著生相，猒患老死。迦葉，菩薩不尔，觀其初生，已見過患。迦葉，如有女人入於他舍，是女端正，顔貌縝麗，以好瓔珞莊嚴其身。主人見已，便問言：『汝字何等？繫屬於誰？』女人答言：『我身即是功德大天。』主人問言：『汝所至處，爲何所作？』女人答言：『我所至處，能與種種金、銀、琉璃、玻瓈、真珠、珊瑚、琥珀、硨磲、瑪瑙、象、馬、車乘、奴婢、僕使。』主人聞已，心生歡喜，踊躍無量：『我今福德故，令汝來至我舍宅。』即便燒香、散華、供養，恭敬禮拜。

「復於門外更見一女，其形醜陋，衣裳弊壞，多諸垢膩，皮膚皴裂，其色艾白[一]。見已，問言：『汝字何等？繫屬誰家？』女人答言：『我字黑闇。』復問：『何故名爲黑闇？』女人答言：『我所行處，能令其家所有財寶一切衰耗。』主人聞已，即持利刀，作如是言：『汝若不去，當斷汝命。』女人答言：『汝甚愚癡，無有智慧。』主人問言：『云何名爲癡無智慧？』女人答言：『汝舍中者，即是我姉，我常與姉進止共俱。汝若驅我，亦當驅彼。』

「主人還入，問功德天：『外有一女，云是汝妹，實爲是不？』功德天言：『實是我妹。我與此妹，行住共俱，未曾相離。隨所住處，我常作好，彼常作惡。我常利益，彼作衰耗。

若愛我者，亦應愛彼。若見恭敬，亦應敬彼。』主人即言：『若有如是好、惡事者，我俱不用，各隨意去。』是時二女俱共相將，還其所止。尔時，主人見其還去，心生歡喜，踊躍無量。」〔二〕

釋曰：「功德天」者，即喻於生；「黑闇女」者，即喻於死。只是世間生、死二法，諸惡之本，衆苦之原，賢聖共訶，愚癡所蔽。「主人見已」者，心矚〔三〕於境，名爲見也。「即便問言」者，以解觀生、求生之實，名爲問。「女人答言」者，境對於心，義稱答也。「功德大天」者，喻生是出相也。功德報主，具六識光明，照六塵境界，名功德天也。「繫屬於誰」者，應言屬惑業。「我今福德」者，宿修善因。今受天報，名「至我宅」也。「復於門外」者，死捨身家，義云「門外」。「繫屬誰家」者，緣應即死，無所屬也。「我字黑闇」者，死是没相，雖有五根，無所覺知，名黑闇也。「我常與姉進止共俱」者，即生即死，爲進止俱。「主人即言：若有如是好、惡事者，我俱不用」者，夫於生不喜者，見死則不憂也。「尔時，主人見其還去，心生歡喜，踊躍無量」者，證初地時，離分段死，入歡喜地，故云歡喜無量。

校注

〔二〕艾白：蒼白，没有血色。灌頂大般涅槃經疏卷一四：「血氣已盡，故言艾白。」慧琳一切經音義卷二六：「艾白，五蓋反，爾雅：艾，水臺。言其色似艾也。」

〔二〕見大般涅槃經卷一二，南本見見一一。

〔三〕「矚」，嘉興藏、清藏本作「屬」。

問：唯有内識而無外緣，云何復説六趣〔二〕輪迴、生死相續？

答：識論頌云：「由諸業習氣，二取習氣俱，前異熟既盡，復生餘異熟。『諸業』謂福業、罪業、不動業〔三〕，即有漏善、不善思業。思業之眷屬，亦立業名，同招引滿異熟果故。此雖纔起，無間即滅，無義能招當異熟果。而熏本識起自功能〔三〕，即此功能説爲習氣，是業氣分熏習所成，簡曾、現業，故名習氣。如是習氣展轉相續，至成熟時，招異熟果，此顯當果勝增上緣。相見、名色、心及心所、本末，彼取皆二取攝。彼所熏發，親能生彼本識上功能，名二取習氣，此顯來世異熟果心及彼相應諸因緣種。『俱』謂〔四〕業種二取種俱，是疎親緣互相助義，業招生顯，故頌先説。『前異熟』者，謂前前生業異熟果。『餘異熟』者，謂後後生業異熟果。雖二取種受果無窮，而業習氣受果有盡，由異熟果性别難招，等流、增上性同易感。由感餘生業等種熟，前異熟果受用盡時，復〔五〕别能生餘異熟果，由斯生死輪轉無窮，何假外緣方得相續？此頌意説由業、二取，生死輪迴，皆不離識，心、心所法爲彼性故。」〔六〕

校注

〔一〕「趣」，諸校本作「處」。
〔二〕「福業、罪業、不動業」，成唯識論作「福、非福、不動」。
〔三〕「能」，原作「德」，據諸校本及成唯識論改。
〔四〕「俱謂」，原作「謂俱」，據清藏本及成唯識論改。
〔五〕「復」，原作「後」，據成唯識論改。
〔六〕見玄奘譯成唯識論卷八。

釋云：「此雖纔起，無間即滅，無義能招當異熟果」者，雖現用，無有過去體，能招當來真異熟果。而現行之業當造之時，熏於本識，起自業之功能。功能，即習氣。習氣展轉相續，至成熟時，招異熟果。

「相見、名色、心及心所、本末，彼取皆二取攝」者，一者，相見，謂即取彼實能取、實所取名二取。二者，取名色，色者色蘊，名者四蘊，即是執取五蘊爲義。前言相中，亦通取無爲以爲本質故。今此唯顯取親所緣，不能緣得心外法故。又，變無爲之影相分亦名所攝，不離心等故。三者，取心及心所，一切五蘊法，不離此二故。四者、本末，謂取親〔一〕果，第八識是諸異熟之根本故〔二〕。又，揔報品故名本，餘識等異熟別報品故名末，即取一異熟也〔三〕。五、彼取者，即彼上四取也。此諸取，皆是二取所攝，即是現行之取也。

「雖二取種受果無窮，而業習氣受果有盡，由異熟果性別難招，等流、增上性同易感」者，二取種子受果無窮，攝論説習氣有盡〔四〕。所以者何？由異熟果，一者、性別，與業性殊，不多相順；二者、難招，業雖招得，謂必異世果方熟故，業習氣有盡，如沉麝、穢草，有萎歇故。其等流果及增上果，一者、性同，體性相順；二者、易感，同時生故。此念熏已，即能生果，故二取種易感果也。何者爲等流？何者爲增上？增上寬，但等流必增上。等流者，謂種子與現行及自種，爲俱生同類因故也。增上更〔五〕無別體，即等流性故。又，是等流果故性同，是增上果故易感。又，種望現行是增上，望自類種是等流。業種望彼現及種，皆異性故，但是異熟。

「前異熟受用盡時，復別〔六〕能生餘異熟果」者〔七〕，由感當來餘生業等種子熟故，於今身中前異熟果受用盡時，即是此身臨終之位，彼所熟業，復別能生彼餘果起。即先業〔八〕盡時，後果種熟時〔九〕，其異熟果而復得生，所以生死不斷絶也。由此業果無斷，生死相續，輪轉無窮。何假藉心外之緣，方得生死相續〔一〇〕？」此相續識，無有斷時。

校注

〔一〕「親」，成唯識論述記作「現」。

〔二〕窺基撰成唯識論述記卷八：「第八識是諸異熟之根本，故名之爲本。餘識中異熟，名之爲末。是第八識之末果故，即取二異熟也。」

〔三〕窺基撰成唯識論述記卷八：「或第八識總報品名本，餘識别報品名末，攝一切法盡，唯簡異熟，以極狹故。」

〔四〕窺基撰成唯識論述記卷八：「攝大乘第三説無受盡相，業習氣有盡，彼論説爲有受盡相故。」世親造、玄奘譯攝大乘論釋卷三：「復有有受盡相、無受盡相：有受盡相者，謂已成熟異熟果善不善種子。無受盡相者，謂名言熏習種子，無始時來種種戲論流轉種子故。此若無者，已作已作善惡二業，與果受盡，應不得成。又新名言熏習生起，應不得成。」

〔五〕「更」，原作「處」，據成唯識論述記改。

〔六〕「别」，原作「不」，據成唯識論改。參前文。

〔七〕「者」，原作「意」，據文意改。

〔八〕「業」，成唯識論述記作「果」。

〔九〕「種熟時」，成唯識論述記作「業種熟」。

〔一〇〕「釋云」至此，詳見窺基撰成唯識論述記卷八。

若未觸途成觀，諦了自心，皆對境生疑，執有前法，一切生死，盡是疑情。但了唯心，自然無咎。若疑蛇得病，豈有實境居懷？猶懸砂止飢，但是自心想起。

如晉書樂廣傳：廣有親客，久闊不復來。廣問其故，答曰：「前在座，蒙賜酒，見盃中有蛇，意甚惡之，既飲而疾。」于時河南廳署壁上有角，角邊畫作虵。廣意盃中蛇即角影也，復置酒前處，客豁然意解，沉痾頓愈〔一〕。

校注

〔一〕詳見晉書樂廣傳。

又，律中四食章〔一〕，古師義門手鈔云〔二〕：思食者，如饑饉之歲，小兒從母求食，啼而不止，母遂懸砂囊誑云：「此是飯。」兒七日諦視其囊，將爲是食。其母七日後，解下視之，其兒見是砂，絶望，因此命終〔三〕。方驗生、老、病、死，皆是自心；地、水、火、風，終無別體。

校注

〔一〕按，灌頂撰大般涅槃經疏卷二六有云「古人有四食章等，於此非要」，未云作者。隋慧遠大般涅槃經義記卷八：「四食如何？論釋不同。依如成實，餅、菓、飯等名爲揣食。思求揣食，令命不絶，名爲思食。心冷、煖等觸，名爲觸食。心識持身，令不滅壞，名爲識食。若依毗曇，一切色法持身不壞，悉名揣食。心數法中，思爲思食，觸爲觸食。六識心王，名爲識食。此經所説，多同毗曇。」道暹述涅槃經疏私記卷七：「『古人有四食章』者，如成實論云：餅、菓、飯等名爲段食。思求段食，令命不絶，名爲思食。冷、煗等觸，名爲觸食。心識持身，令不滅壞，名爲識食。若依毗曇，一切色法持身不壞，悉名段食。心數法中，思爲思食，觸爲觸食。六識心王，名爲識食。今經所説，多同毗曇。」則律中之「四食章」，似非書(篇)名。又，窺基大乘法苑義林章卷四四食章，四食者，段食、觸食、意思食、識食。「段者分段，分分受之，能持身命，段即是食，持業釋也。舊云團者，可摶可握，立爲團食。此義全非，團字非摶，非水飲等可摶團圓，云何名團？故應名段。觸謂觸對，令心、心所同觸於境，立以觸名，觸即是食，亦持業釋。意思食者，意謂意處，所依心名。思謂造作，相應心所。意相應思，名曰意思。隣近釋也。依意之思，即依主釋，意思即食，亦持業釋。識謂了别，識即是食，亦持業名。」

〔二〕「律中四食章，古師義門手鈔云」，心賦注卷一作「律中四食章云」。義門手鈔，不詳。

〔三〕玄奘譯阿毗達磨順正理論卷三〇：「非一切思皆是思食，要屬希望，順愛現行，意識相應，乃名爲食。故飢饉世，愚癡小兒望懸砂囊而得存濟。又世現見，由有希望，力便增長。希望若絶，力便衰微，所爲退敗。」

是以衆生耽著生死，二乘厭畏生死，皆不了心外無法，爲境所留，取捨雖殊，俱非解脱。何者？衆生爲生死縛，二乘被涅槃縛。如楞伽經云：「復次，大慧，諸聲聞衆畏生死妄想苦而求涅槃，不知生死、涅槃差别之相，一切皆是妄分别有，無所有故，妄計未來諸根境滅以爲涅槃，不知證自知境界轉所依藏識爲大涅槃。彼愚癡人不知去、來、現在諸佛所説自心

境界，取心外境，常於生死輪轉不絶。」〔一〕

校注

〔一〕見大乘入楞伽經卷二。

問：生死相續，由二取有支〔一〕。我執、名言二種習氣成異熟果者，其生死業先來後去，定屬何識？

答：唯第八識是諸異熟之根本，若無此識，生死不成，由前七轉識有間斷，非主故。此識亦名執持識，能執持種子、根身。初一念，有執趣結生相續義，即是界趣生義，此執趣結生不通果位，八地已上不通執趣結生也。今但取執持種子、根身義故，名執持義，此通一切位。此是生位，最初攬胎成體，乃至死時，前諸識悉皆惛昧遷謝，唯異熟識最後執受身分，捨執受處，冷觸便生，壽、煖、識三不相離故。冷觸起時，即是非情，雖變亦緣而不執受故。由此爲凡爲聖，常作所依；捨生趣生，恒爲其主。

校注

〔一〕有支：指三種習氣中之有支習氣。玄奘譯成唯識論卷八：「生死相續由諸習氣，然諸習氣總有三種：一、名言習氣，謂有爲法各別親種。名言有二：一、表義名言，即能詮義音聲差別；二、顯境名言，即能了境心、心所法。隨二名言所熏成種，作有爲法各別因緣。二、我執習氣，謂虚妄執我、我所種。我執有二：一、俱生我執，即修所斷我、我所執；二、分別我執，即見所斷我、我所執。隨二我執所熏成種，令有情等自、他差別。三、有支習氣，謂招三界異熟業種。有支有二：一、有漏善，即是能招可愛果業；二、諸不善，即是能招非愛果業。隨二有支所熏成種，令異熟果善、惡趣別。」窺基撰成唯識論述記卷八：「有謂三有；支者因義、分義。即三有因生善、惡趣差別因也，通六識皆有此熏。」

問：生死依處，約有幾事？

答：生死流轉，所依事有三。經云有三種流轉：一是處流轉，於三世處，由我分別；二是事流轉，由外六處，由我取執；三、如是而轉，諸業異熟，相續流轉〔一〕。

校注

〔一〕分別緣起初勝法門經卷下：「復言：『世尊，何等名爲一切流轉？』世尊告曰：『若是處轉、若是事轉、若如是轉，我總説爲一切流轉。』復言：『世尊，是何處轉？』世尊告曰：『於三世處，由我分別。』復言：『世尊，是何事轉？』世尊告曰：『内外六處，由我取執。』復言：『世尊，云何而轉？』世尊告曰：『諸業異熟，相續流轉，由我分別、由邪分別。』」

問：由二取習氣成生死者，必因現行功能方成習氣。且現行何法，熏成生死？

答：初因無明不了發業，次因情愛貪著潤生，故云「從癡有愛，則我病生」〔一〕。以癡愛故，則念念相續，當知念即生死。經云：起一念善，受人天身；起一念惡，受三塗身〔二〕。故知日夜念念，造未來生死之身，有何窮盡？

校注

〔一〕見維摩詰所説經卷中文殊師利問疾品。

〔二〕按，經中未見此説，當爲對佛教經義的概括。宗寶本壇經懺悔第六：「自性起一念惡，滅萬劫善因；自性起一念善，得恒沙惡盡。」

安般守意經序云：「彈指之間，心九百六十轉。一日一夕，十三億意。意有一身，心不自知，猶彼種夫〔一〕也。」〔二〕

校注

〔一〕「夫」，諸校本作「大」。按，佛説大安般守意經序及萬善同歸集作「夫」。「猶彼種夫」者，此引文前，安般守意經序有云：「猶以晦曀種夫粢芬，闓手覆種，孳有萬億。旁人不覩其形，種家不知其數也，一朽乎下，萬生乎上。」

〔二〕見康僧會佛説大安般守意經序。出三藏記集卷六亦有收載。

菩薩處胎經云：「一彈指頃，有三十二億百千念，念念成形，形形皆有識。佛之威神，入彼微識中，皆令得度。此識教化，非無識也。」〔一〕

校注

〔一〕見菩薩處胎經卷二三世等品。

問：生死之法，是有是無？

答：非有非無。何者？若言是有，一身内外地、水、火、風，各各性空，未曾聚散，所以無生之生，可説爲生；無滅之滅，可説爲滅。如菴提遮女師子吼了義經云：「若能明知地、水、火、風四緣畢竟未曾自得有所和合，而能隨其所宜有所説者，是爲生義。乃至〔一〕若能明知地、水、火、風畢竟不自得有所散壞，而能隨其所宜有所説者，是爲死義。」若言是無，以染淨真如不守自性，不覺隨緣，起幻生滅，故云「法身流轉五道，号曰衆生」〔二〕。

校注

〔一〕乃至：表示引文中間有删略。

〔二〕不增不減經：「即此法身，過於恒沙無邊煩惱所纏，從無始世來隨順世間，波浪漂流，往來生死，名爲衆生。」

如上所明，凡、聖二種生死，須知生死中道，方離斷常。是以生之無生，真性湛然；無生之生，業果宛然。真性湛然，不可執常；業果宛然，不可執斷。又，復諸佛出世，尚如空華亂生亂滅，況衆生顛倒生死，但如妄夢、如狂醉，豈是實耶？

融大師〔一〕云：一切凡、聖，三塗已上種智已還，皆妄想謂有，並是夢中。如人夢中見在地獄，種種方便求脱，浪生辛苦，但抖擻令覺，即一切事盡無，如今並是夢中所作，還受夢報。又如狂醉之人，恒隨物轉，所以一切衆生，飲無明酒，卧五住地〔二〕，長劫惛然，孰有醒者？忽得見性之時，如同醉醒。如經偈云：「譬如惛醉人，酒消然後醒，得佛無上體，是我真法身。」〔三〕

校注

〔一〕融大師：釋法融，傳見續高僧傳卷二一唐潤州牛頭沙門釋法融傳。此説未見他處。

〔二〕五住地：又稱「五住地煩惱」等，是五種能使衆生執著於三界生死的煩惱。隋慧遠大乘義章卷五五住地義八門分別：「五住之義，如勝鬘説，一、見一處住地，二、欲愛住地，三、色愛住地，四、有愛住地，五、無明住地。」「見者，所謂五利煩惱，推求名見。入見道時，一處并斷，名見一處。本爲末依，名之爲住。本能生末，稱之爲地。言欲愛者，欲界煩惱，除無明見，著外五欲，名爲欲愛。欲界非不愛己色身，著欲情多，故言欲愛。又爲別上故云欲愛。」「言色愛者，色界煩惱，除無明見，捨外五欲，著己色身，名爲色愛。色界非不可亦愛己心，著色情多，故言色愛。又爲別上故云色愛。」「言有愛者，無色界中所有煩惱，除無明見，捨離色貪，愛著己心，説爲有愛。然此有愛，若當從彼所愛爲名，應名心愛。若就背下以立其名，名無色愛。今就破患故，名有愛。破何等患？外道多取四無色定以爲涅槃，滅離心愛，對破彼見，故説有愛。」「言無明者，癡闇之心體無慧明，故曰無明。」「此五皆能勞亂行人，故曰煩惱。」

〔三〕見入楞伽經卷四。

又，若入宗鏡中，頓明實性，反觀世間生死，名相虛誑，猶如兒戲，復似技人，然雖改換千差，一性宛然不動。如草堂和尚偈云：「樂兒本是一形軀，乍作官人乍作奴，名目服章〔一〕雖改變，始終奴主了無殊。」〔二〕

校注

〔一〕「章」，諸校本作「裝」。按，起信論疏筆削記卷六引作「章」。服章，表示身份、地位的服飾。左傳宣公十二年：「君子小人，物有服章。」杜預注：「尊卑別也。」

〔二〕按，起信論疏筆削記卷六引云「圭山云」。圭山者，即宗密，傳見宋高僧傳卷六唐圭峰草堂寺宗密傳。此「草堂和尚」者，即指宗密。

音義

劑，在詣反。　繢，胡對反。　珊，蘇干反。　瑚，户吴反。　硨，尺遮反。
磲，强魚反。　碼，莫下反。　碯，奴浩反。　膩，女利反。　皴，七倫反，皮細起
也。　艾，五蓋反〔一〕。　耗，呼到反。　萎，於爲反，蔫也。　歇，許竭反，氣洩
也。　痾，烏何反。　饉，渠恡反。　抖，當口反。　擻，蘇后反。

戊申歲分司大藏都監開板

校注

〔一〕「反」，原無，據文意補。

宗鏡録卷第七十四

慧日永明寺主智覺禪師延壽集

夫生死輪迴，不待外緣，既由内識，此即有漏異生，生死相續。諸佛菩薩浄法相續，爲復亦由内識？爲復别有浄體？

答：浄法相續，應知亦然。論云：「謂無始來依附本識有無漏種，由轉識等數數熏發，漸漸增勝，乃至究竟得成佛時，轉捨本來雜染識種，轉得始起清浄種識，任持一切功德種子，由本願力，盡未來際，起諸妙用，相續無窮，由此應知唯有内識。」〔一〕

釋云：由法尔種新所熏發，由本願力，即佛世尊利他無盡，清浄種識，皆通現種，皆唯第八能持種故。由此上來所説染、浄道理，應知諸法相續，唯有内識也〔二〕。

校注

〔一〕見玄奘譯成唯識論卷八。

〔二〕「釋云」至此，詳見窺基撰成唯識論述記卷八。

問：人、法二空，一心妙理，云何又説四相所遷、二死相續？且如四相之中，生相則内外無從，推不可得；住相則念念不住；異相則雖似遷移，體未嘗變；滅相則法本不然，今亦無滅。

答：四相有二：一、麄，約果報而説，即生、老、病、死，此亦四相；二、細，即生、住、異、滅，據惑業而論。如起信論中釋云〔一〕：不覺心起，名爲生〔二〕；能見、能現、妄取境界，起念相續，名之爲住〔三〕；執取、計名，名之爲異〔四〕；造作諸業，名之爲滅〔五〕。雖即四相似分，俱是一心而轉。然世人多執住相以爲現見，今須推破，以顯真空。凡有一切住持境界，悉如夢中，似有非實，以隨心所現，外境本空故，心亦無生，念念不住。

校注

〔一〕按，「起信論中釋云」者，起信論中未見此説。或出已佚之釋起信論者。

〔二〕筏提摩多譯釋摩訶衍論卷三：「根本無明熏本覺時，生三種相，故名生相。云何爲三？一者、獨力業相，二者、獨力隨相，三者、俱合動相。獨力業相者，非取無明之體，取無明之業故；獨力隨相者，非取本覺之體，取本覺之用故；俱合動相者，取和合動相故。總舉此三，故名生相。生相之稱，立初生故。」

〔三〕筏提摩多譯釋摩訶衍論卷三：「住相有四。云何爲四？一者、轉相，二者、現相，三者、智相，四者、相續相，是名爲四。」「所謂若據轉相説其住相，而能住持心識熏習，故名爲住相；若據現相説其住相，而能住持色相熏習，故名住相；若據智相説其住相，而能住持六種漸次分别智相應染，故名爲住相；若據相續相説其住相，而能住持分别事識連續染污，故名住相。」

〔四〕筏提摩多譯釋摩訶衍論卷三：「異相有二。云何爲二？一者、執取相，二者、計名字相。」「如是二相，以何義故名爲異相？若據執取説其異相，能緣一切無量别相，隨其諸相，麁分别識而能執著，異自成異，故名異相；若據名字説其異相，隨相立名，依其名字而起著，故名爲異相。」

〔五〕筏提摩多譯釋摩訶衍論卷三：「滅相有二。云何爲二？一者、起業相，二者、業繫苦相。如是二相，壞前異位，令受苦輪，故名滅相。復次，受苦輪時，能滅一切無量善品，故名滅相。復次，發起業時，佛性善根漸漸損滅，故名滅相。」

如大智度論云：「佛説諸法，無有根本定實如毫氂許所有，欲證明是事故，説夢中受五欲譬喻〔一〕。須菩提意：若一切法畢竟空，無所有性，今何以故現有眼見、耳聞法？以是故，佛説夢譬喻。如人夢力故，雖無實事，而有種種聞見，瞋處、喜處。覺人在傍，則無所見。如是，凡夫人無明顛倒力故，妄有所見。聖人覺悟，則無所見。一切法若有漏、若無漏，若有爲、若無爲，皆不實，虚妄故有見聞。」〔二〕

又云：「現在色亦無住時，若法後見壞相，當知初生時壞相已隨逐，微細故不識。如人著屐，若初日新而無有舊，後應常新，不應有舊。若無舊，應是常，常故無罪無福，無罪無福

故，則世俗法亂。復次，生滅相常隨作法，無有住時，若有住時，則無生滅。」〔三〕

校注

〔一〕「喻」，原作「如」，據大智度論改。摩訶般若波羅蜜經卷二六七譬品：「佛告須菩提：『凡夫人所著起業處，無如毛髮許實事，但顛倒故。須菩提，今爲汝説譬喻，智者以譬喻得解。須菩提，於汝意云何，如夢中所見人受五欲樂，有實住處不？』須菩提白佛言：『世尊，夢尚虚妄不可得，何況住夢中受五欲樂？』」大般涅槃經卷二〇：「如人夢中受五欲樂，愚癡之人謂之爲實，智者了達，知其非真。」

〔二〕見龍樹造、鳩摩羅什譯大智度論卷九五。

〔三〕見龍樹造、鳩摩羅什譯大智度論卷二二。

夫受生死者，初因妄識造分別業，因兹有身。今先推此身聚散非有，以身是積聚義，內、外四大假和合成。微細推窮，事無和合，以風、火常舉，地、水恒沉，一一大性，各無定體。風以動爲性，乃附物而彰，真理不遷，湛然常寂；火以熱爲性，未必皆燒，如雲中身內之火，何不焚爇？地以堅爲性，且如銅鐵，遇鎔成水，剛柔不定；水以濕爲性，因火即乾。又，寒堅煖釋，凝流無體，各各既無，和合非有。如一狗無師子性，聚群狗而亦不成；似一盲不見於明，合衆盲而終不覩。寶藏論云：「清虚之理，畢竟無身。」〔一〕

校注

〔一〕見寶藏論廣照空有品。

既知身空，又執識、煖、息三事實有，能爲生死成就命根者〔一〕。台教云：此身無常，攬壽、煖、識三事而有身，身但假名。三事無常，無別身也。息之出入，計爲壽命。息出不反，身如瓦礫，命寧可保？若煖氣持水，水潤於地，妄謂此身爲常存者，火從緣生，緣散故即火滅，身便臭爛。業計妄識，刹那異趣，謂我常自在。業若纔斷，心即託生，身便散滅。大集經云：出胎、盛年、衰老，皆是業持，三事生滅，相續不斷。凡夫不了，妄取身相，不覺氣斷，三事分離。又如出入息，相續百千萬出入息，一一息中，身不可得。刹那心識，次第生滅無量，一一刹那，身不可得。不臭不爛，三大成皮肉骨髓，一一驗之虚假，身不可得。離此三事，無別有身〔二〕。

校注

〔二〕大方等大集經卷二三虚空目分中彌勒品：「先觀中陰，於父母所生貪愛心，愛因緣故，四大和合，精血二滴合成一滴，大如豆子，名歌羅羅。是歌羅羅有三事：一、命，二、識，三、煖。過去世中業緣果報，無有作者及以受者，初息出入，是名無明。歌羅羅時，氣息出入，有二種道，所謂隨母氣息上下、七日一變。

息出入者，名爲壽命，是名風道；不臭不爛，是名爲煖；是中心意，名之爲識。（中略）譬如虚空，無物、無我，出入諸息、地水火風、壽命煖識、無明乃至生老病死，亦復如是。衆生顛倒，於非我中而横見我，於如是等同虚空法，作陰界入想，一切凡夫因是顛倒，輪轉生死，無有窮已。」

〔三〕「台教云」至此，詳參智顗撰維摩經文疏卷一〇。「大集經云」者，詳參大方等大集經卷二三虚空目分中彌勒品等。

故知身命本空，生死恒寂。凡夫不了，枉入苦輪。命如風裏之殘燈，刹那磨滅；身似潭中之聚沫，倏尔消洋。所以經云：「解無不生，了有不死。」〔一〕若了有空而無我，無我令誰生？解本無而不生，不生令誰死？唯持種本識，妙湛真心，體性圓明，寂然常住。處異生位，持無漏而常熏；至佛果門，續菩提而不斷。

校注

〔一〕見大寳積經卷一一三。

又，「心性本來離生滅相，而有無明迷自心性，由違心性離相寂静故，能生起動四相。四相無明和合力故，能令心體生住異滅」〔一〕。經云：即此法身，爲諸煩惱之所飄動，往來生死，名爲衆生〔二〕。起信論明「自性清净心，因無明風動」〔三〕，「四相流轉，唯一夢心，處夢之士，謂爲前後，各隨智力淺深，分分而覺。大覺之者，知夢四相唯一净心，無有體性可辯前後」〔四〕。

校　注

〔一〕見元曉起信論疏卷上。

〔二〕不增不減經：「即此法身，過於恒沙無邊煩惱所纏，從無始世來隨順世間，波浪漂流，往來生死，名爲衆生。」

〔三〕見真諦譯大乘起信論，實叉難陀譯見卷上。

〔四〕見法藏撰大乘起信論義記卷中本。

故論云：四相俱時，無有自立〔一〕。生、住、異、滅一心而轉，「四相俱有爲心所成，離一心外，無別自體，故言『俱時而有，無有自立』者，本來平等，同一本覺故」〔二〕。

校　注

〔一〕真諦譯大乘起信論：「以四相俱時而有，皆無自立，本來平等，同一覺故。」

〔二〕見元曉起信論疏卷上。

如般若燈論偈云：「生死有際不，佛言畢竟無，此生死無際，前後不可得。」〔一〕

校注

〔一〕見波羅頗蜜多羅譯般若燈論釋卷七觀生死品。

如般若經云：「復次，極勇猛，如涅槃無際，一切法亦無際。」〔一〕何者？生死以涅槃爲際，涅槃以生死爲際，既不得生死，亦不得涅槃。生死、涅槃既不可得，則一切法悉無際。如是但了本覺一心，念念契圓常之道；若逐無明散意，塵塵成生死之輪。得失在人，法無邪正；取捨任己，道絶昇沉。但自内觀，躡普門而頓入；唯當正眼，履一道以圓成。

校注

〔一〕見波羅頗蜜多羅譯般若燈論釋卷七觀生死品。

問：動識相與真心性既非一異，爲復可壞？不可壞？若不可壞，則爲墮常；若可壞，則歸斷滅。

答：既非一而非是異，即亦可壞而不可壞。起信論云：「一切心識相，即是無明相，與本覺非一非異，非是可壞，非不可壞。如海水與波，非一非異，波因風動，非水性動，若風止時，波動即滅，非水性滅。衆生亦尔，自性清净心，因無明風動，起識波浪。如是三事，皆無形相，非一非異〔一〕。然性净心是動識本，無明滅時，動識隨滅，智性不壞。」〔二〕「根本無明滅者，是合風滅；相續即滅者，業識等滅，合動相滅也；智性不壞者，隨染本覺神解之性名爲智性，是合濕性不壞。」〔三〕

校注

〔一〕智旭述大乘起信論裂網疏卷二：「『如是三事，皆無形相』者，譬如指波所依名水，指水所起名波，指波之動名風，水外別無波動形相，波外別無水動形相，動外別無波水形相。説有三事故非一，同依濕性故非異。」

〔二〕見實叉難陀譯大乘起信論卷上。

〔三〕見元曉起信論疏卷上。

問：生死種子不斷，皆因發業潤生。於煩惱中，何法發業？何法潤生？

答：夫業性本空，結成多種，先論黑白〔一〕行相，後辯發潤根由。

校注

〔一〕黑白：即善（白）惡（黑）二業。

今初黑白行相者，如大涅槃經云：「佛言：『復次，善男子，次當觀業。何以故？有智之人當作是念：「受、想、觸、欲即是煩惱。」是煩惱〔一〕者，能作生業、不作受業。如是煩惱，與業共行，則有二種：一、作生業，二、作受業，是故智者當觀於業。是業三種，謂身、口、意。善男子，身、口二業，亦名爲業，亦名業果；意唯名業，不名爲果，以業因故，則名爲業。善男子，身、口二業，名爲外業；意業名因。是三種業，共煩惱行故，作二種業：一者、生業，二者、受業。善男子，正業者，即意業也；期業者，謂身、口業。先發故，名意業；從意業生，名身、口業，是故意業得名爲正。智者觀業已，次觀業因。業因者，即無明觸。因無明觸，衆生求有。求有因緣，即是愛也。愛因緣故，造作三種身、口、意業。善男子，智者如是觀業因已，次觀果報。果報有四：一者、黑黑果報，二者、白白果報，三者、雜雜果報，四者、不黑不白〔二〕果報。黑黑果報者，作業時垢，果報亦垢。白白果報者，作業時淨，果報亦淨。雜雜果報者，作業時雜，果報亦雜。不白不黑不白不黑果報者〔三〕，名無漏業。』」「迦葉菩薩白佛言：『世尊，先說無漏無有果報，今云何言不白不黑果報耶？』佛言：『善男子，是義有二：一者、亦果亦報，二者、唯果非報。黑黑果報，亦名爲果，亦名爲報。黑因生故，得名爲果。能作因故，復名爲報。淨雜亦尔。無漏果者，故名爲果，不作他因，不名爲報。』迦葉菩薩白佛言：『世尊，是無漏業，非是黑法，何因緣故，不名爲白？』『善男

子，無有報故，不名爲白。對治黑故，故名爲白。我今乃説受果報者名爲黑白，是無漏業不受報故，不名爲白，名爲寂静。』」〔四〕

校注

〔一〕「是煩惱」，原無，據大般涅槃經補。

〔二〕「不黑不白」，大般涅槃經作「不黑不白不黑不白」。

〔三〕按，「作業時浄」至「不白不黑不白不黑果報者」原無，據大般涅槃經補。

〔四〕見大般涅槃經卷三七，南本見卷三四。

故知業不可作，果不可逃。如經偈云：「非空非海中，非入山石間，無有地方所，脱之不受業。」〔一〕

唯除不作則無果，得道則業亡。如氣歕旃陀羅造惡業而得生天〔二〕，鴦崛魔羅作逆罪而得解脱果〔三〕。是知受身已來，無有不作業者。設令生不作、過去曾爲，但悟此宗，無不解脱。何以解脱？若入宗鏡，人、法自空。人空，則不見有能作業之人；法空，則不見所受果之處。只爲妄執人、法而造業，不出心、境而受殃。但心、境俱亡，即當處解脱。故知一切善、惡諸法，無有定相，由心迴轉，得失任緣。

校注

〔一〕大般涅槃經卷三一：「如法句偈：非空非海中，非入山石間，無有地方所，脱之不受業。」按，「業」，維祇難等譯法句經卷上無常品作「死」。

〔二〕大般涅槃經卷一九：「舍婆提國有旃陀羅，名曰氣嘘，殺無量人，見佛弟子大目犍連，即時得破地獄因緣，而得上生三十三天。」旃陀羅，屠夫、獄卒、劊子手等以屠殺爲業者。

〔三〕别譯雜阿含經卷一：「（佛）見放牧人，稱此林中有鴦掘魔羅賊，或傷害人。佛告牧人言：『彼賊或能不見傷害。』即便前進。復見牧人，亦作是語，佛如前答，至於再三。佛故答言：『彼惡人者，或不見害。』佛到林中，鴦掘魔羅遥見佛來，左手持鞘，右手拔刀，騰躍而來，彼雖奔走，如來徐步，不能得及。鴦掘魔羅極走力盡，而語佛言：『住！住！沙門。』佛語之言：『我今常住，汝自不住。』（中略）世尊即説偈言。（中略）爾時，尊者無害已成羅漢，得解脱樂。」

如大涅槃經云：「佛言：『善男子，若言諸業定得報者，則不得有修習梵行、解脱、涅槃，當知是人非我弟子，是魔眷屬。若言諸業有定、不定，定者現報、生報、後報，不定者緣合則受，不合不受，以是義故，應有梵行、解脱、涅槃，當知是人真我弟子，非魔眷屬。乃至〔一〕譬如二人俱涉險路，一則有目，一則盲瞽，有目之人直過無患，盲者墜落，墮深坑險。』」〔二〕

故知得宗鏡之眼者，終不墮三有〔三〕之險，陷五欲〔四〕之坑，自然直過無疑，常居覺地。

校注

〔一〕乃至：表示引文中間有删略。

〔二〕見大般涅槃經卷三一，南本見卷二九。

〔三〕三有：欲界有、色界有、無色界有。龍樹造、鳩摩羅什譯大智度論卷三：「三種有：欲有、色有、無色有。云何欲有？欲界繫業取因緣，後世能生，亦是業報，是名欲有。色有、無色有亦如是，是名爲有。」

〔四〕五欲：色、聲、香、味、觸，能起人貪欲之心，故稱五欲。智顗説、灌頂記摩訶止觀卷四下：「五塵非欲，而其中有味，能生行人須欲之心，故言五欲。」

次辯發潤根由者。若分別煩惱，正發業；俱生無明，助發業。發者，動作義；業者，招感義。俱生能潤生，分别能造業。招生過重，俱生能潤生過輕。若分別發人天業，即俱生助發，以人天業難發，要假俱生助；若分別發三塗業，不假俱生助發，以分别猛利故，不要助發。

問：俱生、分别，二種何别？

答：古釋經論正意，即分别麁，俱生細。唯識論云：俱生我執無始時來虚妄熏習内力，常與身俱，不待邪教及邪分別，任運轉故，名俱生〔一〕。十地論云〔二〕：遠隨現行，不作意緣。無始至今，任運而有，不假作意分別尋伺。如小孩兒見母生喜，是俱生貪；見別人啼哭，是俱生瞋。即不假別緣分別尋伺求，自任運起，故知俱生細。唯識論云：分別我執亦由現世外緣方起，非與身俱，要待邪教、邪師及邪分別然後方起〔三〕。又此三緣〔四〕，前二是麁，第三自思惟細。經云：緣力斷善根，地獄生時續；因力斷善根，地獄死時續〔五〕。即自邪思惟是因力，餘二是緣力。

校注

〔一〕見玄奘譯成唯識論卷一。參後注引。俱生我執，就是與生俱來的我執。

〔二〕按，十地經論中未見此説。此説或據窺基撰成唯識論述記卷一：「故十地云：遠隨現行故，不作意緣故，是俱生義，故名爲細。」又，玄奘譯成唯識論卷九：「微細煩惱現行障，謂所知障中俱生一分，第六識俱身見等攝，最下品故，不作意緣故，遠隨現行故，説名微細。」成唯識論述記卷一〇：「『最下品故』，謂第六識亦有分別身見等法，彼爲麁猛，名上品。第六識中獨頭貪等，名中品，通不善性故。此望於彼二，最下品故，行相最細，唯無記故。又『不作意緣故』，名下品。即是任運生故，名下品，非如見斷强思等方生故。又『遠隨現行故』，即無始來隨逐於身，不捨於身，名下品。」

〔三〕玄奘譯成唯識論卷一：「然諸我執略有二種：一者、俱生，二者、分別。俱生我執，無始時來，虚妄熏習內因力故，恒與身俱，不待邪教及邪分別，任運而轉，故名俱生。此復二種：一、常相續，在第七識緣第八識起自心相執爲實我；二、有間斷，在第六識緣識所變五取蘊相。或總或別，起自心相執爲實我。此二我執細故難斷，後修道中數數修習勝生空觀方能除滅。分別我執，亦由現在外緣力故，非與身俱，要待邪教及邪分別然後方起，故名分別。唯在第六意識中有，此亦二種：一、緣邪教所説蘊相起自心相，分別計度執爲實我。二、緣邪教所説我相起自心相，分別計度執爲實我。此二我執麁故易斷，初見道時觀一切法生空真如即能除滅。」分別我執，是後天所起的我執。

〔四〕此三緣：即邪教、邪師、邪分別。邪分別者，虚妄分別，也即後云邪思惟，是一切思惟分別。本書卷六六引華嚴會義云：「分別計我，藉三緣生，謂邪師、邪教、邪思惟等。由此三緣久久熏力慣習，遂計彼爲他，執自爲我。」

〔五〕阿毗達磨大毗婆沙論卷三五：「復次，若由因力斷善根者，地獄死時方續；若由緣力斷善根者，地獄生時能續。復次，若由自力斷善根者，死時方續；若由他力斷善根者，生時能續。」因力，是萬物生成的直接原因；緣力，是助緣之力。隋慧遠無量壽經義疏卷下：「過去所修一切善行，能生今善，名爲因力。近善知識，聽聞正法，名爲緣力。」

所以首楞嚴經云：「佛告阿難：一切衆生輪迴世間，由二顛倒分別見妄，當處發生，當業輪轉。云何二見？一者、衆生別業妄見，二者、衆生同分妄見。云何名爲別業妄見？阿難，如世間人，目有赤眚，夜見燈光，別有圓影，五色重疊。於意云何？此夜燈明所現圓光，爲是燈色？爲當見色？阿難，此若燈色，則非眚人何不同見？而此圓影，唯眚之觀？若是見色，見已成色，則彼眚人見圓影者，名爲何等？復次，阿難，若此圓影離燈别有，則合傍觀屏帳、几筵，有圓影出。離見别有，應非眼矚，云何眚人目見圓影？是故當知色實在燈，見病爲影，影、見俱眚，見眚非病。終不應言是燈是見，於是中有非燈非見。如第二月，非體非影。何以故？第二之觀，捏所成故[一]。諸有智者，不應説言，此捏根元是形非形，離見非見。此亦如是，目眚所成，今欲名誰是燈是見，何況分别非燈非見。

「云何名爲同分妄見？阿難，此閻浮提，除大海水，中間平陸有三千洲，正中大洲東西括量，大國凡有二千三百。其餘小洲在諸海中，其間或有三兩百國，或一或二，至于三十、四十、五十。阿難，若復此中有一小洲，只有兩國，唯一國人同感惡緣，則彼小洲當土衆生，覩諸一切不祥境界，或見二日，或見兩月，其中乃至暈適珮玦、彗孛飛流、負耳虹霓[二]，種種惡相，但此國見。彼國衆生本所不見，亦復不聞。阿難，吾今爲汝以此二事進退合明。

「阿難，如彼衆生别業妄見，矚燈光中所現圓影，雖現似境，終彼見者，目眚所成。眚即見勞，非色所造，然見眚者，終無見咎。例汝今日，以目觀見山河國土及諸衆生，皆是無始見病所成，見與見緣，似現前境，元我覺明，見所緣眚，覺見即眚，本覺明心，覺緣非眚，覺所覺眚，覺非眚中，此實見見。云何復名覺聞知見？是故汝今見我及汝并諸世間十類衆生，皆即見眚，非見眚者，彼見真精，性非眚者，故不名見。「阿難，如彼衆生同分妄見，例彼妄見別業一人，一病目人，同彼一國，彼見圓影眚妄所生，此衆同分所現不祥，同見業中瘴惡所起，俱是無始見妄所生。例閻浮提三千洲中，兼四大海娑婆世界，并洎十方諸有漏國及諸衆生，同是覺明無漏妙心，見聞覺知虚妄病緣，和合妄生，和合妄死。若能遠離諸和合緣及不和合，則復滅除諸生死因，圓滿菩提不生滅性，清淨本心，本覺常住。」〔三〕

校注

〔一〕子璿集首楞嚴義疏注經卷二：「捏猶月也，非形見也，非見形也。智人不言此月生處是形是見，離形離見，譯人用巧，變其文耳。」

〔二〕子璿集首楞嚴義疏注經卷二：「珮玦，玉器也。妖氣近日月，如珮玦之形。人之所佩，或環、或琨、或玦，今氣如之也。彗孛飛流，此皆妖星。其光似箒，孛孛然起。絶跡而去曰飛，光跡相連曰流。負耳虹蜺，氣負日邊，如耳之有珥也。雄曰虹，雌曰蜺，即陰陽之精也。」

〔三〕見大佛頂如來密因修證了義諸菩薩萬行首楞嚴經卷二。

楞嚴經疏〔一〕釋云：「『別業妄見』者，分別煩惱也；『同分妄見』者，俱生無明也。『夜見燈光，五重圓影」者，喻五見也，蘊喻燈光。此之五見，於蘊上起，妄生推度，是徧計性，情有理無。「色實在燈，見病爲影」者，依他蘊性，緣起不無，故云「色實在燈」；我見體空，從妄心起，故云「見病爲影」。「影、見俱眚」者，能執、所執分別惑故。「見眚非病」者，正證真時，了知徧計脱體全空，故云「見眚非病」。分别惑亡，同一真性離能、所取，故云「終不應言是燈是見」及「非燈非見」，即釋上來「見見之時，見非是見」。「如第二月，非體非影」者，本來無月，將何爲形？形既不立，非形亦無。是、非一相，能、所俱亡，故云「何況分别非燈非見」。

「然見眚者，終無見咎」者，若知眚即是眼病，終不執影以爲實有，故無見咎。「見與見緣，似現前境」者，皆是妄心變起，非實有境，見、相二分，俱不離心，況是徧計唯影無質，此釋妄見也。「元我覺明，見所緣眚」者，本元真覺也，以真能覺妄，了彼妄見及與所緣俱是眚故。「覺見即眚，本覺明心，覺緣非眚」者，結前真、妄二覺也，妄見即是於眚，能覺真心不是於眚，但能覺彼妄緣，體非是眚，故云「覺緣非眚」。「覺所覺眚」者，牒妄覺能、所俱眚也。「覺非眚中」者，牒真覺非眚也。此之真、妄二見，俱離能見、所見，故云「此實見見」，以證真時無此二見故。能見、所見既不安立，「云何復名覺聞知見？是故汝今見我及汝并諸世間十類衆生，皆即見眚，非見眚者，彼見真精，性非眚者，故不名見」者，何故真見不名見？以無眚病故，只由見病分能立所，遂見世間自他相異，故云「皆即見眚」。言「非見眚者」，真見非是眚也。以真無見相可立，故不名眚。既不名眚，亦不名見，正明離見之意。是以有見即妄，偏計情生，如眚目人，見夜燈之圓影；無見即真，圓成智現，如明眼人，見虛空之清淨。

又，若別業妄見，如增上惡業熟，生身變爲蛇、虎等，此不動揔報，自受別報，唯自業識變。不同業者，即不見，如燈上圓影，唯眚之覩。若非眚人，則不同見。若同分妄見，如同造阿鼻地獄業，同受揔報，同苦無間。若不同其惡業者，即不見。如「唯一國人同感惡緣」，同見一切不祥境界。若彼國衆生不同其惡緣者，則本所不見，亦復不聞。故知苦緣、樂緣，揔報、別報，因緣和合，當處出生；因緣離散，當處滅盡。未曾有一法，非出我心耶？故經云：若能遠離諸和合緣，則見清淨本心常住〔二〕。

校注

〔二〕按，後引文中有云：「正證真時，了知偏計脱體全空，故云『見眚非病』。」而仁岳述楞嚴經熏聞記卷二有云：「若沇疏云：證真之時，了知偏計脱體全空，故云『見眚非病』。」沇疏即弘沇大佛頂首楞嚴經疏。可知此楞嚴經疏者，當即弘沇撰大佛頂首楞嚴經疏。宋高僧傳卷六唐京師崇福寺惟慤傳：「楞嚴經初是荆州度門寺神秀禪師在内時得本，後因館陶沙門慧震於度門寺傳出，慤遇之，著疏解之。後有弘沇法師者，蜀人也，作義章開釋此經，號資中疏。其中亦引震法師義例，似有今古之説。此岷蜀行之，近亦流江表焉。」

〔二〕大佛頂如來密因修證了義諸菩薩萬行首楞嚴經卷二：「若能遠離諸和合緣及不和合，則復滅除諸生死因，圓滿菩提不生滅性，清浄本心，本覺常住。」

又，若分別煩惱，則麁，因邪思而方起；俱生無明，則細，自任運而常生。雖分麁、細之文，俱同妄識。如別業妄見之者，因目眚而見燈上圓光；似同分妄見之人，因瘴惡而覩國中災怪。雖分同、別之境，皆是妄心。可驗衆生界中，凡有一切見聞之事，皆如一人別業之眚影，多人同分之不祥。若能知燈影是目眚所成，識災境乃瘴惡所起，則燈上之重光自没，天中之兩日俄沉。如不動一心，萬緣俱寂，則見聞和合之病，分別全消；根本生死之災，俱生永絶。

問：三塗之内，還具分別、俱生不？

答：護法云：三塗内揔無分別，而不發業〔一〕。如猿猴之類，所有煩惱，皆是强盛俱生，而非分別。設造業者，但是別報。若有分別造揔報者，即永無出期。

校　注

〔一〕玄奘譯成唯識論卷五：「有義三受容各分四，五識俱起，任運貪、癡，純苦趣中任運煩惱不發業者，是無記故，彼皆容與苦根相應。（中略）傍生、鬼界名憂名苦，雜受純受有輕重故。㮈落迦中唯名爲苦，純受尤重，無分別故。」三塗，即地獄、餓鬼和畜生三惡道。傍生，即畜生；㮈落迦，即地獄。

問：既有分別種子，何不造揔報？

答：闕主伴故。現行是主，種子助發是伴。

問：若説三塗不造業者，如何大力鬼打舍利弗頭便入地獄〔一〕、鸚鵡鳥聞四諦法而得生天〔二〕？

答：此等造別報。此業有力，能助昔日揔報，揔報被助已，便能隨業勢墜地昇天。

校注

〔一〕雜阿含經卷五〇：「爾時，尊者舍利弗、尊者大目揵連住耆闍崛山中。時尊者舍利弗新剃鬚髮，時有伽吒及優波伽吒鬼，優波伽吒鬼見尊者舍利弗新剃鬚髮，語伽吒鬼言：『我今當往打彼沙門頭。』伽吒鬼言：『汝優波伽吒莫作是語。此沙門大德大力，汝莫長夜得大不饒益苦！』如是再三説。時優波伽吒鬼再三不用伽吒鬼語，即以手打尊者舍利弗頭。打已，尋自唤言：『燒我，伽吒！煮我，伽吒！』再三唤已，陷入地中，墮阿毗地獄。」

〔二〕詳見賢愚經卷一二二鸚鵡聞四諦品。

又，古德問〔一〕：人天趣中，定揔發業不？

答：人中北洲，不造揔、别二報業，以無分别相。餘三洲即發業，并此洲癡人不發業。

校注

〔一〕按，後文他處不見，此「古德」者，不詳。

問：前言三塗無分别，如何知父母等如慈烏反哺、猫狗識人，知人嗔喜？

答：此不是分别煩惱，彼任運分别，非煩惱分别。

問：無明發業，有幾種無明？

答：有四種：一、隨眠，二、纏無明，三、相應，四、不共。外法異生具四，内法異生除不共無明〔一〕。入信位〔二〕第七心及加行位〔三〕中，是内法；十信第七心前有退故，及資粮位〔四〕中，名外法。若内法異生，頓悟即造業，漸悟不造。頓悟中悲增造，智增不造。十地位〔五〕中八地已去，定不發業，惑體無故。七地已前，或云聖人，以無漏明爲緣而不發業。設有俱生，但助願潤生而已。又云：七地已前俱生起時，亦造别報善業。

校注

〔一〕分别緣起初勝法門經卷下：「世尊告曰：略有四種轉異無明。何等爲四？一者、隨眠轉異無明，二者、纏縛轉異無明，三者、相應轉異無明，四者、不共轉異無明。復言：世尊，誰有何等轉異無明，而説無明爲緣生行？世尊告曰：外法異生非理作意所引四種轉異無明，由此爲緣，生福、非福及不動行。如是所説外法異生所有福行及不動行相應善心，一切皆是非理作意所引等流。内法異生若放逸者，彼除一種不共無明，所餘無明引發放逸，爲緣生行。内法異生若不放逸、勤修學者及聖有學，三種無明引發妄念爲非福緣，然此非福不能爲緣招三惡趣。」隨眠無明，謂無明煩惱長時隨逐有情，而眠伏於第八阿賴耶識中。纏無明，謂無明纏縛有情心性，而使其不能出離生死界。纏即纏縛。相應無明，謂與貪等根本煩惱相應而俱起之無明。不共無明，則無與之相應而起者，以其獨自生起，故又稱獨頭無明。

〔二〕信位：即十信位、十信，信心、念心、精進心、慧心、定心、不退心、護法心、回向心、戒心、順心。

〔三〕加行位：入於正位的准備，加一段力而修行。玄奘譯成唯識論卷七：「加行位，謂煖、頂、忍、世第一法，近能引發根本位故。」詳見本書卷八七。

〔四〕資粮位：即修集資糧之位。爲了趨往無上菩提，於地前初阿僧祇劫修集施、戒等種種諸善以爲福智之資糧，這一階位稱爲資糧位。玄奘譯成唯識論卷七：「資糧位，謂從爲得諦現觀故，發起決定勝善法欲，乃至未得順決擇分所有善根，名資糧位，能遠資生根本位故。」卷九：「爲趣無上正等菩提，修習種種勝資糧故。」欲三乘之證果，宜以善根功德之糧，資助己身，如人遠行，必假糧食資助其身，故稱資糧。資，資助；糧，糧食。成唯識論述記卷九：「菩提因之初位資益己身之糧，方至彼果，故名資糧。」詳見本書卷八七。

〔五〕十地：謂歡喜地、離垢地、發光地、焰慧地、難勝地、現前地、遠行地、不動地、善慧地、法雲地。

問：聖人因何不造揔報業？

答：無分别煩惱故，以無漏明爲緣故，違生死故，但以俱生潤舊揔報業，受分段生死。居人中，除北洲人修無我觀，無分别，不能造業。此中除極愚昧者。天上唯除無想天，以無心故不造業。四種無明〔一〕，揔能發業，隨眠是種子，餘三即現行。

校注

〔一〕四種無明：即隨眠無明、纏縛無明、相應無明和不共無明。

問：無明發業貪愛潤生者，於煩惱中幾法能潤？

答：古釋云：即識等五支種子〔二〕，要假貪等煩惱資潤溉灌，方得出生。若俱生惑業者，即六俱生〔三〕、十分别〔三〕及二十隨煩惱〔四〕是。於此三十六煩惱中，貪一法唯正中正潤，餘五俱生即正中助潤。若十分别，即助中助潤。

又，四句料簡：一、有是貪愛而能潤生，第六識愛也，前五識不强盛故，但是兼支攝，正唯第六；二、有是貪愛不能潤生，即第七識，雖有貪愛，以内緣故，及所知障中者；三、有是生支而貪愛潤，即一切凡夫身中生支也；四、有是生支非貪愛潤，爲最後身菩薩，大乘説是化現故，或變易身中生支。

問：心爲起惑之因，身是造業之本。身約幾種？有何身能造業？

答：身攝四有〔一〕：一、生有，即中有後本有前，正結生相續時，刹那五蘊起，名生有。二、本有者，即生有後死有前，於其中間，所有五蘊皆名本有，以是本揔報業所招故。俱舍頌云：「本有爲死前，居生刹那後。」〔二〕三、死有者，即本有後中有前，將死正死諸蘊滅時，名死有。四、中有者，即死有後生有前，於兩中間有故，名爲中有。俱舍頌云：「死生二有中，五蘊名中有。」〔三〕即生、死二有身，不能發業，以無心故；若中、本二有身，即能發業。

校注

〔一〕識等五支種子：指識、名色、六處、觸、受。

〔二〕六俱生：謂貪、瞋、癡、慢、疑、覺（又稱不正見，謂無正知正見，而於五塵之境常起惡覺，染愛生著，昏迷不了）等六種與身俱生之惑。

〔三〕十分别：六俱生中，開不正見爲五：一、身見，二、邊見，三、邪見，四、見取，五、戒禁取，合貪、瞋、癡、慢、疑成十分别。六俱生、十分别是惑之根本，故名根本煩惱。

〔四〕二十隨煩惱：一、忿，二、恨，三、惱，四、覆，五、誑，六、諂，七、憍，八、害，九、嫉，十、慳，十一、無慚，十二、無愧，十三、不信，十四、懈怠，十五、放逸，十六、昏沈，十七、掉舉，十八、失念，十九、不正知，二十、散亂。隨煩惱者，隨根本煩惱而起故。

問：於中有身處，中有住及欲趣生時，行相如何？

答：准二十四不相應行中，有勢速一法。於勢速中，有士用勢速〔一〕。古釋云：士用勢速者，如中有身往當受生處迅疾，名士用勢速。所言中者，對前後以得名；有，則有其情識身。爲此五趣有情身，在死有後，生有前，兩形中間，故名中有〔二〕。亦以異熟五蘊爲體，爲同本有身是業招故，其中有身便如當生本有身形狀，如人中有，似於人等。五趣亦尔，但如五、六歲等孩兒大，其形量雖小，然諸根猛利，如本有身，能作諸事業，於父母起顛倒想而生愛惡。此中有身，唯同類及净天眼者見，於中有中，唯食香氣。在中有住時，其不善、不惡中容性者，在中有位極遲，受生不過四十九日，剩此無有緣不會者。若極善極惡中有，不論近遠，但一剎那便往受生，起顛倒心趣欲境，即第八識結生門。於胎、卵二中有，見父母

校注

〔一〕隋慧遠撰大乘義章卷八四有義六門分別：「生死果報，是有不無，故名爲有。有別不同，一門説四。四名是何？一者、生有，二者、死有，三者、本有，四者、中有。報分始起，名爲生有；命報終謝，名爲死有。生後死前，名爲本有。對死及中，故説爲本。兩身之間，所受陰形名爲中有。」

〔二〕見玄奘譯阿毗達磨俱舍論卷九。

〔三〕見玄奘譯阿毗達磨俱舍論卷八。

和合，生顛倒想而便受生；若濕、化二生中有，由先業力故，不簡近遠，染著稱情，當染香處便即受生。

校注

〔一〕勢速：指變化或動作迅速。玄奘譯瑜伽師地論卷五六：「依迅疾流轉分位，建立勢速。此復三種，謂諸行勢速、士用勢速、神通勢速。」遁倫集撰瑜伽論記卷一五之上：「勢速中，諸行勢速者，如一彈指頃經六百生滅。士用勢速者，如世間中斷根士夫三業速疾。神通勢速者，如屈申臂頃到色究竟等。」

〔二〕玄奘譯瑜伽師地論卷一本地分中意地第二之一：「或名中有，在死、生二有中間生故。」

問：同類眼見中有身，未知中有眼爲能見本有身不？

答：亦有見本有身。瑜伽論云：「或云唯見男，或唯見女，如是漸近彼之處所，漸漸不見父母餘處，唯見男女根門。」〔一〕又，若薄福中有，當生下賤貧窮家者，彼於死時及入胎時，便聞種種紛飛不可意聲；若是福德位中有，當生富貴家者，彼於尒時，自然聞美妙可意音聲，乃至香味觸境，亦有階降〔二〕。

校注

〔一〕見玄奘譯瑜伽師地論卷一本地分中意地第二之一。

〔三〕玄奘譯瑜伽師地論卷一本地分中意地第二之一：「若薄福者，當生下賤家，彼於死時及入胎時，便聞種種紛亂之聲及自妄見入於叢林、竹葦、蘆荻等中；若多福者，當生尊貴家，彼於爾時便自聞有寂静美妙可意音聲及自妄見昇宫殿等可意相現。」

問：中有末位，皆起愛受生不？

答：於中有位，第六識先起愛潤生。若執取結生，即唯第八。若男中有，緣母起愛生於欲心；女中有，緣父起愛生於欲心。由起此二種愛心已，便爲己身與所愛境合，所洩不浄，流至胎藏，認爲己有，後便生歡喜。此心生已，中有身便没，受生有身。

寶積經云：彼中有身入母胎時，心生顛倒，作邪解心，生寒冷想、大風雨想、雲霧想。作此想已，隨業優劣，復起十種虚妄之心：一、我入舍宅，二、我昇樓閣，三、我昇殿堂，四、我昇床座，五、入草庵，六、入草舍，七、入草叢，八、入林間，九、入墙孔，十、入籬間。作是念已，即入母胎〔一〕。

校注

〔一〕大寶積經卷五六：「彼中有欲入胎時，心即顛倒。若是男者，於母生愛、於父生憎；若是女者，於父生愛、於母生憎。於過去生所造諸業而起妄想，作邪解心，生寒冷想、大風大雨及雲霧想，或聞大衆閙聲。

作此想已，隨業優劣，復起十種虚妄之想。云何爲十？我今入宅、我欲登樓、我昇臺殿、我昇床座、我入草菴、我入葉舍、我入草叢、我入林内、我入牆孔、我入籬間。難陀，其時中有作此念已，即入母胎。」

問：中有身作何顔色？

答：瑜伽論云：「造惡業者，中有如黑羺光，或陰闇夜；造善業者，中有如白衣光，或晴明夜。」〔一〕寶積經云：地獄中有，如燒了杌木〔二〕；傍生中有，如煙；餓鬼中有，如水；人天中有，如白衣光〔三〕。

校注

〔一〕見玄奘譯瑜伽師地論卷一本地分中意地第二之一。玄應一切經音義卷二二：「黑羺，奴溝反。埤蒼：羺，胡羊也。通俗文：羊卷毛曰羺是也。」栖復集法華經玄贊要集卷二〇：「言『黑羺光』者，上品不善業身，如黑羺光，骨曆羊，似山羊也。中下品不善者，如陰暗夜。造上品善業者，身如白衣光。中下品善者，如晴明夜。如黑羺光，身形也；陰暗夜，所見境也。如白衣光，身形也；晴明夜，所見境也。」

〔二〕杌木：樹椿。慧琳一切經音義卷六二：「杌木，上吾骨反。韻略云：杌，樹無枝也。字統云：杌，斷木也。一云枯木也。説文：從木兀聲。」

〔三〕大寶積經卷五六：「地獄中有，容貌醜陋如燒杌木；傍生中有，其色如烟；餓鬼中有，其色如水；人天中有，形如金色；色界中有，形色鮮白；無色界天元無中有，以無色故。」

問：如人生身變作蛇、虎等，有中有身起不？

答：慈恩云無中有身〔一〕，以不改轉摠報故，但是順現轉別報。若摠報第八，即不轉。又如地獄中萬死千生，亦無中有，以不轉摠報故〔二〕。

校注

〔一〕按，此説出處俟考。

〔二〕玄奘譯阿毗達磨大毗婆沙論卷六九：「若有一類造作增長五無間業，無間必定生地獄中。既言無間必生地獄，故知中有決定爲無。又伽他説：再生汝今過盛位，至衰將近琰魔王，欲往前路無資糧，求住中間無所止。既説中間無所止處，故知中有決定爲無。」參見阿毗達磨俱舍論卷八等。

問：如將水蛭蟲乾成末已，後置水中，一一塵皆却成水蛭蟲，有中有不？

答：此但是一類有情同業者，合託此爲增上縁而受生，即不是變作多蟲。若不尔者，犯有情界增過。

問：平等王見中有身不？

答：不見。

問：且如有人被冥司追將，亦有見者，此是何身？

答：此但是本有身攝。有云：以此人有業，但於自識心上，妄見閻羅王鬼所由等，是獨影境上自變起，離識無見。是以唯識頌云：「境隨業識轉，是故説唯心〔一〕。」故知識是善、惡之原，心爲苦、樂之本。世人唯知尋流徇末，失本迷源。練行而徒滿三祇，違真漸遠；積功而空經永劫，去道猶賒。是以得果聖人，遇斯而甘稱絶分；出假大士，對此而未得證真。豈況矯亂邪徒，冥初外道，漆園傲吏，怳惚狂生者〔二〕，而能希冀信受乎？

校注

〔一〕玄奘譯成唯識論卷二：「由自心執著，心似外境轉，彼所見非有，是故説唯心。」

〔二〕漆園傲吏：即莊子，此謂道家之徒。道宣廣弘明集卷二二貞觀因緣無性論：「夫三墳、五典，善惡之理未彰；八索、九丘，幽明之路猶擁。況復漆園傲吏，怳忽狂生，獨稱造化之宗，偏據自然之性，乃爲一時之矯俗，非關契理之玄謀。」

故知宗鏡難信，悟者希奇，不唯得宗，兼能深達因果，故云「深信大乘，不謗因果」〔一〕。是以一切含識，唯以自心造善、惡因，招苦、樂果。或居中有之時，作善因者，承白淨之光；

起惡因者，見黑闇之色。或處胎之日，集白業者，登樓殿之上；造黑業者，投草棘之中。及出世間爲人，依正亦分優劣，若有福者，挺鸞頷龍顔之相，受華堂金屋之榮；若尠德者，現五露〔三〕眇小之形，處瓮牖席門之弊。可謂風和響順，形直影端，因果同時，緣會不失，則「應觀法界性，一切唯心造」〔三〕。

校注

〔一〕按，此説亦見本書卷四二、卷五〇，參見本書卷四二注。

〔二〕五露：命相論者認爲不好的面相。或説爲耳露廓輪、眉露棱毫、目露神光、鼻露兩孔、口露牙齒；或説爲五嶽（額爲南嶽、鼻爲中嶽、頦爲北嶽、兩顴爲東嶽西嶽）聳露。

〔三〕見實叉難陀譯大方廣佛華嚴經卷一九。

内德論云：「小乘以依報爲業有，大乘以萬境爲識造。隨幻業而施之天地，逐妄心而現之土〔一〕草。若瞖目覩于空華，比睡夢現其生老。若悟之於心業，則唯聞於佛道。」〔二〕

校注

〔一〕「土」，内德論作「識」。

〔二〕見廣弘明集卷一四李師政内德論空有篇第三。

音義

麄，里之反，十毫也。爇，如劣反。鎔，余封反。洋，与章反。躡，尼輒反，登也。歘，許羁反。瞽，公户反，無目。坑，苦庚反，塹也。險，虚檢反，危也。眚，所景反。矚，之欲反，視也。暈，王問反，日月氣也。珮，蒲昧反。玦，古穴反。彗，祥歲反，星名也。孛，蒲没反，星名也。虹，户公反。霓，五稽反。瘴，之亮反。洎，其冀反。俄，五何反。哺，薄故反，食在口也。猫，莫交反，又武儦反。溉，古代反，灌也。灌，古玩反。迅，私閏反。紛，撫文反。羺，女溝反，胡羊也。蛭，之日反。矯，居夭反，詐也。傲，五到反，倨也。怳，許昉反。惚，呼骨反。挺，徒領反。頷，胡感反。尠，息淺反，少也。眇，亡沼反。

戊申歲分司大藏都監開板

宗鏡録卷第七十五

慧日永明寺主智覺禪師延壽集

夫揔、別二報障，於八識中定屬何識？

答：古釋云揔報唯屬第八識者〔一〕，以第八最初生起，其前七色、心等，皆依他第八方生，即第八能通與前七色、心等爲所依，得名揔報；别報唯在前六識，受報各别不同，名爲别報。若揔報，定不通今世順現受〔二〕，唯是順生來世受〔三〕；若别報，即不定〔四〕，通今世、來世皆受，不遮。

校注

〔一〕義忠述大乘百法明門論疏卷上：「報障有二：一、總報，唯屬第八；二、别報，在前六識。」

〔二〕今世順現受：謂此生作業，現生受果。

〔三〕順生來世受：謂此生作業，來生受果。

〔五〕不定：指此生作業，但受果報的時期不能確定。

又問：第七識何不辯報障[一]？

答：非是業招，故無報障。又，若有報障而無業障[二]，即第八識。若具有業、報二障，即前六識。若業、報二障俱無，即第七識。又，若唯有別報障、無揔報障者，即前六識。若唯有揔報障、無別報障者，即第八識。

校注

〔一〕報障：由煩惱惑業而得地獄、餓鬼、畜生等惡趣的果報。報即果報。

〔二〕業障：謂由身、口、意造作的五逆十惡等業。業即業行。

問：衆生造生死染、浄二業，受苦、樂兩報，皆從心起，則離心無體。於八識内，定是何心？

答：今古有二解：一、古師解云：是第六識心，由識心分別，作業受報，報起由心，故知無有實衆生也。以心浄故衆生浄，無有別浄；心垢故衆生垢，無有別垢。以垢、浄由心得，衆生但名耳。二、神鍇和尚[一]解云：心者是第八識，由其識内持染、浄種子，種子遇緣，即能招苦、樂兩果。果起由心，故知無衆生也[二]。

校注

〔一〕神鍇：宋高僧傳作「神楷」。宋高僧傳卷四周京兆崇福寺神楷傳：「釋神楷，姓郭氏，太原人也。（中略）於經論義理，大小該通，耳聞口誦，譬鮮氎之易染。遂講攝大乘、俱舍等論，穎晤輩流，罕有齊駕。後因講浄名經，見古師判處，喟然歎曰：『美則美矣，未盡善也！』乃於安陸白趙山撰疏。」其所撰維摩經疏，敦煌遺書中殘存卷一、卷三、卷五和卷六。

〔二〕敦煌遺書伯二〇四九寫卷維摩經疏卷三：「垢、浄隨心，古來相傳，心是六識，由識心分別，起染、浄二業，隨業勢力，感苦、樂兩報，報起由心，故知無有實衆生也。又云：心者，即是第八阿賴耶識，由其識內持染、浄種子，種子遇緣，即能招苦、樂二果。果起由心，故知無衆生也。」

若古師取第六識爲垢、浄心，爲此六識與善十一〔一〕相應，能造人天善業。與根、隨〔二〕相應，能造三塗惡業。此揔、別業成，能招當來苦、樂兩報，故言染、浄由心也。此據造業者爲心。

神鍇和尚取第八識爲心者，此是揔報主，真異熟識，識中能含藏善、不善業種子。然識體因中，唯無覆無記性，爲含藏染、浄業種故。

校注

〔一〕善十一：一、信，二、精進，三、慚，四、愧，五、無貪，六、無嗔，七、無癡，八、輕安，九、不放逸，十、行捨，十

一、不害。

〔三〕根、隨：根本煩惱、隨煩惱。詳見本書卷三六注。

又，言持染、浄種子者，即三雜染種子：一、煩惱雜染，即是見修煩惱；二、業雜染，一切善、不善揔報業；三、果雜染，即三界揔、别報異熟果。浄亦三種：一、世間浄，即是伏惑道故；二、出世間浄，謂無漏；三、所斷果清浄，即所證理。上來俱是第八含藏業也。古師約能熏能造業心名心，鍇師約所熏能持種名心〔一〕。又，古師約緣慮以解心，鍇師約集起以解心〔二〕。

校注

〔一〕鍇師：即神楷。「約所熏能持種名心」者，即前引「神鍇和尚皆云」者。

〔二〕敦煌遺書北敦六五七六寫卷維摩經疏卷六：「積聚名『身』，領納名『受』，集起名『心』，軌持稱『法』。」窺基大乘百法明門論解卷上：「心法者，總有六義：一、集起名心，唯屬第八，集諸種子，起現行故。二、積集名心，屬前七轉識能熏，積集諸法種故；或集起屬前七轉現行共集，熏起種故；或積集名心，屬於第八含藏，積集諸法種故。三、緣慮名心，俱能緣慮自分境故。四、或名爲識，了别義故。五、或名爲意，等無間故。六、或第八名心，第七名意，前六名識，斯皆心分也。」

釋云：此之二解，各出一途。前以能熏能造爲心，若無能熏，所熏無用，則唯真不立，單妄不成，真妄和合，方有是事。又，若無能造，所造亦不成，因能立所故。經云：「一切唯心造。」〔一〕後約所熏能持種子爲心，所熏是本，若無所熏，能熏亦無用。又，若無能熏種子，即善、惡種子散壞，將何受未來苦、樂果報？如有物無可盛故，即當散失，則後解爲勝，以是諸識中根本故。前解亦不失，是枝末故。今若雙取，正理方圓，本、末相資，能、所和合，非一非異，方立世間染、淨之位。故知生死由識心，無衆生可得；昇降屬因緣，無實我可得。

校注

〔一〕見實叉難陀譯大方廣佛華嚴經卷一九。

問：摠、別二報之業，如何分别？

答：如持五戒，招得人身，是摠報業；由於因中有瞋、忍等，於人摠報而有妍媸，名別報業。唯識亦名爲引、滿業：能招第八引異熟果，故名引業；能招第六滿異熟果，名爲滿業〔一〕。俱舍論亦云：「一業引一生，多業能圓滿。」〔二〕猶如績像，先圖形狀，後填衆彩等。然其引業能造之思，要是第六意識所起；若其滿業能造之思，從五識起〔三〕。然五識無執，不能發潤故，非迷理無推度故不能造業，雖造滿業，亦非自能，但由意引方能作故〔四〕。

校注

〔一〕玄奘譯成唯識論卷二：「異熟習氣爲增上緣，感第八識酬引業力，恒相續故，立異熟名。感前六識酬滿業者，從異熟起，名異熟生，不名異熟，有間斷故。」引業者，牽引衆生五趣四生之業，是所造諸業中最爲主要、招引未來世鬼、畜、人、天等之生者，又名引因、總報業等；滿業者，是其他一切諸業，於彼鬼、畜、人、天等生中，決定六根是否具足及身體强弱、壽命長短、貧富貴賤等各自差别者，又名别報業。譬如畫者畫人體，先勾勒總體輪廓，後於其上填彩以爲美醜差别。先勾勒之總體輪廓，猶如引業；後填充之具體色彩，則如滿業。參後注。

〔二〕見玄奘譯阿毗達磨俱舍論卷一七。

〔三〕「如持五戒」至此，見澄觀述大方廣佛華嚴經隨疏演義鈔卷三一。又，宋寶臣述注大乘入楞伽經卷二：「言總别報者，一謂總報，屬第八識；二謂别報，在前六識。且以有漏善業言之，如持五戒，招得人身，是總報業。由於因中有瞋、忍等，於人總報而有妍、醜等，名别報業。亦名引、滿業，即能招第八引異熟果，名爲引業；能招第六滿異熟果，名爲滿業。然其引業能造之思，要是第六意識所起。若其滿業能造之思，從五識起。雖造滿業，亦非自能，由意識引方能作故。其第七識，唯有俱生惑、智二障，業障、報障，彼七俱無。雖具四惑，但緣内故，屬於有覆無記性攝，則不能造善、惡二業。唯前六識起惑造業，業成難逃，感諸異報，如鏡現像，不漏絲毫。」

〔四〕澄觀述大方廣佛華嚴經隨疏演義鈔卷三一：「『業是所造，心是能造』者，即以第六識名心，從於積集通相説故。謂第六識，人執無明，迷真實義異熟理故，以善、不善相應思造罪等三行，熏阿賴耶，能感五趣愛、非愛等種種報相。但云『六』者，謂五識無執，不能發潤故非迷理，無推度故不能造業，雖造滿業，亦非自能，但由意引方能作故。」

所以海龍王經云：「尒時，世尊告海龍王：『猗〔一〕世間者，作若干緣，心行不同，罪福各異。以是之故，所生殊别。龍王，且觀衆會及大海，若干種形，顔貌不同，是諸形貌，皆心所畫，又心無色而不可見。一切諸法，誑詐如是，因惑興相，都無有主，隨其所作，各自受之，譬如畫師，本無造像。諸法如是而不可議，自然如幻化相，皆心所作。』」〔二〕

校注

〔一〕「猗」，據大正藏本佛説海龍王經校勘記，宋、元、明諸本佛説海龍王經皆作「倚」。按，「猗」，通「倚」。

〔二〕見佛説海龍王經卷三十德六度品。

温室經云：「佛言：觀彼三界天人品類、高下長短、福德多少，皆由先世用心不等，是以所受各異不同。」〔一〕

校注

〔一〕見佛説温室洗浴衆僧經。

未果。

般若燈論云：「如阿毗曇中偈云：自護身口思，及彼攝他者，慈法爲種子，能得現

「所言『思』者，謂能自調伏，遠離非法，與此心相應思，故名爲思。『攝他』者，謂布施、愛語〔一〕、救護怖畏者，以如是等，能攝他故，名爲攝他。『慈』者，謂心，心即名法，亦是種子。『種子』者，亦名因。爲誰因耶？謂果之因。是何等果？謂是現在、未來之果。云何名心爲種子耶？謂能起身、口業故，名爲種子。」〔二〕

校注

〔一〕愛語：爲攝引衆生歸於正道而隨其根性所説的善言，爲四攝法之一。四攝法者，布施攝、愛語攝、利行攝、同事攝。詳見本書卷一三注。

〔二〕見波羅頗蜜多羅譯般若燈論釋卷一〇觀業品。

又如論偈言：「如芽等相續，而從種子生，由是而生果，離種無相續。」

「釋曰：此謂從芽生莖，乃至枝葉、華果等，各有其相。種子雖滅，由起相續，展轉至果。若離種子、芽等相續，則無流轉。以是故，其義云何？故論偈言：種子有相續，從相續有果，先種而後果，不斷亦不常。

「釋曰：云何不斷？謂有種子相續住故。云何不常？謂芽起已，種子壞故，内法亦尔。如論偈云：如是從初心，心法相續起，從是而起果，離心無相續。「釋曰：此謂慈心、不慈心名爲業，此心雖滅而相續起，此相續果起者，謂愛非愛有受相故。若離心者，果則不起。今當説相續法，其義云何？故論偈言：從心有相續，從相續有果，故業在果先，不斷亦不常。「釋曰：云何不斷？謂相續能起果故。云何不常？不至第二刹那住故。」〔一〕

校注

〔一〕見波羅頗蜜多羅譯般若燈論釋卷一〇觀業品。

是知三業難防，應須密護，意爲苦聚，口是禍胎，但閉門而守津，方斷相續。如正法念處經云：「彼地獄地，見閻羅人，苦切以偈責言：心不可調御，甚於大猛火，速行不可調，牽人到地獄。心第一難調，此火甚於火，難調速疾行，地獄中地獄。若人心自在，則行於地獄，若人能制心，則不受苦惱。欲爲第一火，癡爲第一闇，瞋爲第一怨，此三秉世間。汝前作惡時，自心思惟作，汝本癡心作，今受此惡報。心好偷他物，竊行他婦女，常殺害衆生，自心之所誑。如是業自在，將汝到此處，是汝本惡業，何故尔呻喚。」〔一〕

又偈云：「作惡不失壞，一切惡有報，惡皆從作得，因心故有作。由心故作惡，由有心果報，一切皆心作，一切皆因心。心能誑衆生，將來向惡處，此地獄惡處，最是苦惡處。」〔二〕

校注

〔一〕見正法念處經卷六。

〔二〕見正法念處經卷一五。

如上經文，此是惡心招苦果。若善心招樂果者，又云：「復次比丘，知業果報，觀鬘持天所住之處。乃至〔二〕其地柔軟，猶若生酥，天人行時，隨足上下，如兜羅綿〔三〕。一一住處，足躡隨平，亦如前説。一一寶樹，出妙色光，其光如日，光明悦樂，妙色金樹，華葉常鮮，無有萎落。善業所生，不可喻説。戒力自在，善業所得，如印印物。如是天子，遊戲園林、蓮華浴池，自業受報，有上中下，受大戲樂。自業身相，光明可愛，色、聲、香、味、觸等，恣情悦樂，身無病惱，無有飢渴，常恣五欲，未曾猒足，多起愛欲，心不充滿。若天憶念，隨念所得，他不能破，自在無礙，心常歡喜，隨念能至，化身隨心，大小任〔三〕意，廣大輕軟。一眴目頃，能行至於百千由旬，無少疲極，如風行空，無所障礙。天亦如是，無有疲極，天身威德，從心而生，輕淨無垢。一切行處，如意光色，天子、天女歡喜遊戲。」〔四〕

校注

〔一〕乃至：表示引文中間有刪略。

〔二〕兜羅綿：草木的花絮。慧琳一切經音義卷三：「堵羅緜，上音覩，下彌然反，梵語，細綿絮也。沙門道宣注四分戒經云：草木花絮也。蒲臺花、柳花、白楊、白疊花等絮是也，取細輭義。」

〔三〕「任」，原作「住」，據諸校本及經文改。

〔四〕見正法念處經卷二二。

釋曰：然雖善、惡由心，苦、樂不等，斯乃先明因果，知一念無差。若論至道之中，俱非解脱。如經云：迦留足天「乘閻浮檀金殿入天戲林，其林柔軟，衆鳥音聲和合美妙。天子入已，鳥名天音，天同業生。天善業故，即説偈言：若有人能作，愛樂之善業，彼人業果報，成就極端嚴。既得受天樂，若不行放逸，從樂得樂處，彼必至涅槃。一切樂無常，要必終歸盡，莫受此天樂，以爲自歡娱。此天樂無常，壽盡必退没，既知此法已，常求涅槃道。一切法皆盡，高者亦當墮，和合必有離，有命皆歸死」〔一〕。

又云：「如是比丘以聞慧觀天樂已，而説頌曰：五根常愛樂，欲境所誑惑，欲火未曾有，須臾聞猒足。一一諸境界，處處見天女，一切勝境界，欲火燄熾然。若合若離散，或説或憶念，以天女因緣，火起燒天人。火法和合有，不合則不生，若合若不合，欲火常熾然。

因緣不合故，火遠則不然，欲火無遠近，常燒愛衆生。以意想薪力，邪憶念所使，愛油投欲火，焚燒愚癡人。」〔二〕

校　注

〔一〕見正法念處經卷二三。

〔二〕見正法念處經卷二四。

是以既知苦、樂由心，事非究竟，應當斷想薪、乾愛油，止念風、息欲火，防制意地，恒順真如，圓滿菩提，常樂妙果。故經偈云：「若正善心者，常順法觀察，不爲過所使，如日光除暗。」〔一〕

又，經云：寧作心師，不師於心〔二〕。若師心，則隨六趣而不返；作心師，則冥一道而常歸。如庚桑子云：「心平正不爲外所誘曰清，清而能久則明，明而能久則虚，虚則道全而居之。」〔三〕所以阿差末經云：「常正其心，不尚餘學。」〔四〕

校　注

〔一〕見正法念處經卷三七。

〔二〕大般涅槃經卷二八：「願作心師，不師於心。」

〔三〕見洞靈真經全道篇第一。按，洞靈真經託名庚桑子撰。

〔四〕見阿差末菩薩經卷二。

夫心常正直，本自玄虚，道全是心，心全是道。以不達故，隨思慮心，爲外緣所拘，内結所亂，乃令志當歸一，不尚餘學，虚明自現，返本之稱也。如是開示，可謂把行人手，直至薩婆若海，保不孤然。若信受之人，可謂不動塵勞，頓成正覺。

問：識生於身，身依於識，諸根壞日，識遷離時，捨此故身，别受餘質，去來之識，相狀如何？斯旨難明，舉世皆惑，如寶處藏，莫有知者。

答：此理綿密，約教可知。顯識經云：「佛告賢護：『識之運轉，遷滅往來，猶如〔一〕風大，無色、無形、不可顯現而能發動萬物，示衆形狀：或摇振林木，摧折破裂，出大音聲；或爲冷爲熱，觸衆生身，作苦作樂。風無手足、面目形容，亦無黑、白、黄、赤諸色。賢護，識界亦尔，無色、無形、無光明顯現，以因緣故，顯示種種功用殊異。當知受、覺、法界，亦復如是，無色、無形，以因緣故，顯發功用。賢護，衆生死，此受、覺、法界、識界皆捨離身，識運受、覺、法界受餘身者，譬如風大，吹衆妙華，華住於此，香流至遠，風體不取妙華之香。香體、風體及與身根俱無形色，而非風力，香不遠至。賢護，衆生身死，識持受、覺、法界以至他生，因父母緣而識託之。受、覺、法界能隨於識，亦復如是。如從華勝力而鼻有齅，從齅勝力而得香境。又如從風身勝力得風色觸，因風勝力香得至遠。如是從識有受，從受有覺，從覺有法，遂能了知善與不善。

「乃至〔二〕識之遷身，如面之像，現之於鏡；如印之文，顯之於泥。譬如日出，光之所及，衆暗咸除，日沒光謝，暗便如故。暗無形質，非常無常，能得其處。識亦如是，無質無形，因受想顯。識在於身，如暗無體，視不可見，不可執持。如母懷子，不能自知是男是女、黑白黄色、根具不具、手足耳目類與不類。飲食熱煗，其子便動，覺知苦痛。衆生來去，屈申視眴，語笑談說，擔運負重，作諸事業，識相具顯，而不能知所在。止於身中，不知其狀。

「賢護，識之自性，徧入諸處，不爲諸處之所染汙，六根、六境、五煩惱陰，識徧止之，不爲其染，由此而顯識之事用。賢護，如木機關，繫執一所，作種種業，或行走騰躍，或跳擲戲舞，於意云何？機關所作，是誰之力？』賢護白佛言：『智慧狹淺，非所能了。』佛告賢護：『當知皆是作業之力。作業無形，但智運耳，如是身之機關，以識之力，作諸事業。仙通〔三〕、乾闥婆、龍神、人、天、阿脩羅等種種趣業，咸悉依之。識能生身，如工作機關。識無形質，普持法界，智力具足，乃至能知宿命之事。』」〔四〕

校注

〔一〕「如」，原無，據諸校本補。

〔二〕乃至：表示引文中間有刪略。

〔三〕仙通：指神仙通人。

〔四〕見大乘顯識經卷上。

故知識性是一，無住無形，但隨智而彰，逐念而轉。此陰纔滅，彼陰便生，如印文現之於泥，似面像臨之於鏡。至於入胎處卵，託質現生，來去無蹤，隱顯非礙，猶珠吐照，類日傳光，火出木中，種生地上，其體是一，用出千差。此一識門亦復如是，因念力分十二類種之差殊，隨業果變無量生死之形質。

又，大乘同性經云：「毗毗沙那楞伽王言：『世尊，衆生神識，爲當幾大？爲作何色？』佛言：『楞伽王，衆生神識無邊大，無色、無相、不可見，無礙、無形、無定處、不可説。』毗毗沙那白世尊：『識相如此，無有邊大，無色、無相，不可見，無礙、無形、無定處，不可説者，豈非斷絶？』佛言：『楞伽王，吾今〔一〕問汝，隨汝意答，當爲汝説。楞伽王，譬如大王在宮殿中，或高樓上，綵女圍遶，安樂坐時，著種種衣及諸瓔珞。時大園林阿輸歌樹〔二〕

種種雜華莊嚴精麗，其園在處，有細軟風，或大駛〔三〕風，吹彼園林阿輸歌樹衆華香氣至王所者，王聞之不？」

「毗毗沙那白言：『世尊，我聞此香。』佛言：『楞伽王，汝聞此香，分别知不？』王言：『世尊，我能得知。』佛言：『楞伽王，此華香氣，王言知者，見大小耶？定作何色？』楞伽王言：『不也，世尊。何以故？此香氣相無色、無現、無礙、無相、無定處、不可説，是故不見大小形色。』佛言：『楞伽王，於意云何？若不見彼香氣大小，非斷絶相耶？』毗毗沙那言：『不也，世尊，何以故？若此衆香是斷相者，無人得聞。』

「佛言：『如是如是。楞伽王，識相亦尔，應如是見。楞伽王，若識斷相，則無生死而可得知。如是，楞伽王，識相清浄，唯是無明、貪愛習氣業等諸客煩惱之所覆障。楞伽王，譬如清浄虚空之界，唯有四種客塵汙染。何等爲四？所謂烟、雲、塵、霧。楞伽王，識相如是，本清浄故，無邊不可捉，無有色染，唯是諸客煩惱之所覆染。所以者何？楞伽王，若正觀時，不得衆生，無我、無衆生、無壽命、無畜養、無人、無衆數、無知者、無見者、無覺者、無受者、無聽者，乃至無色、受、想、行、識等。』」〔四〕

校注

〔一〕「今」，原作「分」，據諸校本及大乘同性經改。

〔二〕阿輪歌樹：即無憂樹。「阿輪歌」，多作「阿輪柯」「阿輪迦」，相傳釋尊於此種樹下誕生。過去現在因果經卷一：「夫人見彼園中，有一大樹，名曰無憂，花色香鮮，枝葉分布，極爲茂盛，即舉右手，欲牽摘之，菩薩漸漸從右脇出。」

〔三〕「駛」，原作「駚」，據卷後音義及嘉興藏本改。

〔四〕見大乘同性經卷上。

問：外之境色，因識分別，故名唯識。只如夢中無境唯識，云何夢中識見種種？

答：顯識經云：「佛言：『賢護，色有二種：一、内，二、外。内謂眼識，眼則爲外。乃至〔一〕身識爲内，身則爲外。賢護，如生盲人，夢見美色，手足、面目、形容姝麗，便於夢中生大愛悦，及睡覺已，冥無所見。乃至此生盲人，未曾見物，云何夢中而能見色？』賢護白佛言：『唯願開示。』佛告賢護：『夢見見者，名内眼所，是慧分別，非肉眼見。其内〔三〕眼所，以念力故，盲者夢中須臾而現，復以念力覺而憶之。識之内色，亦復如是。』」〔四〕故於所見唯識，聞、齅、嘗、觸亦然，見有境界，但是念慧分別。若離念慧分別，決定無有前塵毫末之相。

校注

〔一〕乃至：表示引文中間有删略。下一「乃至」同。

〔二〕「内」，原作「肉」，據大正藏本大乘顯識經改。

〔三〕見大乘顯識經卷上。

問：識性無形，至極微細，云何能任持大身，又持小質？

答：識性微妙，不可思議。以隨業故，則妍醜俄分；以無形故，則小大咸等。顯識經云：「佛言：『大藥，如風大，無質無形，止於幽谷或竅隙中，其出暴猛，或摧倒須弥，碎爲塵粉。風大微妙，無質無形。識亦如是，妙無形色，大身小身，咸悉能持。或受蚊身，或受象身，乃至〔一〕如尼瞿陀〔二〕子極微細，種子生樹，婆娑廣大，枝條百千。於意云何？其子與樹，大小類不？』大藥言：『世尊，其子與樹，大小相懸，如藕絲孔比虚空界。』『如是，大藥，樹於子中求不可得。若不因子，樹則不生。微細尼瞿陀子能生大樹，微細之識能生大身，識中求身，身不可得。若除於識，身則無有。』」〔三〕

校注

〔一〕乃至：表示引文中間有删略。

〔二〕尼瞿陀：或作「尼拘陀」「尼拘尼陀」等，樹名，或即榕樹。玄應一切經音義卷二四：「諾瞿陀，舊言『尼俱陁樹』，或作『尼俱律』，或云『尼俱類陁』，亦言『尼拘屢陁』，亦言『尼拘盧陁』，皆一也，舊譯云『無節』，一云『從廣樹』也。」慧琳一切經音義卷一五：「尼拘陀，梵語，西國樹名也。此樹端直無節，圓滿可愛，去地三丈餘，方有枝葉。其子微細如柳花子，唐國無此樹。言是柳樹者，訛也。」

〔三〕見大乘顯識經卷下。

又，毗耶娑問經云：「佛言：『復次，大仙，此識微細，無色無質，非是可見。識非有色，非青等色。色中無根，識若離根，則無境界。若人心中驚動怖畏，若疑思量，如是一切，皆是識力。』」〔一〕

校注

〔一〕見毗耶娑問經卷上。

問：六趣昇沉，皆唯是識。初生善惡之趣，其相如何？

答：隨福所資，果報不等，勝福資識則境大，劣福資識則相微。顯識經云：「大藥復白佛言：『世尊，衆生捨身，云何生諸天中？乃至云何生於地獄等中？』佛言：『大藥，衆生臨終之時，福業資者，棄本之視，得天妙視。以天妙視，見六欲天，爰及六趣，見身摇動，見天宫殿及歡喜園、雜華園等。乃至〔二〕如睡不睡，安隱捨壽。將捨壽時，天父、天母同止一坐，天母手中自然華出。天母見華，顧謂天父：「甚爲福吉希奇勝果，天今當知：慶子之歡，時將不久。」天母遂以兩手摇弄其華，弄華之時，命便終盡。無相之識，棄捨諸根，持諸境業，棄捨諸界，持諸界事，遷變果報，猶如乘馬棄一乘一，如日愛引光，如木生火，又如月影現澄清水。識資善業，遷變天報，如脉風移速託華内。天父、天母同坐視之，甘露欲風，吹華七日，寶璫嚴身，耀動炫焕，天童朗潔，現天母手。』

「大藥白佛言：『世尊，無形之識，云何假因緣力而生有形？云何有形止因緣内？』佛言：『大藥，如木和合，相觸生火。此火，木中不可得，若除於木，亦不得火。因緣和合而生，因緣不具，火即不生。木等之中，尋火色相，覺不可見，然咸見火從木出。如是大藥，識假父母因緣和合，生有形身，有形身中求識不得，離有形身，亦無有識。大藥，如火未出，火相不現，亦無煖觸，諸相皆無。如是大藥，若未有身，識、受、想、行皆悉不現。大藥，如見日輪光明照曜，而諸凡夫不見日體，是黑是白，黄白黄赤，皆不能知，但以照熱光明，出没環運，諸作用事，而知有日。識亦如是，以諸作用而知有識。』大藥白佛言：『云何爲識作用？』佛言：『大藥，受覺想行，思憂苦惱，此爲識之作用。復有善、不善業，熏習爲種，作用顯識。』

「大藥白佛言：『云何識離於身，便速受身？識捨故身，新身未受，當尒之時，識作何相？』佛言：『大藥，如有丈夫，長臂勇健，著堅甲胄，馬疾如風，乘以入陣。干戈既交，心亂墜馬，武藝勁捷，還即跳上。識棄於身，速即受身，亦復如是。又如怯人，見敵怖懼，乘馬退走。識資善業，見天父母同座而坐，速託生彼，亦復如是。大藥，如汝所問：識棄故身，新身未受，當尔之時，識作何相？大藥，譬如人影現於水中，無質可取，手足、面目及諸形狀，與人不異。體質事業，影中皆無，無冷、無熱及與諸觸，亦無疲乏、肉段諸大，無言音聲〔二〕、苦樂之聲，識棄故身，新身未受，相亦復如是。大藥，是資善果生諸天者。』

「大藥白佛言：『云何識生地獄？』佛言：『大藥，行惡業者，入於地獄，汝當諦聽。大藥，此中衆生，積不善根，命終之時，作如是念：「我今此身死，棄捨父母親知所愛，甚大憂苦。」見諸地獄及見己身應合入者，見足在上，頭倒向下，又見一處，地純是血〔三〕。見此血已，心有味著，緣味著心，便生地獄。腐敗惡水臭穢因力，識託其中。譬如糞穢臭處，臭酪、臭酒，諸臭因力〔四〕，蟲生其中。入地獄者，託臭物生，亦復如是。』」

校注

〔一〕乃至：表示引文中間有删略。

〔二〕「無言音聲」，大乘顯識經作「無言聲、身聲」。

〔三〕「純是血」，原作「血純」，據大乘顯識經改。清藏本作「純血」。

〔四〕「力」，原作「有」，據清藏本、大乘顯識經改。「因力」，相對「緣力」而言，是萬物生成時的直接力量。

般若燈論云：「言從死有相續至生有時，如授經，如傳燈，如行印，如鏡像現，如空聲響，如水中日月影，如種子生芽，如人見酸口中生涎，如是後陰相續起時，無有中陰往來，傳此向彼，是故智者應如是解。」〔一〕

校注

〔一〕見波羅頗蜜多羅譯般若燈論釋卷一五觀世諦緣起品。

故知識託業現，境逐心生。刃利刀山，誰人鍛鍊？華含德水，非彼開敷。辯果知因，見末識本。故云心能作佛，心作衆生，心作天堂，心作地獄。心異則千差競起，心平則法界坦然。心凡則三毒縈纏，心聖則六通自在。心空則一道清浄，心有則萬境縱横。如谷應聲，語雄而響厲；似鏡鑒像，形曲而影凹。以知萬行由心，一切在我。内虚外終不實，外細内終不麁。善因終值善緣，惡行難逃惡境。蹈雲霞而飲甘露，非他所授；卧煙焰而噉膿血，皆自能爲。非天之所生，非地之所出，只在最初一念，致此昇沉。欲外安和，但内寧静，心虚境寂，念起法生，水濁波昏，潭清月朗，修行之要，靡出於斯。可謂衆妙之門，群靈之府，昇降之本，禍福之原。但正自心，何疑別境？

是以離衆生罪行、福行、不動行〔一〕，終無三界苦、樂果報。若離衆生見、聞、覺、知，豈有陰、處、界等境界？如大般若經云：「佛言：若夢、若覺，要於見聞覺知法中，有覺慧轉，由斯起染，或復起淨。若無見聞覺知法，無覺慧轉，亦無染淨。」〔二〕

校注

〔一〕罪行：又稱非福行，即造十惡等罪業。福行：修行十善等福業。不動行：又稱無動行，即修有漏禪定。因禪定不動，感果不動，故稱不動。龍樹造、鳩摩羅什譯大智度論卷三六：「佛或説十二因緣中三行：福行、罪行、無動行。『福行』者，欲界繫善業；『罪行』者，不善業；『無動行』者，色、無色界繫業。」

〔二〕見大般若波羅蜜多經卷三三〇。

故知夢、覺唯識，染、淨由心，前賢後學之所宗，千經萬論之同指。如楞伽經偈云：「衆生及瓶等，種種諸形相，内外雖不同，一切從心起。」〔一〕但一念不生，諸緣自斷。故云：一念心不生，六根摠無過。

又云：「一心不生，萬法無咎。」〔二〕如今「猒生患老，隨思隨造」〔三〕，捨妄除身，業果恒新。若能了生無生，知妄無妄，一念心寂，萬慮俱消，如云「畏影畏跡，逾走逾極，端坐樹陰，迹滅影沉」。是知悟心即休，更無異術。如祖師云：「〔三〕一切由心，邪正在己。不思一物，即是本心。智者能知〔四〕，更無別行。」〔五〕所以本師云：「此事唯我能知。」〔六〕

校注

〔一〕見大乘密嚴經卷中顯示自作品。

〔二〕見僧璨信心銘。

〔三〕出亡名息心銘，見續高僧傳卷七周渭濱沙門釋亡名傳。下一處引文同。

〔四〕「智者能知」，景德傳燈録作「非智所知」。

〔五〕按，此説見景德傳燈録卷二八洛京荷澤神會大師語，故此「祖師」者即神會。

〔六〕按，本師指釋迦牟尼佛。佛教以釋迦牟尼爲根本之教師，故稱。「唯我能知」者，如妙法蓮華經卷四授學無學人記品：「羅睺羅密行，唯我能知之。」正法念處經卷一三：「如是三種微細身業、口業、意業分分細知，若天世間、若魔世間、若梵世間、若沙門界、婆羅門界，如是天人不能如是分分細知，何況外道遮羅迦、波利婆闍迦而能得知？唯我能知，及我弟子若從我聞能如是知，微細三業分細分細如是皆知。」

音義

鍇，苦駭反。　妍，五堅反，美也。　媸，赤之反。　猗，於離反。　詎，居況反。　詐，側駕反。　呻，失人反，呻吟也。　眴，舒閏反。　糲，郎達反。

跳，徒聊反。　駛，疎吏反，速也。　姝，昌朱反。　竅，苦吊反，穴也。　隙，綺戟反，壁孔也。　炫，黄練反，明也。　焕，呼貫反。　胄，直祐反。　勁，居正反，勁健也。　捷，疾葉反。　腐，扶雨反，朽也，敗也。　厲，力制反，惡也。　凹，於交反。　蹈，徒到反，踐也。　噉，徒敢反。

戊申歲分司大藏都監開板

宗鏡録卷第七十六

慧日永明寺主智覺禪師延壽集

夫論一期真妄生死，約事而言，還有終始不？

答：第一義中，尚無生死，何有始終？順世諦門中，隨衆生見而妄説生死。如古德云「真妄相循，難窮初後」〔一〕者，釋云：「若言先妄後真，真則有始；若謂先真後妄，妄由何生？若妄依真起，真亦非真；若妄體即真，則妄亦無始。爲破始起，立無始言，始既不存，終從何立？無終無始，豈有中間？故中論云：『大聖之所説，本際不可得。生死無有始，亦復無有終。若無有始終，中當云何有？是故於此中，先後共亦無。』〔二〕真妄兩亡，方説真妄。真妄交徹，何定始終？」〔三〕

校注

〔一〕澄觀述大方廣佛華嚴經疏卷七：「漩澓者，水之漩流洄澓之處，一、甚深故，二、迴轉故，三、難渡故。法海漩澓亦然，一、唯佛能究故；二、真妄相循，難窮初後故；三、聞空謂空，則沈於漩澓。」

〔二〕見龍樹造、鳩摩羅什譯中論卷二觀本際品。

〔三〕見澄觀述大方廣佛華嚴經隨疏演義鈔卷二一。

問：如上所説，生死惡業無量無邊，纔了此心，得一切同時解脱不？

答：實有此理，全在當人。若障薄遮輕，直了直入，緣深機熟，頓悟頓修，如鏡净明生，雲開月朗。或垢濃習重，觀劣心浮，雖信解一心，行門難立。有八重妄想之垢，猶緻網稠林；具六種繫縛之門，若堅冰膠漆。若非大力，曷能解分？

如持地論云：妄想有八種：一、自性妄想，即執色等法各有自體；二、差別妄想，即執色等有可見不可見、對無對色差別；三、攝受積聚妄想，即於陰中執我、衆生，於軍、林〔一〕等中起定執實，此一分別，即前執人，後執於法；四、我見妄想，無我計我也；五、我所妄想，即執我用；六、有念妄想，即緣可愛净境分別；七、不念妄想，即緣可增不净境分別；八、俱相違妄想，即緣中容境分別〔二〕。

校注

〔一〕窺基撰成唯識論述記卷一：「軍謂四軍，林謂竹樹等。」四分律卷一五：「軍者，或一軍、二軍、三軍、四軍。（中略）四軍者，四象、四馬、四車、四步也，或象、馬、車、步也。」

〔二〕「如持地論云」至此，見敦煌遺書伯二〇四九寫卷維摩經疏卷三（收入大正藏册八五）。此説當出神楷維摩經疏。「持地論云」者，詳見菩薩地持經卷二方便處真實義品之餘。按，菩薩地持經，又稱持地論等。

約經論有六種縛。先論心境二種縛者：一、相應縛，二、所緣縛。煩惱是心、心所起，必託於心王，心所染心，名相應縛；心、心所法，俱能緣境，境不離繫，名所緣縛〔一〕。次三界中四種縛者：一、貪，二、嗔，三、見取，四、戒取。貪、嗔二縛，不令衆生出於欲界，論家舉喻，如守獄卒〔二〕。見取、戒取二縛，不令有情出色、無色界。何者？見取，執劣爲勝，執非想非非想處及無想天，執爲解脱涅槃，名爲見取；戒取者，非因計因，執非想定及無想定并鷄戒〔三〕爲生天因、解脱因，名戒禁取。由此二縛，令諸有情不得出色、無色界。

校注

〔一〕遁麟述俱舍論頌疏記卷一：「言相應縛者，謂煩惱與心、心所相應染縛心、心所也；言所緣縛者，謂能緣惑縛所緣境也。」

〔二〕玄奘譯阿毗達磨俱舍論卷二一：「何等爲五？謂有身見、戒禁取、疑、欲貪、瞋恚。何緣此五名順下分？此五順益下分界故。謂唯欲界得下分名，此五於彼能爲順益。由後二種不能超欲界，設有能超，由前三還下，如守獄卒、防邏人故。」阿毗達磨大毗婆沙論卷四九：「有五結，謂貪結、瞋結、慢結、嫉結、慳結。（中略）謂初二結，猶如獄卒；後之三結，如防邏者。如有罪人禁在牢獄，有二獄卒恒守禦之，不令輒出，復有三人常爲防邏。彼人設以親友財力傷害獄卒，走出遠去，三防邏者還執將來，閉置牢獄。此中牢獄即喻欲界，罪人即喻愚夫異生，二獄卒者喻初二結，三防邏人喻後三結。」

〔三〕非想定：即「非想非非想定」，欲得生無色界之最頂非想非非想處的果報而修的禪定。無想定：欲得生無想天的果報而修的禪定。阿毗達磨俱舍論卷五：「修無想定，爲何所求？謂求解脱。彼執無想是真解脱，爲求證彼，修無想定。」　鷄戒：外道苦行之一。大乘理趣六波羅蜜多經卷三：「或有外道，常持雞戒，散食在地，以足撥取，口拾而食，知時而鳴。」隋慧遠述大般涅槃經義記卷一〇：「烏雞戒等，非真滅因，妄謂是因，是故名爲非因見因。」

如上妄想繫縛，除上根頓修外，即須約地位現觀之力。如經所明，現觀有六，現謂現前，觀謂觀察，即真理常現在前，妙智恒能觀察，不令間斷，任運相應。瑜伽論云：一、思現觀，謂上品思慧，引生煖等四加行道〔一〕中觀察諸法，名爲現觀。二、信現觀，謂緣三寶世間、出世間浄信，此助現觀，令不退轉，立現觀名。三、戒現觀，謂道共無漏戒，能除破戒垢，令觀增明，亦名現觀。四、智諦現觀，謂正體、後得二智緣真、俗。真、俗，二諦也。五、邊現觀，謂智諦觀後，觀諸緣安立世、出世智。六、究竟現觀，謂盡、無生等究竟位智〔二〕。

校注

〔一〕加行道：加功力進修之道，即加行位。玄奘譯成唯識論卷七：「加行位，謂煖、頂、忍、世第一法，近能引發根本位故。」卷九：「加行位，謂修大乘順決擇分。」「煖、頂、忍、世第一法，此四總名順決擇分，順趣真實決擇分故。近見道故，立加行名。」窺基成唯識論述記卷九：「位名加行道，近見道故，即是見道之加行故。舊言『方便道』，今言『加行』，顯與佛果善巧差別，因中行未圓足，所行必須加功求後勝果，果上萬行既滿，所行唯是方便利益有情，顯此二別，此名加行。」瑜伽師地論卷一〇〇攝事分中本母事序辯攝：「加行道者，謂爲斷惑，勤修加行。」澄觀述新譯華嚴經七處九會頌釋章：「言加行者，加功用而行趣見道，故名加行。即此位亦名順決擇分。言決擇者，體即是智，決簡於疑，疑不決故。擇簡於見，見不擇故。智異於彼，故名決擇。分者支分，此決擇體，即是見道，七覺支中，是其一支，故名爲分。順者，趣向欣求之義。加行位煖等善根，欣求趣向彼決擇分，故煖等善，名順決擇。（中略）然加行位有四別位：一、煖，二、頂，三、忍，四、世第一法。言煖者，此位菩薩初得見道火之前相，故名爲煖。見道體即能斷煩惱，如火燒薪，故喻於火。煖位菩薩未得火體，而得火相，故名煖也。」

〔二〕玄奘譯瑜伽師地論卷一〇：「此三種雜染，謂煩惱雜染、業雜染、生雜染，爲欲斷故，修六種現觀。應知何等爲六？謂思現觀、信現觀、戒現觀、現觀智諦現觀、現觀邊智諦現觀、究竟現觀。」顯揚聖教論卷一七成現觀品第八之餘：「當知現觀差別復有六種：一、思現觀，二、信現觀，三、戒現觀，四、現觀智諦現觀，五、現觀邊智諦現觀，六、究竟現觀。問：思現觀以何爲體？答：以上品思所生慧爲體，或彼俱行菩提分法爲體。問：信現觀以何爲體？答：以上品世、出世緣三寶浄信爲體，或彼俱行菩提分法爲體。

問：戒現觀以何爲體？答：以聖所愛身、語等業爲體，或彼俱行菩提分法爲體。問：現觀智諦現觀以何爲體？答：以緣非安立諦聖慧爲體，或彼俱行菩提分法爲體。問：現觀邊智諦現觀以何爲體？答：以緣安立諦聖慧爲體，或彼俱行菩提分法爲體。問：究竟現觀以何爲體？答：以盡智、無生智等爲體，或彼俱行菩提分法爲體。」

古釋：前思現觀，資糧〔一〕、加行所有智慧，但能伏，未能斷也；初地已上，信、戒、智諦及邊現觀當地即斷，後地即伏；究竟一觀，非伏非斷。此斷有二：一、共相斷，二、自相斷。若斷惑證理之時，作空行相〔二〕及無我行相，即名共相。爲空、無我該通四諦故，名共相斷；若斷惑證理之時，作真如寂滅行相，不通諸諦，唯在滅諦，名自相斷。

校注

〔一〕資糧：即資糧位。玄奘譯成唯識論卷九：「資糧位，謂修大乘順解脱分。」「從發深固大菩提心，乃至未起順決擇識，求住唯識真勝義性，齊此皆是資糧位攝。爲趣無上正等菩提，修習種種勝資糧故。爲有情故，勤求解脱，由此亦名順解脱分。」澄觀述新譯華嚴經七處九會頌釋章：「言資糧者，資益己身之糧，名爲資糧。欲趣菩提，要資於行。此位創修入佛之因，名資糧位，即此位亦名順解脱分。言解脱者，所謂涅槃。離煩惱縛，名爲解脱。即所求果，順者不違，分者因義，即所修行不違於果，是果之因，名解脱分。」詳見本書卷八七。

〔二〕行相：一切心、心所在認識對象時的狀態。窺基撰成唯識論述記卷三：「相者，體也，即謂境相。行於境相，名爲行相。或相謂相狀，行境之相狀名爲行相。」

又有三種斷：一、自性斷，如燈破闇，智慧起時，煩惱闇障自性應斷；二、不生斷，謂得初地法空之時，能令三塗惡道苦果永更不生，人中無根〔一〕、二形〔二〕、北州〔三〕、無想天〔四〕等種子不生後果，名不生斷也；三、緣縛斷者，但斷心中之惑，於外塵境不起貪嗔，於境雖緣而不染著，名緣縛斷也。於三斷之中，自性、不生此二任運能斷，皆由緣縛一斷，能令三界因果不生。

校注

〔一〕無根：没有生殖器者。

〔二〕二形：謂男女二形，兼有男、女二種生殖器者。

〔三〕北州：四大洲中北方之洲，音譯「鬱單越」等。玄應一切經音義卷一二：「鬱單越，或言『鬱怛羅越』，或言『鬱多羅拘樓』，或言『郁多羅鳩留』，正言『鬱怛羅究琉』，此譯言『高上作』，謂高上於餘方也。亦言『勝』。鳩琉，此云『作』，亦云姓也。不詳何義立名。」起世因本經卷二鬱多囉究留品下：「於中有何因緣，説彼名曰鬱多囉究留洲？諸比丘，其鬱多囉究留洲，於四天下，比餘三洲，最上、最妙、最勝，彼故説鬱多囉究留洲爲鬱多囉究留洲也。」生此處者，其人壽千歲，命無中夭，貪著享樂而不受教化，是以聖人不出其中，不得見佛聞法。

〔四〕無想天：色界天之一，無想有情所居。玄奘譯成唯識論卷七：「無想天者，謂修彼定，厭麁想力，生彼天中，違不恒行心及心所，想滅爲首，名無想天，故六轉識於彼皆斷。」外道修行者多生此處，障於見佛聞法。

又，古釋：「智障，有其三門：一是智障，所謂分別有無之心；二是體障，謂觀非有非無之解，立己能知〔一〕，故曰體障；三是治想，謂妄識中合〔二〕如正慧。依此地有其三：初一〔三〕，四地乃至七地斷除。四、五、六地，斷除分別取有之心，謂解法慢、身浄慢等〔四〕；入七地時，斷除分別取無之心。八地已上，斷除體障。前第七地雖除分別有無之心，猶見己心以爲能觀，如爲所觀。其所觀如不即心，能觀之心不即如，心、如別故，心外求法，故有功用；法外立心，故有體障。從第七地入八地時，破捨此障，觀察如外由來無心，心外無如。如外無心，心不異如；心外無如，如不異心〔五〕。故能如心泯同法界，廣大不動。以不異故，自外推求，故捨功用，不復如外建立神智，故滅體障。體障滅故，名無障想。第三治想，至佛方滅，故入八地雖無障想，而有治想。從〔六〕八地已上，無生忍體轉轉寂滅，令彼治想運運自亡，至佛乃窮。」〔七〕

校注

〔一〕「知」，原作「者」，據大方廣佛華嚴經隨疏演義鈔及本書卷八二引改。

〔二〕「合」，大方廣佛華嚴經隨疏演義鈔作「含」。

〔三〕初一：指智障。

〔四〕十地經論卷一：「何故定説菩薩十地？對治十種障故。何者十障？一者、凡夫我相障；二者、邪行於衆生身等障；三者、闇相於聞思修等諸法忘障；四者、解法慢障；五者、身浄我慢障；六者、微煩惱習障；七者、細相習障；八者、於無相有行障；九者、不能善利益衆生障；十者、於諸法中不得自在障。」隋慧遠撰大乘義章卷六十障義四門分别：「解法慢者，此對四地出世真證，説三地中解心爲障。此解當地雖能解法，取相而知，名解法慢，慢故是障。前三地中，以我、邪行、闇忌爲障，今此何故説解爲障？彼前三地，世間行故，以福捨罪；四地已上，出世行故，以智捨相，是故不類。身浄慢者，此對五地十平等心。以彼四地，取浄爲障。前四地中，得浄法身，取身浄相名爲我慢，慢故是障。」

〔五〕隋慧遠撰大乘義章卷三八識義十門分别：「觀心外無别如理，如理之外亦無别心。如外無心，心不異如；心外無如，如不異心。心不異如，照而常寂；如不異心，寂而常照。」

〔六〕「從」，原作「行」，據清藏本及大方廣佛華嚴經隨疏演義鈔改。

〔七〕見澄觀述大方廣佛華嚴經隨疏演義鈔卷六九。又，隋慧遠撰大乘義章卷五二障義兩門分别：「智障有三：一是智障，所謂分别空有之心。二是體障，所謂建立神智之體。相狀如何？謂彼緣智正觀諸法非有非無，捨前分别有無之礙。雖捨分别有無之礙，而猶見己以爲能觀，如爲所觀，見己能觀，心與如異；

如爲所觀，如與心別。由見已心與如別故，未能泯捨神智之礙，説爲體障。三是治想，通而論之，向前二種俱是治想，但此一門，治中究竟，偏與治名。然此治想，亦是緣智對治破前神智之礙，實心合如。雖復合如，論其體性，猶是七識生滅之法，障於真證，無生滅慧，故名爲障。障別如此，治斷云何？始從四地乃至七地，斷除智障。入第八地，斷除體障。八地已上，至如來地，斷除治想。云何斷智？四、五、六地，觀空破有，捨離分別取有之智，故地論中廣明。四地觀察諸法不生不滅，捨離分別解法慢心；第五地中，觀察三世佛法平等，捨離分別身淨慢心；第六地中，觀法平等，捨離分別染淨慢心。此皆觀空，破取有心。第七地中，觀諸法如，捨前分別取空之心，離如是等，名斷智障。云何八地斷除體障？前七地中，雖觀法如，猶見已心以爲能觀，如爲所觀。以是見故，心與如異，不能廣大任運不動。入第八地，破此智礙，觀察如外由來無心，心外無如。如外無心，無心異如；心外無如，無如異心。無心異如，不見能知；無如異心，不見所知。能所既亡，泯同一相，便捨分別功用之意。捨功用故，行與如等廣大不動，名入八地。此德成時，名斷體障。云何八地至如來地斷除治想？向前八地斷除體障，治想猶存。故八地云：此第八地，雖無障想，非無治想。然此治想，八地已上漸次斷除，至佛乃盡。」

故知萬境雖空，須得無心契合，不可口雖説空，行在有中。境、智相應，能、所冥合，方能解縛，隨順無生耳。纔生取著，便成魔業。

如華嚴經云：「佛子，菩薩摩訶薩有十種魔。何等爲十？所謂蘊魔，生諸取故；煩惱魔，恒雜染故；業魔，能障礙故；心魔，起高慢故；死魔，捨生處故；天魔，自憍縱故；善根魔，恒執取故；三昧魔，久耽味故；善知識魔，起著心故；菩提法智魔，不願捨離故。是爲十。菩薩摩訶薩應作方便，速求遠離。」〔一〕

疏釋云：「一蘊魔者，身爲道器，體與佛同，豈即是魔？蘊魔之名，特由取著。下九例尔，皆以下句釋成魔義。是知以心分別，萬法皆魔，何但此十？故舉菩提法智，以勝況劣。不以心分別，一切皆佛，豈捨魔界求佛界耶？然四魔直就體明，十魔多約執取，十表無盡故。菩提法者即所證，智是能證，能、所冥合，故名菩提。若不捨於分別菩提之見，即是魔矣。」〔二〕

校注

〔一〕見實叉難陀譯大方廣佛華嚴經卷五八。

〔二〕見澄觀撰大方廣佛華嚴經疏卷五三。

若入宗鏡，分別自亡，既無能證之心，亦無所證之理。又，華嚴經云：「無有少法爲智所入，亦無少智而入於法。」〔一〕是以駕一智箭，破衆魔軍；揮一慧刀，斬群疑網。斯乃宗鏡之力，餘何言哉！若不悟自心，未達斯旨，雖修智業〔二〕，不入圓常；縱練行門，唯增我慢。

以未達一際法門故，但生分别，長養無明。如經云：「若分别是聲聞法，是緣覺法，是菩薩法，是諸佛法，此名爲浄，此名不浄，此名爲道，此名非道，是名菩薩憍慢。」〔三〕

校　注

〔一〕見實叉難陀譯大方廣佛華嚴經卷二五。

〔二〕「業」，諸校本作「慧」。智業爲體達智慧之業，其他一切功德業爲福業。於布施、持戒、忍辱、精進、禪定、智慧等六度中，前五屬於福業，智慧屬於智業。又，智業爲五業之一。世親無量壽經論：「如向所説身業、口業、意業、智業、方便智業，隨順法門故。」曇鸞注曰：「身業者，禮拜也；口業者，讚歎也；意業者，作願也；智業者，觀察也；方便智業者，迴向也。言此五種業和合，則是隨順往生浄土法門，自在業成就，利行滿足者。」

〔三〕見菩薩善戒經卷一菩薩地序品。

若入宗鏡，智行俱成，我慢山崩，貪癡水竭，勝負情盡，差别業亡。如弄珠吟云：「消六賊兮爍四魔，摧我山兮竭愛河。龍女靈山親獻佛〔一〕，貧兒衣裏枉〔二〕蹉跎。」〔三〕

校　注

〔一〕按，此用「龍女獻寶」典，詳見妙法蓮華經卷四提婆達多品。本書卷一四有引。

〔二〕「裏枉」，景德傳燈録作「下幾」。按，此句謂人人皆具佛性而不自知，猶如貧兒衣裏有珠卻不被知曉。詳見妙法蓮華經卷四五百弟子受記品。

〔三〕見丹霞和尚弄珠吟。丹霞和尚，釋天然，傳見祖堂集卷四、宋高僧傳卷一一唐南陽丹霞山天然傳、景德傳燈録卷一四鄧州丹霞山天然禪師等。其弄珠吟，見祖堂集卷四丹霞和尚、景德傳燈録卷三〇丹霞和尚翫珠吟二首等。其中「消六賊兮爍四魔，摧我山兮竭愛河」，祖堂集作「燒六賊、爍四魔，能摧我山竭愛河」，景德傳燈録作「燒六賊、爍衆魔，能摧我山竭愛河」。

問：五陰一法，即妄即真，既作塵勞生死之門，又成出世菩提之道。今且推妄，生死無從。經云：此陰纔滅，彼陰便生〔一〕。既唯識無人，前陰滅，後陰如何得生？

答：五陰性空非常，相續不斷，不常不斷，即是正因。如華嚴疏云：「五蘊相續，即是正因，亦名生因。言正因者，是中道義，中道即是佛性。謂現在陰滅，中陰陰生。是現在陰終不變爲中陰五陰，故現陰非常。如種生芽，種不至芽，雖不至芽而能生芽。此現在陰雖不至後而能生後，則現陰非斷。而中陰五陰，亦非自生，不從餘來，因現五陰，生中陰陰。斯則後陰非無因故，後陰非常；既能續前故，後陰非斷。非斷、非常，是中道義，正因性也。」〔二〕

校注

〔一〕大般涅槃經卷二九：「此陰滅時，彼陰續生。」澄觀撰大方廣佛華嚴經疏卷一三：「此陰纔滅，彼陰續生。」

〔二〕見澄觀撰大方廣佛華嚴經疏卷一七。

又，依台教，略有九種五陰，皆無自體，唯逐心生。是以華嚴經頌云：「一切衆生界，皆在三世中，三世諸衆生，悉住五藴中。諸藴業爲本，諸業心爲本，心法猶如幻，世間亦如是。」〔一〕

九種五陰者，一期色心，名果報五陰；平平想受，無記五陰；起見、起愛者，二種穢污五陰；動身、口業，善、惡兩種五陰；變化示現，工巧五陰；五善根人，方便五陰；證四果者，無漏五陰〔二〕。如是種種，原從心出。正法念經云：如畫師手畫出五綵，黑、青、赤、黃、白、白白。畫手譬心，黑色譬地獄，青譬鬼，赤譬畜，黃譬脩羅，白譬人，白白譬天〔三〕。此六種陰，止齊界内。若依華嚴經云：「心如工畫師，畫種種五陰。」〔四〕界内、界外，一切世間中，莫不從心造。世間色、心尚叵窮盡，況復出世，寧可凡心知？凡眼瞖，尚不見近，那得見遠？弥生曠劫，不覩界内一隅，況復界外邊表？如渴鹿逐燄，狂狗齩雷，何有得理？所以龍樹破五陰一、異，同時、前後，皆如餤、幻、響、化，悉不可得〔五〕，寧更執於王、數同時、異時耶？然界内、外一切陰、入，皆由心起。佛告比丘：一法攝一切法，所謂心是〔六〕。論偈云：一切世間中，但有名與色。若欲如實觀，但當觀名色〔七〕。心是惑本，其義如是〔八〕。

校注

〔一〕見實叉難陀譯大方廣佛華嚴經卷一〇。

〔二〕按，此爲智顗説、灌頂記摩訶止觀卷五上所立「九種五陰」。隋慧遠大乘義章所立「九種五陰」，不盡相同：「陰别有九，相從爲三。所言九者，一、生得善陰，二、方便善陰，三、無漏善陰，四、不善五陰，五、穢污五陰，六、報生五陰，七、威儀五陰，八、工巧五陰，九、變化五陰。（中略）相從三者，初三是善，次一不善，後五無記。」詳見大乘義章卷八五陰義七門分别。

〔三〕參見正法念處經卷五生死品。

〔四〕見佛陀跋陀羅譯大方廣佛華嚴經卷一〇。

〔五〕見龍樹造、鳩摩羅什譯中論卷三觀法品：「若我是五陰，我即爲生滅；若我異五陰，則非五陰相。若無有我者，何得有我所？滅我、我所故，名得無我智。得無我智者，是則名實觀；得無我智者，是人爲希有。内外我、我所，盡滅無有故，諸受即爲滅，受滅則身滅。」大智度論卷四二：「我不得如夢五陰集散，我不得如響、如影、如焰、如化五陰集散。」又卷八八：「菩薩摩訶薩住五陰如夢、如響、如影、如焰、如幻、如化，住是中行布施、持戒、修忍辱、勤精進、入禪定、修智慧。知是五陰實如夢、如響、如影、如焰、如幻、如化，五陰如夢無相，乃至如化無相。」

〔六〕智顗説妙法蓮華經玄義卷二上：「數者，經論或明一法攝一切法，謂心是：三界無别法，唯是一心作。」

〔七〕龍樹造、鳩摩羅什譯大智度論卷二七：「若欲求真觀，但有名與色。若欲審實知，亦當知名色。」

〔八〕「九種五陰者」至此，詳見智顗説、灌頂記摩訶止觀卷五上。

輔行記云：「若示不思議境體，觀心即足，以心徧故，攝餘法。又，非但心攝一切，亦乃一切攝心。故四念處觀云：非但唯識，亦乃唯色、唯聲等〔一〕。今從廣之狹，正示境體，陰、界、入三，並可爲境。以寬縵難示，故從指的，略二界入就陰，如去丈就尺；略四陰從識陰，如去尺就寸。以由界入，所攝寬多，陰唯有爲。有爲之中，義兼心、色，故置色存心，心名復含心及心所。今且觀心王，置於心所，則一念心，十界三科如丈，一界五陰如尺，唯在識心如寸。若達心具一切法已，方能度入一切色心。如一一尺，無非是寸；及一一丈，無非是尺。是故丈、尺，全體是寸。」〔二〕

校注

〔一〕智顗説、灌頂記四念處卷四：「若圓説者，亦得唯色、唯聲、唯香、唯味、唯觸、唯識。」

〔二〕見湛然述止觀輔行傳弘決卷五之二。

故知若真諦、若俗諦，若有爲、若無爲，一刹一塵，無非心矣。今宗鏡撮其樞要，蓋爲斯焉。

今但觀識陰。識陰者，心是也。既從心生，非空非有，不生不滅，無住無依，於生死業果之門，不可思議，以因緣和合，相似相續，如有主宰。諸趣往來，至理窮之，畢竟無體。如磁石吸鐵，明鏡現像，此皆法尔，豈有情乎？

般若假名論云：「諸蘊循環受諸異趣名爲取者，是中無人能取諸趣，捨於現蘊而受後蘊，如去故衣而著新衣。然依俗諦，譬如因質而現於像，質不至像而有像現。由前蘊故，後蘊續生，前不至後而後相續，是故菩薩無取者想。」〔一〕

校注

〔一〕見功德施造、地婆訶羅譯金剛般若波羅蜜經破取著不壞假名論卷上。

大涅槃經云：「如蠟印印泥，印與泥合，印滅文成，文非泥出，不餘處來，以印因緣，而成是文。」經合喻云：「現在陰滅，中陰陰生。是現在陰，終不變爲中陰五陰，亦非自生，不從餘來。因現陰故，生中陰陰。」譬合云：「如印印泥，印滅文成，名雖無差而時節各異。是故我說中陰五陰，非肉眼見，天眼所見。」〔一〕

釋曰：現陰如印，中陰生處義之如泥。現在陰滅，名爲印壞；中陰陰起，名爲文成。於此復以中陰爲印，業逼受胎名爲印泥。中陰陰滅，名爲印壞；未來陰起，名爲文成。業種未斷，文復爲印，印復爲文，文印相成，不可窮已〔二〕。

校注

〔一〕見大般涅槃經卷二九。又，止觀輔行傳弘決引云「大經卷二十七云」，即南本涅槃經。

〔二〕「大涅槃經云」至此，見湛然述止觀輔行傳弘決卷五之二。

生死不斷，法喻可知。又如燈燄，前燄引後燄，後燄續前燄，相續不斷，似常似一。凡夫不達，或執生死爲常，不知前燄無體，因後燄續起；後燄無體，仗前燄引生。燄燄皆虚，自性寂滅。此一念心，亦復如是，新新生滅，續續輪迴，乃至一念不住，猶如燈燄。不細觀察，執此生滅爲一爲常。又不了前燄纔滅，後燄續生，念念相續，未曾間滅，或執生死爲斷。若深達因緣之理，自然不落斷常。何者？以因緣無性，不可得故非常；以無性因緣，能相續故非斷。

又，此五陰只是一法，若執成斷常，是凡夫見；若破析成空，是藏教人；若了陰無性，體此成空，是通教人；若悟此五陰不空，具足佛法，修智斷惑次第生起，是別教菩薩；若了此即真，更無別法，念念圓滿具十法界，即圓教菩薩。如薄運者覩金成蛇，厚福人捉石爲寶〔一〕，法無高下，人自昇沉耳，但不造貧富業，終無勝劣報。如大智度論偈云：「先世業自作，轉爲種種形。虚空不受害，無業亦如是。」〔二〕

校注

〔一〕智顗説、灌頂記四念處卷二：「凡夫爲苦爲惱，二乘緣不浄、無常出生死。菩薩觀陰即是，於真更無別理。如薄福者覩金成蛇，爲之所害；福人見寶，得而用之。」

〔二〕龍樹造、鳩摩羅什譯大智度論卷五：「先世業自作，轉爲種種形，業力最爲大，世間中無比。（中略）如風不入實，水流不仰行，虚空不受害，無業亦如是。」此處同湛然述止觀輔行傳弘決卷七之三引，或據之轉引。

問：生死相續，由諸習氣〔一〕。有幾習氣，能成輪轉？

答：古釋習氣自體，揔有三義。習氣者，與種子名異體同，習氣即約熏習時而論，種子即對現行立号，都有三義：一、種子名習氣，氣者氣分，習謂熏習，由彼現行熏習，得此氣分故；二、現行亦名習氣，謂都由種子能生現行，是種子家之氣分；三、習氣名習氣，如裹香紙而有氣分。

校注

〔一〕習氣：即餘習，也就是煩惱的殘餘。

唯識論云：「而熏本識起自功能，即此功能説爲習氣。」〔一〕功能者，是習氣義，體即種子。略有三種習氣：一、名言習氣，二、我執習氣，三、有支習氣。「一、名言習氣，謂有爲法各别親種。名言有二：一、表義名言，即能詮義音聲差别；二、顯境名言，即能了境心、心所法。隨二名言所熏成種，作有爲法，各别因緣。二、我執習氣，謂虚妄執我、我所種。我執有二：一、俱生我執，即修所斷我、我所執；二、分别我執，即見所斷我、我所執。隨二我執所熏成種，令有情等自、他差别。三、有支習氣，謂招三界異熟業種。有支有二：一、有漏善，即是能招可愛果業；二、諸不善，即是能招非愛果業。隨二有支所熏成種，令異熟果善、惡趣别。應知我執、有支習氣於差别果是增上緣。前云生〔二〕死因、業習氣者〔三〕，應知即是有支習氣。二取習氣應知即是我執、名言二種習氣，取我、我所及取名言而熏成故，皆説名取。」〔四〕

校注

〔一〕見玄奘譯成唯識論卷八。

〔二〕「生」，原作「空」，據諸校本改。玄奘譯成唯識論卷八：「生死相續，由諸習氣。」

〔三〕「前云生死因、業習氣者」，成唯識論作「此頌所言業習氣者」。「此頌」者，即此段引文之前的頌：「由諸業習氣，二取習氣俱，前異熟既盡，復生餘異熟。」

〔四〕見玄奘譯成唯識論卷八。

釋云：「表義名言」者，唯第六識能緣其名，能發其名，餘皆不緣，亦不能發。即唯詮義音聲之差別，簡非詮表聲。彼非名言故，名唯無記。然名是聲上屈曲差別，唯無記性，不能熏成色、心等種。然因名故，心隨其名，變似五蘊、三性法等，而熏成等〔一〕種，因名起種，号名言種。一切熏種，皆由心、心所。心、心所種，有因外緣，有不依外者。不依外者，名顯境名言；若依外者，名表義名言。分二別，然名自體不能熏種。「顯境名言」者，即能了境心、心所法，即是一切七識見分等心，非相分心，不能顯境故〔二〕。

校注

〔一〕「等」，成唯識論述記無。

〔二〕「釋云」至此，詳見窺基撰成唯識論述記卷八。

是以分段生死，從正使〔一〕有，即是凡夫；若變易生死，從習氣生，即是二乘〔二〕。雖斷正使，不斷習氣，於中有二：一、煩惱習氣，二、業習氣。一、煩惱習氣者，如難陀有欲習，往昔數生身爲國王，習近五欲故〔三〕。舍利弗有嗔習，往昔數生曾受蝎身〔四〕。畢陵伽婆蹉有慢習，往昔數生身是大婆羅門，博學多才，我慢輕物〔五〕。乃至槃特比丘有癡餘習〔六〕等。二、業習氣者，如牛呞比丘，往昔是牛身，林間奔走，觸著遺棄故破袈裟。以是因緣，雖獲道果，以業習故，使之然也〔七〕。又如迦葉聞琴起舞〔八〕，阿難常好歌吟〔九〕，俱以往昔曾爲樂人，以業習之餘故。若煩惱餘習〔一〇〕，是變易緣；有業餘習〔一一〕，是變易因。感變易生死，即是果報〔一二〕。此二乘人，未得如來一心三點涅槃〔一三〕，於無學位，雖見、修惑〔一四〕盡，所有無知，皆是無明之餘習，亦名無明住地〔一五〕，亦名所知之障，亦名塵沙無知。

校注

〔一〕正使：是驅使衆生三界流轉的煩惱主體。使，即煩惱。法界次第初門卷上之上十使初門第九：「使以驅役爲義，能驅役行者心神，流轉三界，故通受使名。」

〔二〕從習氣生，即是二乘：二乘不能斷餘習，唯佛能斷之。大智度論卷二：「阿羅漢、辟支佛雖破三毒，氣分不盡，譬如香在器中，香雖去，餘氣故在。又如草木薪，火煙燒出，炭灰不盡，火力薄故。佛三毒永盡無餘，譬如劫盡，火燒須彌山，一切地都盡，無煙無炭。如舍利弗瞋恚餘習，難陀婬欲餘習，畢陵伽婆蹉慢餘習。譬如人被鎖，初脱時，行猶不便。」

〔三〕龍樹造、鳩摩羅什譯大智度論卷二四：「欲名信喜好樂。好五欲，如孫陀羅難陀等。」法雲撰法華經義記卷一：「孫陀羅難陀，是佛小弟，其人在俗有婦名孫陀利，今舉其婦標之，令知是小弟也。其人雖得羅漢，但餘習未盡，於祇陀林中常行不等之心，現在作羯磨師，過去有分魚等事也。」

〔四〕龍樹造、鳩摩羅什譯大智度論卷二四：「如舍利弗瞋習故，聞佛言舍利弗食不净食，即便吐食，終不復受請。」卷二：「昔有一國王，爲毒蛇所噛，王時欲死，呼諸良醫，令治蛇毒。時諸醫言：『還令蛇嗽，毒氣乃盡。』是時諸醫各設呪術，所噛王蛇即來王所。諸醫積薪燃火，敕蛇還嗽汝毒，若不爾者，當入此火。毒蛇思惟：『我既吐毒，云何還嗽？此事劇死。』思惟心定，即時入火。爾時毒蛇，舍利弗是。世世心堅，不可動也。」此云「蝎身」者，蝎、蛇皆爲毒蟲，經中多連用故。

〔五〕智顗説妙法蓮華經文句卷二上：「畢陵伽婆蹉，此翻『餘習』，五百世爲婆羅門，餘氣猶高，過恒水：『咄！小婢駐流。』恒神爲之兩派。神往訴佛，佛令懺謝，即合手：『小婢莫瞋。』大衆笑之，懺而更罵。佛言：『本習如此，實無高心。』增一云：樹下苦坐，不避風雨者，婆蹉比丘第一。」

〔六〕槃特：即周利槃特，或作祝利般咃。分别功德論卷五：「祝利者，極闇也。此比丘精神疏鈍，佛教使誦掃箒，得箒忘掃、得掃忘箒。六年之中，專心誦此，意遂解悟，而自惟曰：『箒者篲、箒者除。篲者即喻八正道，糞者三毒垢也。以八正篲掃三毒垢，所謂掃箒義者正謂此耶？』深思此理，心即開解，得阿羅漢道。」

〔七〕法雲撰法華經義記卷一：「憍梵波提者，外國名，此間言牛呞比丘。此人雖得羅漢，猶有二事似牛：一者、口中空喘，二者、其脚跡似牛蹄，常被諸比丘譏笑，如來神力接置梵宮，然諸天不笑，故接置天宮，仍説往緣，謂此人昔日五百世常作牛王，是故無量壽經言尊者牛王，即其人也。」窺基撰妙法蓮華經玄贊卷一末：「梵云『笈房鉢底』，此云『牛相』；『憍梵波提』，訛也。過去因摘一莖禾，數顆墮地，五百生中作牛償他，今雖人身，尚作牛蹄牛呞之相，因號爲牛相比丘。」

〔八〕龍樹造、鳩摩羅什譯大智度論卷一一：「又如甄陀羅王與八萬四千甄陀羅來到佛所，彈琴歌頌，以供養佛。爾時，須彌山王及諸山樹木、人民、禽獸一切皆舞。佛邊大衆，乃至大迦葉，皆於座上不能自安。是時，天須菩薩問長老大迦葉：『耆年舊宿行十二頭陀法之第一，何以在座不能自安？』大迦葉言：『三界五欲，不能動我。是菩薩神通功德果報力故，令我如是，非我有心不能自安也。譬如須彌山，四邊風起，不能令動，至大劫盡時，毗藍風起，如吹爛草。』」卷一七：「如聲聞聞緊陀羅王屯崙摩彈琴歌聲，以諸法實相讚佛。是時，須彌山及諸樹木皆動。大迦葉等諸大弟子，皆於座上不能自安。天須菩薩問大迦葉：『汝最耆年，行頭陀第一，今何故不能制心自安？』大迦葉答曰：『我於人天諸欲，心不傾動，是菩薩無量功德報聲，又復以智慧變化作聲，所不能忍。若八方風起，不能令須彌山動，劫盡時，毗藍風至，吹須彌山，令如腐草。』」詳見大樹緊那羅王所問經。

〔九〕隋慧遠撰大乘義章卷一三：「小乘定淺，可爲緣動，故龍樹説大樹緊那羅王鼓瑠璃琴，迦葉起舞，阿難歌吟，以定淺故。如諸菩薩，禪定深静，乃至天雷不能發動。」

〔一〇〕煩惱餘習：即煩惱的殘餘，謂二乘之人雖已斷除煩惱障，然所知障尚未斷除，微細煩惱尚未滅盡。

〔一一〕有業餘習：謂二乘之人雖已斷除一切有漏業，然仍受變易身而殘餘無漏業。

〔二〕按，此即果報餘習。二乘之人雖已斷除煩惱障，滅盡有漏業，入於無餘涅槃而灰身滅智，然因尚未斷除所知障、滅盡無漏業，未斷捨變易身，猶殘餘變易之果報。真諦譯佛性論卷三辯相分第四中總攝品第五：「二乘人有三種餘：一、煩惱餘，謂無明住地；二、業餘，即無漏業；三、果報餘，謂意生身。一煩惱餘應滅，二道餘應修，三虛妄餘應除，如來已離虛妄，説名無餘。二乘未離，故名爲餘。」

〔三〕三點涅槃：大般涅槃經中所説具有解脱德、法身德和般若德的大涅槃。大般涅槃經卷二：「我今當令一切衆生及以我子四部之衆，悉皆安住祕密藏中，我亦復當安住是中入於涅槃。何等名爲祕密之藏？猶如伊字三點，若並，則不成伊，縱亦不成；如摩醯首羅面上三目，乃得成伊三點，若別亦不得成。我亦如是，解脱之法亦非涅槃，如來之身亦非涅槃，摩訶般若亦非涅槃，三法各異亦非涅槃。我今安住如是三法，爲衆生故，名入涅槃，如世伊字。」

〔四〕見、修惑：是三界煩惱之通稱。見惑者，各種妄見，是邪分別計度道理而起之我見、邊見等妄惑；修惑，修道時所斷之貪、瞋、癡等煩惱。又稱思惑，是凡夫思慮世間事物而起之貪、瞋、癡等妄惑。

〔五〕無明住地：三界一切無明是一切煩惱的根本。根本煩惱能生枝末煩惱，故名住地。

又，菩薩約化門有十種習氣。華嚴經離世間品云：「佛子，菩薩摩訶薩有十種習氣。何等爲十？所謂菩提心習氣、善根習氣、教化衆生習氣、見佛習氣、於清淨世界受生習氣、行習氣、願習氣、波羅蜜習氣、思惟平等法習氣、種種境界差別習氣，是爲十。若諸菩薩安

住此法，則永離一切煩惱習氣，得如來大智習氣非習氣智。」〔一〕

校注

〔一〕見實叉難陀譯大方廣佛華嚴經卷五七。

故知染、净二業，昇、沉兩門，皆從熏習而生，不是無因而得。應須勤修白業，净法時熏，念念功夫，自成妙果。所以一一衆生八識藏中，各具十法界種子，本自具足，非從新生。雖常内熏，須假外緣熏發。若聞十惡，熏發三塗種子；若聞戒善，熏發人天種子；若聞諦緣，熏發二乘種子；若聞六度，熏發菩薩種子；若聞一乘，熏發諸佛種子：各隨習熟濃厚處先發。如今多習三塗種子，人天尚少，豈況佛乘？然地獄界現行時，佛種子亦不没，只是轉更賒遠。如今既在人天，直須努力，常親知識，樂聽一乘，内、外資熏，一生取辦。故佛誡羅睺羅頌云：「十方無量諸衆生，念念已證善逝果，彼既丈夫我亦尔，何得自輕而退屈！」〔一〕

校注

〔一〕無性造、玄奘譯攝大乘論釋卷六：「無量十方諸有情，念念已證善逝果，彼既丈夫我亦爾，不應自輕而退屈。」此處所引，當據澄觀述大方廣佛華嚴經隨疏演義鈔卷四三。

問：生死涅槃，苦樂報應，以何爲因？

答：如來藏爲因。

問：如來藏是無漏常住，非刹那生滅之法，云何與生滅爲因？

答：一切異生，因覺故迷，迷無自體。

楞伽經云：「佛言：大慧，七識不流轉，不受苦樂，非涅槃因。大慧，如來藏者，受苦、樂與因俱，若生若滅。」〔一〕

校注

〔一〕見楞伽阿跋多羅寶經卷四。

古釋云：七識念念生滅，不能往來六道，故名「不流轉」。以念念滅故，不知苦、樂，不與涅槃爲因。又，七識從緣，本無自性，尚不能爲生死苦樂之本，豈復與涅槃作因？明如來藏常令諸識知苦、樂，七識若無如來藏，自體念念滅，不知苦、樂。依如來藏故知苦、樂，名如來藏受苦、樂，如來藏體不受苦、樂也。言「與因俱」者，如來藏與七識生死苦樂因俱，念念生滅也。

又云：「七識念念生滅無常，當起即謝，如河〔二〕流轉，自體無成，故不受苦、樂，既非染依，亦非無漏涅槃依矣。其如來藏真常普徧，而在六道迷此，能令隨緣成事，受苦、樂果，與七識俱，名『與因俱』。不守自性而成故，七識依此而得生滅，云『若生若滅』。此明如來藏即是真如，隨緣故受苦、樂等。」〔二〕

校注

〔一〕「河」，原作「何」，據大方廣佛華嚴經隨疏演義鈔卷七五改。

〔二〕見澄觀述大方廣佛華嚴經隨疏演義鈔卷七五。

又釋云：「以本害末，令末空故，無可流轉。唯如來藏受苦樂者，末害本故，不守自性清浄之體，隨緣成有。」〔一〕若相順，則如水乳之和，常恒共器；若相背，則如父母之讎，不與同天〔二〕。又，「存上有不存之義，泯上有不泯之義。若唯泯無不泯，則色、空俱亡，無可相即。以不泯故，雖相即而色空歷然；若唯存無不存，則色、空各有定性，不得相即。由有不存故，雖歷然而得相即」。

校注

〔一〕見澄觀述大方廣佛華嚴經隨疏演義鈔卷七五。下一處引文同。

〔二〕澄觀述大方廣佛華嚴經隨疏演義鈔卷七五：「相背如二怨家，不喜相見，亦如參辰。夫妻反目相害，如二怨家，以死相敵；如父母之讐，不與同天。亦猶二虎之鬭，勢不兩全。」

如起信真如、生滅二門無礙，唯是一心者，結歸起信，依一心法立二種門，故須具足二義，方名具分唯識〔一〕。「問：唯識第九〔二〕亦説其所轉依有其二種：一、持種依，謂第八識；二、迷悟依，謂即真如〔三〕。何以説言『然依生滅八識，唯有心境依持』〔四〕？答：彼雖説迷悟依，非即心境持種，以真如不變，不隨於心變萬境故，但是所迷耳。後還浄時，非是攝相即真如故，但是所悟耳。今乃心境依持，即是真妄，非有二體，故説一心。約義不同，分成兩義，説二門別。故論云：然此二門皆各揔攝一切法，以此二門不相離故。」〔五〕

校注

〔一〕「如起信真如、生滅二門無礙」至此，詳見澄觀述大方廣佛華嚴經隨疏演義鈔卷四二。又，真諦譯大乘起信論：「依一心法，有二種門。云何爲二？一者、心真如門，二者、心生滅門。是二種門，皆各總攝一切法。此義云何？以是二門不相離故。心真如者，即是一法界大總相法門體。（中略）唯是一心，故名真如。」

〔二〕按，「唯識第九」，今見成唯識論卷一〇，參後注。

〔三〕玄奘譯成唯識論卷一〇：「所轉依，此復有二：一、持種依，謂根本識，由此能持染浄法種與染浄法俱爲所依，聖道轉令捨染得浄。餘依他起性雖亦是依，而不能持種，故此不説。二、迷悟依，謂真如，由此能作迷悟根本，諸染淨法依之得生，聖道轉令捨染得淨。餘雖亦作迷悟法依，而非根本，故此不説。」

〔四〕見澄觀撰大方廣佛華嚴經疏卷二一。

〔五〕見澄觀述大方廣佛華嚴經隨疏演義鈔卷四二。「論云」者，參見前引真諦譯大乘起信論。

所以楞嚴經云：「生滅去來，本如來藏。」〔一〕如今世人只信有生滅，不信有如來藏，不知生死有名無體，如來藏有名有體，只可從實，不可憑虚，憑虚則妄執所宜，從實則佛所印可。

校注

〔一〕見大佛頂如來密因修證了義諸菩薩萬行首楞嚴經卷二。

問：夫論心含教法，如何是一心四諦法門？

答：四諦法門，横該竪徹，法無不備，教無不窮。今約台教，「一心具無作四諦者，一念心中，具十界苦，名爲苦諦；具十界惑，名爲集諦；苦即涅槃，名爲滅諦；惑即菩提，名爲道諦」〔二〕。此唯論一心四諦。又，四教四種四諦〔三〕：藏教生滅四諦〔三〕，通教無生四諦〔四〕，别教無量四諦〔五〕，圓教無作四諦〔六〕。

校注

〔一〕見湛然述止觀輔行傳弘決卷一之二。

〔二〕四教四種四諦：天台智顗從大般涅槃經聖行品所説而安立的四種四諦。智顗説妙法蓮華經玄義卷二下：「四種四諦者，一、生滅，二、無生滅，三、無量，四、無作。其義出涅槃聖行品，約偏、圓、事、理，分四種之殊。」參見後注。

〔三〕生滅四諦：爲三藏教所説，就有爲生滅之事，觀四諦因果爲實有生滅。大明三藏法數卷九：「藏教者，經、律、論三藏之教也；生滅者，此教詮因緣生法，有生有滅也；四諦者，諦即審實之義，謂聲聞之人用析空觀諦，審苦、集、滅、道之法一一不虚，是名藏教生滅四諦。（原注：因緣生法者，六根爲因，六塵爲緣，根、塵相對所起之心，名爲生法；析空者，析即分析，謂分析五陰等法皆空也。）」

〔四〕無生四諦：爲通教所説，就因緣諸法即空無生，觀四諦迷悟因果皆是空無而無生滅。大明三藏法數卷九：「通教者，謂通前藏教，通後别、圓也；無生四諦者，謂此教三乘之人根利，用體空觀體達五陰諸法當體即空，如幻如化，故云苦無逼迫相，集無和合相，滅無生相，道不二相也，是名通教無生四諦。（原注：通前藏教者，謂此教鈍根菩薩但證真空之理，與前藏教是同也；通後别、圓者，謂此教利根菩薩即於真空之理，能知不空，證入中道之理，與後别、圓二教是同也。）」

〔五〕無量四諦：爲别教所説，就界内界外無量差别，觀一切現象皆由因緣生，具有無量差别，因而四諦也有無量相。大明三藏法數卷九：「别教者，别前藏、通，别後圓教也；無量四諦者，謂此教獨菩薩法，菩薩所化衆生既無量，其所用法門亦無有量，故云苦有無量相，十法界果報不同故；集有無量相，五住煩惱不同故；道有無量相，恒沙法門不同故；滅有無量相，諸波羅蜜不同故，是名别教無量四諦。（原注：别前藏、通者，此教純是菩薩所脩之法，不同藏、通二教是三乘共脩也；别後圓教者，此教所明法門行相隔歷次第，不同圓教一切圓融也；十法界者，佛界、菩薩界、緣覺界、聲聞界、天界、人界、阿脩羅界、餓鬼界、畜生界、地獄界也；五住煩惱者，一切見住地惑、欲愛住地惑、色愛住地惑、有愛住地惑、無明住地惑也。）」

〔六〕無作四諦：爲圓教所説，就迷悟之當體即實相，觀迷悟之對立矛盾皆爲中道實相，别無造作。大明三藏法數卷九：「圓教者，謂事、理無礙，法法融攝也；無作四諦者，大乘菩薩圓觀諸法，事事即理，無有造作，故云陰、入皆如，無苦可捨；塵勞本清淨，無集可除；邊邪皆中正，無道可脩；生死即涅槃，無滅可證，是名圓教無作四諦。（原注：陰、入皆如者，陰即色、受、想、行、識五陰也，入即六根、六塵互相涉入，通爲十二入也。此陰、入之法皆言如者，如即理也。邊邪皆中正者，謂空、有二邊邪倒之見，皆即中正也。）」

今但論圓教無作四諦。止觀云：「法性與一切法，無二無别。凡法尚是，況二乘乎！離凡法更求實相，如避此空，彼處求空。即凡法是實法，不須捨凡向聖。經言：『生死即涅槃。』一色一香，皆是中道，即無作四諦。」〔一〕

校注

〔一〕見智顗說、灌頂記摩訶止觀卷一上。「經言」者，見占察善惡業報經卷下、大寶積經卷九〇等。

又，玄義云：「以迷理故，菩提是煩惱，名集諦；涅槃是生死，名苦諦；以能解故，煩惱即菩提，名道諦；生死即涅槃，名滅諦。即事而中，無思無念，無誰造作，故名無作。」〔一〕亦名一實諦。「一實諦者，無虛妄，無顛倒，常樂我净等，是故名爲無作四聖諦。」

校注

〔一〕見智顗說妙法蓮華經玄義卷二中。下一處引文同。

法華經偈云：「更以異方便，助顯第一義。」〔一〕又云「唯此一事實」，即是無作一實諦也。以真如之性，是自心之實，名一實諦。念念圓成，更何所作？名無作四諦。所以八千聲聞於法華會上見如來性，如秋收冬藏，更無所作〔二〕。以達本故，法尔如斯。若未見性人，不可安然拱手，傚無作無修，直須水到渠成，自然任運故。

校注

〔一〕見妙法蓮華經卷一方便品。下一處引文同。

〔三〕見大般涅槃經卷九：「如法花中八千聲聞得受記莂，成大果實，如秋收冬藏，更無所作。」

又，但了一心，自然無作，非是强爲，故云：「陰、入皆如，無苦可捨；無明塵勞即是菩提，無集可斷；邊邪皆中正，無道可修；生死即涅槃，無滅可證。無苦、無集，故無世間；無道、無滅，故無出世間。純一實相，實相外更無別法。」〔一〕

校注

〔一〕見智顗説、灌頂記摩訶止觀卷一上。

又，文殊道行經云：「佛告文殊師利：『若見一切諸法無起，即解苦諦；若見一切諸法無住，即能斷集；若見一切諸法畢竟涅槃，即能證滅。文殊師利，若見一切諸法〔一〕無自體，即是修道。』」〔二〕

校注

〔一〕「法」，原無，據嘉興藏本及般若燈論釋補。

〔二〕見波羅頗蜜多羅譯般若燈論釋卷一四觀聖諦品引。按，文殊道行經，諸經録中未見，或無漢譯。

音義

緻，直利反，密也。　曷，胡葛反。　爍，書藥反。　蹉，七何反。　跎，徒何反。　齩，五巧反。　蝎，胡葛反。　哃，書之反，牛笑也。　拱，居勇反。

戊申歲分司大藏都監開板

宗鏡録卷第七十七

慧日永明寺主智覺禪師延壽集

夫一念無明心，鼓動真如海，成十二緣起，作生死根由。若了之，爲佛智海之波瀾；昧之，作生死河之漩洑。云何成佛智？云何成生死？

答：天真之佛智本有，妄緣之生死體空，雖有二名，但是一義，只謂不了第一義諦，号曰無明。因不了之所盲，成惑業之衆苦；了無明之實性，成涅槃之妙心。若迷爲惑業，則成三道：一、無明、愛、取，是煩惱道；二、行、有，是業道；三、識、名色、六入、觸、受、生、老死，是苦道。若悟，爲三因佛性：一、識、名色、六入、觸、受、生、老死七支，是正因佛性；二、無明、愛、取三支，是了因佛性；三、行、有二支，是緣因佛性〔一〕。如是等義，差別不同，唯是一心，迷成多種，雖成多種，不離一心。

校注

〔一〕正因佛性：指遠離一切邪非的中正真如，是成佛的主要原因。了因佛性：洞見真如之理的智慧，依之成就般若果德，故名了因佛性。緣因佛性：緣助了因，開發正因的一切善根功德。詳見本書卷二一注。

華嚴經云：「佛子，此菩薩摩訶薩復作是念：三界所有，唯是一心。如來於此分別演說十二有支，皆依一心如是而立。何以故？隨事貪欲，與心共生，心是識，事是行，於行迷惑是無明，與無明及心共生是名色，名色增長是六處，六處三分合爲觸，觸共生是受，受無猒足是愛，愛攝不捨是取，彼諸有支生是有，有所起名生，生熟爲老，老壞爲死。」〔一〕

大集經云：「十二因緣，一人一念，悉皆具足。」〔二〕但隨一境，一念起處，無不具足。且如眼見色，不了名無明，生愛惡名行，是中心意名識，色共識行即名色，六處生貪名六入，色與眼作對名觸，領納名受，於色纏綿名愛，想色相名取，念色心起名有，心生名生，心滅名死。乃至意思法，亦復如是〔三〕。一日一夜，凡起幾念？念念織幾十二因緣，成六趣無窮之生死。是以生死無體，全是如來藏第一義心。迷悟昇沉，了不可得。

校注

〔一〕見實叉難陀譯大方廣佛華嚴經卷三七。

校注

〔一〕見大方等大集經卷二三。

〔二〕「且如眼見色」至此，見智顗説、灌頂録金光明經文句卷四。

輔行記云：十二因緣，華嚴、大集等經皆云「一念心具」，凡諸大乘云「一念」者，意皆如是。若不尔者，云何偏收一切諸法？止觀亦云：緣生在〔一〕一念心〔二〕。十二門論問云：爲在一心？爲在異心〔三〕？論問意者，爲在一人、多人一念心耶？如是一念、異念，並得多人、一人。於今一念，悉皆具足。多人、一人所起之心，不出百界。百界爲多，一念爲一。一多相即，非一非多。大品明一切諸法皆趣因緣，百界因緣不出一念，是故名爲「是趣不過」〔四〕，故得名爲一念具足〔五〕。

校注

〔一〕「在」，原作「正」，據止觀輔行傳弘决改。參後注。

〔二〕智顗説、灌頂記摩訶止觀卷九下：「十二因緣、十如、十境，在異心中，是生滅思議；在一念心中，是不生、不滅、不可思議。華嚴云：十二因緣，在一念心中。大集云：『十二因緣，一人一念，悉皆具足。』」湛然述止觀輔行傳弘决卷九之三：「今文處處皆云緣生在一念心。」

〔三〕龍樹造、鳩摩羅什譯十二門論觀因緣門第一：「緣法實無生，若謂爲有生，爲在一心中？爲在多心中？」

〔四〕見摩訶般若波羅蜜經卷一五知識品。

〔五〕「輔行記云」至此，詳見湛然述止觀輔行傳弘決卷九之三。

遠法師云：無明緣行者，有四無明：一、迷理無明，義通始終；二、發業無明，在於行前；三、覆業無明，此在行後識前；四、受生無明，與識同時，或在識後，望過去種子心識，在於識後，望結生識，與識同時〔一〕。

校　注

〔一〕隋慧遠撰大乘義章卷四十二因緣義八門分別：「言無明者，癡闇之心，體無慧明故。（中略）體相云何？於中差別乃有四種：一、迷理無明，所謂迷於二諦之理。故經説言：『不知諸諦第一義故，名爲無明。』如是等也。二、發業無明，所謂三根、三道煩惱。三根煩惱能發思業，三道煩惱發身口業。三、覆業無明，謂造業已，重於前境起貪瞋等，覆助前業，令其增長。四、潤生無明，亦名受生，謂受生時諸煩惱等。若依毗曇，九十八使一切煩惱皆能潤生，斯則潤生、受生無别。若依成實，唯愛能潤，餘但遠助。若據斯義，潤生則狹，局唯在愛；受生則寬，通於餘結。」按，此處引文據澄觀述大方廣佛華嚴經隨疏演義鈔卷六四引。

又，内外諸法，皆具因緣。如稻稈經云：「尔時，弥勒語舍利弗言：世尊常説見十二因緣，即是見法，見法即是見佛。乃至〔一〕有因有緣，是名因緣法。此是佛略説因緣相，以此因能生是果。如來出世，因緣生法；如來不出世，亦因緣生法。性相常住，無諸煩惱，究竟如實，非不如實，是真實法，離顛倒法。

「復次，十二因緣法，從二種生。云何爲二？一者、因，二者、果。因緣生法，復有二種，有内因緣，有外因緣。

「外因緣法從何而生？如似種子，能生於芽，從芽生葉，從葉生節，從節生莖，從莖生穗，從穗生華，從華生實。無種子故無芽，乃至無有華實；有種子故芽生，乃至有華故果生。而種子不作念：『我能生芽。』芽亦不作念：『我從種子生。』乃至華亦不作念：『我能生實。』實亦不作念：『我從華生。』而實種子能生於芽，如是名爲外因生法。

「云何名外緣生法？所謂地、水、火、風、空、時，地種堅持，水種濕潤，火種成熟，風種發起，空種不作障礙，又假於時，節氣和變。如是六緣，具足便生。若六緣不具，物則不生。地、水、火、風、空、時，六緣調和不增減故，物則得生。地亦不言『我能持』，水亦不言『我能潤』，火亦不言『我能熟』，風亦不言『我能發起』，空亦不言『我能不作障礙』，時亦不言『我能令生』，種亦不言『我從六緣而得生芽』，芽亦不言『我從尔數緣生』。雖不作念從尔數緣生，而實從衆緣和合得生，芽亦不從自生，亦不從他生，亦不從自他合生，亦不從自在天生，亦不從時方生，亦不從本性生，亦不從無因生，是名生法次第。

「如是外緣生法，以五事故，當知不斷，亦非常，亦不從此至彼。如芽種少，果則衆多，相似相續，不生異物。云何不斷？從種、芽、根、莖次第相續故不斷。云何非常？芽、莖、華、果各自別故非常。亦不種滅而後芽生，亦非不滅而芽便生。而因緣法，芽起種謝，次第生故非常。種、芽各各相異故，不此至彼。種少果多故，當知不一，是名種少果多。如種不生異果，故名相似相續。以此五種外緣，諸法得生。

「内因緣法從二種生。云何爲因？從無明乃至老死，無明滅則行滅，乃至生滅故則老死滅。因無明故有行，乃至因有生故則有老死。無明不言『我能生行』，行亦不言『我從無明生』，乃至老死亦不言『我從無明生』，而實有無明則有行，有生則有老死，是名内因次第生法。

「云何名内緣生法？所謂六界：地界、水界、火界、風界、空界、識界。何謂爲地？能堅持者名爲地界。何謂爲水？能潤漬者名爲水界。何謂爲火？能成熟者名爲火界。何謂爲風？能出入息者名爲風界。何謂爲空？能無障礙者名爲空界。何謂爲識？四陰、五識，亦言爲名，亦名爲識。如是衆法和合名爲身，有漏心名爲識。如是四陰爲五情根，名爲色。

如是等六緣，名爲身。若六緣具足無損減者，則便成身。是緣若滅，身則不成。地亦不念『我能堅持』，水亦不念『我能濕潤』，火亦不念『我能成熟』，風亦不念『我能出入息』，空亦不念『我能無障礙』，識亦不念『我能生長』，身亦不念『我從尔數緣生』。若無此六緣，身亦不生，地亦無我、無人、無衆生、無壽命，非男、非女，亦非非男、非非女，非此、非彼。水、火、風乃至識等，亦皆無我、無衆生、無壽命，乃至亦非此、非彼。

「云何名無明？無明者，於六界中生一想、聚想、常想、不動想、不壞想、内生樂想、衆生想、壽命想、人想、我想、我所想，生如是種種衆多想，是名無明。如是五情中，生貪欲、嗔恚想，行亦如是，隨著一切假名法名爲識。四陰爲名，色陰爲色，是名色。名色增長生六入，六入增長生觸，觸增長生受，受增長生愛，愛增長生取，取增長生有，有增長故能生後陰爲生，生增長變名爲老，受陰敗壞故名爲死，能生嫉熱故名憂悲苦惱。

「五情違害名爲身苦，意不和適名爲心苦。乃至〔二〕如月麗天，去地四萬二千由旬，水流在下，月耀於上，玄像雖一，影現衆水，月體不降，水質不昇。如是，舍利弗，衆生不從此世至於後世，不從後世復至於此，然有業果因緣報應，不可損減。」〔三〕

校注

〔二〕乃至：表示引文中間有删略。

〔二〕乃至：表示引文中間有删略。

〔三〕見佛説稻稈經。

是以如月不動，影現衆流。類識不行，身分六趣。雖無作者，業果宛然。但逐緣生，不乖法尔。

又，有德女所問大乘經云：「尔時，有德婆羅門女白佛言：『世尊，所言無明，爲内有耶？爲外有耶？』佛言：『不也。』有德女言：『世尊，若於内外無有無明，云何得有無明緣行？復次，世尊，有他世法而來至於今世以不？』佛言：『不也。』有德女復白佛言：『世尊，無明行相是實有耶？』佛言：『不也。無明自性，從於虚妄分別而生，非真實生。從顛倒生，非如理生。』有德女復白佛言：『世尊，若如是者，則無無明，云何得有諸行生起，於生死中受諸苦報？世尊，如樹無根，則無枝、葉、華、果等物。如是無明無自性故，行等生起，定不可得？』佛言：『有德女，一切諸法，皆畢竟空。凡愚迷倒，不聞空義。設得聞之，無智不了。由此具造種種諸業，既有衆業，諸有則生。於諸有中，備受衆苦。第一義諦，無有諸業，亦無諸有而從業生及以種種衆苦惱事。有德女，如來應正等覺隨順世間，廣爲衆生演説諸法，欲令悟解第一義故。有德女，第一義者，亦隨世間而立名字。何以故？實義之中，能覺、所覺一切皆悉不可得故。有德女，譬如諸佛化作於人，此所化人復更化作種種諸物，其所化人虚誑不實，所化之物亦無實事。此亦如是，所造諸業虚誑不實，從業有生亦無實事。』」

是以但了唯心之旨，自然萬法常虚，隨有見聞，悉順無生之道；凡關動作，皆歸無得之門。

問：此十二有支，云何名緣生？復何名緣起？

答：無有主宰、作者、受者，無自作用，不得自在，從因而生，託衆緣轉，本無而有，有已散滅。唯法所顯、能潤、所潤，墮相續法，名爲緣生。論云：由煩惱繫縛，往諸趣中數數生死，故名緣起〔一〕。又，「因名緣起，果名緣生」〔二〕。

校注

〔一〕見玄奘譯瑜伽師地論卷一〇：「問：何故緣起説爲緣起？答：由煩惱繫縛，往諸趣中數數生起，故名緣起。」

〔二〕見玄奘譯瑜伽師地論卷五六。

問：一念無明心，起十二有支，爲自生？他生？共生？無因生？

答：緣起甚深，非四句能測，了則一心冥寂，迷則六道輪迴，非妄非真，不常不斷。若云是妄，妄不可得；若云是真，復能流轉；若云是斷，相續恒生；若云是常，念念起滅。所以從心生故，生無能生，無有定性。

佛性論云：「復次，一切諸法，無有自性。何以故？依因緣生故。譬如火，依他而生，離樵即不可見。亦如螢火，若火有自性，則應離樵，空中自然。」〔一〕

校注

〔一〕見真諦譯佛性論卷一破執分第二中破外道品。

雜集論云：「諸緣起法，雖刹那則成〔一〕滅而住可得，雖無作用緣而有功能緣可得，雖離有情而有情可得，雖無作者而諸業果不壞可得，是故甚深。業果不壞者，雖内無作者，而有作業受果異熟。」〔二〕又，諸緣起法「有差別，謂待衆緣生故，非自作；雖有衆緣，無種子不生故，非他作；彼俱無作用故，非共作；種子及衆緣皆有功能故，非無因作」。

校注

〔一〕「則成」，大乘阿毗達磨雜集論無。

〔二〕見玄奘譯大乘阿毗達磨雜集論卷四。下一處引文同。按，此引文後有云：「諸法緣起，不從自生，不從他生，不從共生，非不自作他作因生，是故甚深。不從自生者，謂一切法非自所作，彼未生時無自性故；不從他生者，謂彼諸緣非作者故；不從共生者，謂即由此二種因故；非不自作他作因生者，緣望果生有功能故。」

如上所説，是約世俗緣起之門。若如實説，尚不見一法是緣非緣，何況十二！湛然尊者云：「不見色相，是行支滅。不見色緣，是無明滅。不見色體，是識、名色、六入、觸、受滅。不見色生，是愛、取、有、生滅。不見色滅，是老死滅。不見一相，是不見十二因緣空。不見見者，是不見因緣假。真俗雙亡，二諦俱泯，亦不見中。如是通達，了知因緣。」〔一〕若爲此例，見萬法亦復如然。

校　注

〔一〕見智顗撰、湛然再治大般涅槃經疏卷二二。

問：萬境無明，與一心法性爲是一？爲是二？若是一，不合分染、浄二名；若是二，云何教中説無明即法性？

答：體一是真，名二是假。名〔一〕因情立，真以智明。情智自分，真原不動。不可定同，不壞世諦故；不可定異，不失真諦故。

校注

〔一〕「名」，原無，據冥樞會要補。

涅槃經云：明與無明，愚人爲二，智者了達，其性無二。無二之性，即是實性〔一〕。古德約十法界釋〔二〕云：愚人者，九界之愚也。愚人取相見一切法，法性隨其取相心悉無明也。如寒谷千年堅冰，未曾作水也。智者，佛界之智也。圓觀行人開佛眼者，見同古佛也。圓眼所見無明本元是清浄法性，如太陽常照，海水未曾作冰也。冰、水性一，隨緣成二，一不守性，恒自隨緣。雖復隨緣，不壞自性，況法性無明，亦何定一？亦何定異？則不隨事而失體，非共、非分；不守性而任緣，亦同、亦别。

校注

〔一〕大般涅槃經卷八：「若言無明因緣諸行，凡夫之人聞已分别，生二法想，明與無明。智者了達，其性無二。無二之性，即是實性。」

〔二〕天台宗未決附釋疑：「問：安心章云：『無明癡惑，本是法性，以癡迷故，法性變作無明，起諸顛倒、善不善等，如寒來結水，變作冰堅。』今疑癡迷與無明，此二有何殊而云『癡迷故法性作無明』？又元初癡爲從法性起？爲法性外起？若法性起者，法喻既不合；若云外起者，無明癡迷法本非法性也。又元初法性由何等因緣而起癡迷也？此義如何？答：涅槃云：無明與明，愚人謂二，智者了達，其性無二。無二之性，即是佛性。十界中九界，愚人也；佛界，智者也。佛界不偏果佛圓人，開佛眼者也。圓眼所見，無明本無，是法性也。九界未有佛眼，所見法性悉是無明也。亦何定一？亦何定異？觀行人佛眼，同古佛見也。」按，天台宗未決一卷，日僧最澄問，道邃決義。此卷釋疑爲日僧圓澄疑問，唐維蠲決答。維蠲爲天台國清寺座主。此處「古德約十法界釋」，和維蠲決答相類，「古德」者，或即維蠲。

問：三界初因、四生元始，莫窮本末，罔辯根由，莊、老指之爲自然，周、孔詺之爲渾沌，最初起處，如何指南？

答：欲知有情身土真實端由，無先我心，更無餘法。謂心法刹那自類相續，無始時界展轉流來，不斷不常，憑緣憑對，非氣非稟，唯識唯心。肇論鈔〔一〕云：老子云：「無名天地始，有名萬物母。」若佛教意，則以如來藏性轉變爲識藏，從識藏變出根身、器世間、一切種子。推其化本，即以如來藏性爲物始也。無生無始，物之性也。生始不能動於性，即法性也。

校注

〔一〕肇論鈔：入唐新求聖教目録、日本國承和五年入唐求法目録等著録爲三卷，牛頭山幽西寺惠澄撰。東域傳燈録著録爲一卷。

南齊沈約均聖論云：「然則有此天地以來，猶一念也。」〔一〕

校注

〔一〕見廣弘明集卷五沈約均聖論。

融大師〔二〕問云：三界四生，以何爲道本？以何爲法用？

答：虚空爲道本，森羅爲法用。

問：於中誰爲造作者？

答：此中實無造作者，法界性自然生〔三〕。

校注

〔二〕融大師：釋法融，傳見續高僧傳卷二一唐潤州牛頭沙門釋法融傳。

〔三〕按，此説出絶觀論。心賦注卷三：「絶觀論云：云何爲宗？答：心爲宗。云何爲本？答：心爲本。云何爲體？云何爲用？答：虚空爲法體，森羅爲法用。」敦煌遺書伯二八八五寫卷達摩和尚絶觀論：「問曰：云何爲道本？云何爲法用？答曰：虚空爲道本，參羅爲法用也。問曰：於中誰爲造作？答曰：

於中實無作者，法界性自然。」絶觀論，參見本書卷三一、九七注。

金剛三昧經云：「善不善法，從心化生。」〔一〕可謂摠持之門，萬法之都矣。光未發處，尚無其名；念欲生時，似分其影。初因强覺，漸起了知，見、相纔分，心、境頓現。

校注

〔一〕見金剛三昧經真性空品。

首楞嚴經云：「皆是覺明明了知性，因了發相，從妄見生山河、大地，諸有爲相，次第遷流，因此虚妄，終而復始。」〔一〕

校注

〔一〕見大佛頂如來密因修證了義諸菩薩萬行首楞嚴經卷四。

釋曰：此皆最初因迷一法界故，不覺念起，念起即是動相，動相即是第一業識；未分能、所，乃覺明之咎也。從此變作能緣，流成了相，即明了知性，爲第二見分轉識；後因見分而生相分，即因了發相，爲第三相分現識。能、所纔分，盡成虚妄。何者？見分生於瞖眼，相分現於幻形，於是密對根塵，堅生情執，從此隔開真性，分出湛圓，於内執受知覺，作有識之身；於外離執想澄，成無情之土。遂使鏡中之形影，滅而又生；夢裏之山河，終而復始。但以本源性海，不從能、所而生，湛尒圓明，照而常寂。只爲衆生違性不了，背本圓明，執有所明，成於妄見，因明立所觀之境，因所起能觀之心，能、所相生，心、境對待，隨緣失性，莫反初原，不覺不知，以歷塵劫。

所以經云：「覺非所明，因明立所。所既妄立，生汝妄能。無同異中，熾然成異。異彼所異，因異立同。同、異發明，因此復立無同無異。如是擾亂，相待生勞，勞久發塵，自相渾濁，由是引起塵勞煩惱，起爲世界。静成虚空，虚空爲同，世界爲異，彼無同異，真有爲法。覺明空昧，相待成摇，故有風輪執持世界；因空生摇，堅明立礙，彼金寶者，明覺立堅，故有金輪保持國土；堅覺寶成，摇明風出，風金相摩，故有火光爲變化性；寶明生潤，火光上蒸，故有水輪含十方界；火騰水降，交發立堅，濕爲巨海，乾爲洲潭，以是義故，大海之中火光常起，彼洲潭中江河常注，水勢劣火，結爲高山，是故山石擊則成炎，融則成水；土勢劣水，抽爲草木，是故林藪遇燒成土，因絞成水。交妄發生，遞相爲種，以是因緣，世界相續。」〔一〕

校注

〔一〕見大佛頂如來密因修證了義諸菩薩萬行首楞嚴經卷四。

古釋云：「覺明空昧，相待成摇」者，由初妄覺影明不了，遂成空昧。如障明生闇，二相相形，覺明即是動相，空昧即是静相，一明一昧，一動一静，刹那相生，如風激浪，相待不息，於内初起，即名爲摇，於外即成風輪世界。空昧即是虚空，既無形相，不名世界。「因空生摇，堅明立礙」者，地相也。因空異明，相待成摇，摇能堅明以成於礙，如胎遇風，即成堅礙，亦是執明生礙義。於内即是覺明堅執，於外即成金寶，故云「彼金寶者，明覺立堅」。故知寶性因覺明有，是故衆寶皆有光明。小乘但知業感，而不知是何因種。「堅覺寶成，摇明風出，風金相摩，故有火光爲變化性」者，堅執覺性，即成於寶；摇動所明，即出於風。動静不息，即是「風金相摩」。於外即成火光，能成熟萬物，故言「爲變化性」。「寶明生潤，火光上蒸，故有水輪含十方界」者，寶明之體，性有光潤，爲火熱蒸，水便流出。又，覺明生愛，愛即是潤，於内即是愛明，於外即成寶潤。火性上蒸，融愛成水。一切業種，非愛不生；一切世間，非水不攝。故四大性互相因藉，體不相離，同一妄心所變起故，如〔一〕虚空華不離心故。又，妄性不恒，前後變異，所感外相，優劣不同。愛心多者，即成巨海；執心多者，即成洲潬。風性生慢，火性生瞋，於色起愛，潬中流水；違愛生瞋，海中火起。慢增愛劣，結爲高山；愛增慢輕，抽爲草木。瞋、愛、慢三，互相滋蔓，異類成形，草木山川，千差萬品。先從妄想結成四大，從四大性，愛、慢滋生，離有情心，更無别體，故云「交妄發生，遞相爲種」。

校注

〔一〕「如」，諸校本作「知」。

又云：富樓那而白佛言：「世尊，若復世間一切根、塵、陰、處、界等，皆如來藏清淨本然，云何忽生山河大地諸有爲相，次第遷流，終而復始？」又疑云：「若此妙覺本妙覺明，與如來心不增不減，無狀忽生山河大地諸有爲相。如來今得妙空明覺，山河大地有爲習漏何當復生？」〔二〕

「佛言：『富樓那，如汝所言，清淨本然，云何忽生山河大地？汝常不聞如來宣説性覺妙明、本覺明妙〔三〕？』富樓那言：『唯然，世尊，我常〔三〕聞佛宣説斯義。』佛言：『汝稱覺明，爲復性明稱名爲覺？爲覺不明稱爲明覺？』富樓那言：『若此不明名爲覺者，則無所明。』佛言：『若無所明，則無明覺。有所非覺，無所非明。無明又非覺湛明性，性覺必明，妄爲明覺，覺非所明。因明立所，所既妄立，生汝妄能，無同異中，熾然成異。異彼所異，因異立同，同、異發明，因此復立無同無異。如是擾亂，相待生勞，勞久發塵，自相渾濁。由是引起塵勞煩惱，起爲世界，静成虚空，虚空爲同，世界爲異。彼無同異，真有爲法。』」〔四〕

校注

〔一〕見大佛頂如來密因修證了義諸菩薩萬行首楞嚴經卷四。

〔二〕子璿集首楞嚴義疏注經卷四："「性覺、本覺，指體也。妙明、明妙，顯用也。顯不由他，故云『性覺』，性自覺故，性自明故，豈由於他？顯非有始，故名『本覺』，本來覺故，本來明故，豈因始有？又，體無改易，故名『性覺』；相非生起，故名『本覺』。體相寂滅，心言不能及，故稱『妙』。靈鑒不昧，昏惑不能暗，故名『明』。妙明、明妙，左右言耳。或可寂而常照，故稱『妙明』；照而常寂，故曰『明妙』。此顯法界一相，真覺無二。」思坦集注楞嚴經集注卷四："「孤山云：本亦性也，變其文耳，以本元自性既能、所雙絶，而寂照互融，即寂而照，故曰『妙明』；即照而寂，故曰『明妙』。寂即三諦俱寂，照則三諦俱照，秖是本性之覺，妙明互融，故作兩句説耳。蓋性覺、本覺，中道之體也；妙明、明妙，空假之用也。體用不二，空假相即，如來藏性髣髴在兹。」

〔三〕「常」，原作「嘗」，據嘉興藏本及首楞嚴經改。

〔四〕見大佛頂如來密因修證了義諸菩薩萬行首楞嚴經卷四。

釋曰：此二覺義幽旨難明，若欲指陳，須分皂白。大約經論有二種覺：一、性覺，二、本覺；又有二種般若：一、本覺般若，二、始覺般若〔一〕；又有二種心：一、自性清浄心，二、離垢清浄心；又有二種真如：一、在纏真如，二、出纏真如〔二〕。此四種名隨義異，體即常同。今一切衆生，只具性覺、清浄本覺、自性清浄心、在纏真如等，於清浄本然中，妄忽生於山河大地，以在纏未離障故，未得出纏真如等。若十方諸佛，二覺俱圓，已具出纏真如等，無有妄想塵勞，永合清浄本然，則不更生山河大地諸有爲相等。如金出礦，終不染於塵泥；似木成灰，豈有再生枝葉？將此二覺，已豁疑情。性覺妙明者，是自性清浄心，即如來藏性、在纏真如等，本性清浄，不爲煩惱所染，名性覺。

校　注

〔一〕真諦譯大乘起信論：「本覺義者，對始覺義説。以始覺者，即同本覺。始覺義者，依本覺故而有不覺，依不覺故説有始覺。」釋摩訶衍論卷三：「本覺般若不守自性故，善受染熏，彼諸染法令得住止，即是本覺離性之義；始覺般若不守自性故，依諸染法如今方起，被彼染誑，即是始覺離性之義。」文才撰肇論新疏卷中：「一、本覺般若，即衆生等有智慧是也。（中略）二、始覺般若，即六度之一。然通淺深，淺則生空般若，深則法空般若。」

〔二〕仁岳述楞嚴經熏聞記卷二：「興福下，彼云性覺妙明者，妄覺也。發性緣明，因明覺生，生遂名妄，妄明云妙。本覺明妙者，本，真也。本源沖寂，寂體無迷，妙淨常如，故云明妙。資中下，彼云性覺妙明者，在纏真如也。本性清淨，不爲煩惱所染，名爲性覺。本覺明妙者，出纏真如也。從無分別智覺盡無始妄念，名究竟覺。始覺即本覺，悟本之覺，名爲本覺。」

經云：「佛告阿難及諸大衆：『汝等當知有漏世界十二類生，本覺妙明，覺圓心體，與十方佛無二無别。由汝妄想，迷理爲咎，癡愛發生，生發徧迷，故有空性，化迷不息，有世界生，則此十方微塵國土非無漏者，皆是迷頑妄想安立。當知虚空生汝心内，猶如片雲點太清裏，況諸世界在虚空耶？汝等一人發真歸元，此十方虚空皆悉消殞，云何空中所有國土而不振裂？』」〔一〕

校注

〔一〕見大佛頂如來密因修證了義諸菩薩萬行首楞嚴經卷九。

以此文證，即知凡、聖本同此妙明之覺。本覺明妙者，出纏真如等，從無分别智，覺盡無始妄念，名究竟覺。始覺即本覺，悟本之覺，得本覺名。論云：於真如門，名爲性覺；於生滅門，名爲本覺。由迷此性覺而有妄念，妄念若盡而立本覺。以性覺不從能所而生，非假修證而起，本自妙而常明，故云「性覺妙明」。以始覺般若明性覺之妙，故云「本覺明妙」。又，真如之性，性自了故，則性覺妙明；始覺之智，了本性故，則本覺明妙。

又，摩訶衍論有四種覺：一、清淨本覺，二、染淨本覺，三、清淨始覺，四、染淨始覺〔一〕。若論本始明昧之事，皆依染、淨之覺得名。若清淨覺原，愚智俱絶，非迷悟之所得，豈文義之能詮？經中佛常説：真如爲迷悟依故，如萬像依虚空，虚空無所依〔二〕。所以滿慈〔三〕領言：「我常聞佛宣説斯義。」此二覺義，亦同起信論所立一心分真如、生滅二門〔四〕。以本性清淨是性覺義，但以性中説〔五〕覺，如木中火性，未具因緣，有而無用，非是悟已而更起迷，悟時始立本覺之号。悟本覺已，更不復迷，諸佛重爲凡夫，無有是處〔六〕。佛問：「汝稱覺明，爲復覺性自明名爲覺明？爲復覺體不明能覺於明？」富樓那意必有所明當情爲其所覺。若無所覺之明，則無覺明之号，但可稱覺而無所明，故云「則無所明」。佛意性覺體性自明，不因能覺所明，方稱覺明。起信論云：真如自體，有大智慧、光明義、徧照法界義等〔七〕。只緣迷一法界，强分能、所，故成於妄。若要因所明方稱覺明者，此乃因他而立，非自性覺，故云「有所非覺」。如緣塵分別而有妄心，離塵則無有體，不可將斷滅之心以爲本來真覺故，若以無體之法爲究竟者。故經云：法身則同龜毛兔角，其誰修證無生法忍〔八〕。

校注

〔一〕筏提摩多譯釋摩訶衍論卷三：「所言覺義者，謂心體離念相。離念相者，等虚空界，無所不遍，法界一相，即是如來平等法身。依此法身，説名本覺。何以故？本覺義者，對始覺説，以始覺者即同本覺。始覺義者，依本覺故而有不覺。依不覺故，説有始覺。又以覺心原故，名究竟覺；不覺心原故，非究竟覺。論曰：於此文中，即有二門。云何爲二？一者、略説本覺安立門，二者、略説始覺安立門。本覺門中，即有二門。云何爲二？一者、清淨本覺門，二者、染淨本覺門。始覺門中，又有二門。云何爲二？一者、清淨始覺門，二者、染淨始覺門。云何名爲清淨本覺？本有法身從無始來具足圓滿，過恒沙德常明淨故。云何名爲染淨本覺？自性淨心受無明熏，流轉生死，無斷絶故。云何名爲清淨始覺？無漏性智出離一切無量無明，不受一切無明熏故。云何名爲染淨始覺？始覺般若受無明熏不能離故。如是諸覺，皆智眷屬。」

〔二〕實叉難陀譯大方廣佛華嚴經卷五一：「譬如虚空爲一切物所依，而虚空無所依。如來智慧亦復如是，爲一切世間、出世間智所依，而如來智無所依。」

〔三〕滿慈：即富樓那，佛十大弟子中説法第一者。

〔四〕真諦譯大乘起信論：「依一心法，有二種門。云何爲二？一者、心真如門，二者、心生滅門。是二種門，皆各總攝一切法。（中略）心真如者，即是一法界大總相法門體。所謂心性不生不滅，一切諸法唯依妄念而有差别，若離妄念，則無一切境界之相。是故一切法從本已來，離言説相，離名字相，離心緣相，畢竟平等，無有變異，不可破壞，唯是一心，故名真如。以一切言説，假名無實，但隨妄念，不可得故。」

〔五〕「説」，嘉興藏本作「本」。按，心賦注卷三作「説」。

〔六〕按，真諦譯大乘起信論：「真如本一，而有無量無邊無明，從本已來，自性差別，厚薄不同故。過恒沙等上煩惱，依無明起差別。我見愛染煩惱，依無明起差別。如是一切煩惱，依於無明所起，前後無量差別，唯如來能知故。又諸佛法有因有緣，因緣具足，乃得成辦。如木中火性，是火正因，若無人知，不假方便，能自燒木，無有是處。衆生亦爾，雖有正因熏習之力，若不值遇諸佛菩薩、善知識等以之爲緣，能自斷煩惱入涅槃者，則無有是處。」此處逆推而言之也。

〔七〕真諦譯大乘起信論：「真如自體相者，一切凡夫、聲聞、緣覺、菩薩、諸佛，無有增減。非前際生，非後際滅，畢竟常恒。從本已來，性自滿足一切功德。所謂自體有大智慧光明義故，徧照法界義故，真實識知義故，自性清淨心義故，常樂我淨義故，清涼不變自在義故，具足如是過於恒沙不離、不斷、不異、不思議佛法，乃至滿足無有所少義故，名爲如來藏，亦名如來法身。」

〔八〕大佛頂如來密因修證了義諸菩薩萬行首楞嚴經卷一：「若分別性離塵無體，斯則前塵分別影事，塵非常住若變滅時，此心則同龜毛兔角，則汝法身同於斷滅，其誰修證無生法忍？」

又釋：「若此〔二〕不明名爲覺者，則無所明」者，故知覺體本無明相。佛證真際，實不見明。若見於明，即是所明。既立所明，便有能覺。但除能、所之明，方稱妙明。此妙之明，是不明之明，不同所明，因明起照。

校注

〔一〕「此」，原作「以」，據前引經文改。

故般若無知論云：「難曰：聖智之無、惑智之無，俱無生滅，何以異之耶？答曰：聖智之無者，無知；惑智之無者，知無。其無雖同，所以無者異也。何者？夫聖心虛静，無知可無，可曰無知，非謂知無。惑智有知，故有知可無，可謂知無，非曰無知也。」〔一〕故云「般若無知，無所不知」。「無知」者，無能、所之知；「無不知」者，真如自性，有徧照法界義。又，聖人唯有無心之心、無見之見，非同凡夫有心有見，皆是分別，能、所相生，故涅槃經云：「不可見，了了見。」〔二〕華嚴經頌云：「無見即是見，能見一切法，於法若有見，此則無所見。」〔三〕又云：「菩薩悉見諸法而無所見，普知一切而無所知。」〔四〕則般若無知，無所不知矣。但不落有、無之知，能、所之見，非是都無知見矣。諸佛皆具五眼、三智、四辯、六通，三諦理圓，一心具足。若不見空與不空，非空、非不空，方與實相相應耳，故楞伽經云「一一相相應，遠離諸見過」〔五〕者，若於諸相常與實相相應，自然遠離諸過，會第一義清浄真心，朗然明徹而無念著，即事即如，唯心直進，即諸佛所知，唯實相矣。離此立見，皆成諸過。

校注

〔一〕見肇論般若無知論。
〔二〕見大般涅槃經卷三。
〔三〕見實叉難陀譯大方廣佛華嚴經卷一六。
〔四〕見實叉難陀譯大方廣佛華嚴經卷二四。
〔五〕見楞伽阿跋多羅寶經卷一。

「無所非明」者，若能覺之體要因所明者，若無所覺之明，則能覺之體便非是明，故云「無所非明」。故知覺之與明，互相假立，本無自體，豈成自性圓明之覺？「無明又非覺湛明性」者，顯妄覺體，無湛明之用。若言但覺於明，何須覺體自明者，則自性非明，便無覺湛之用，故云「無明又非覺湛明性」。「性覺必明，妄爲明覺」者，釋妄覺託真之相也。何以得知？妄覺初起有覺明，只緣性覺必有真明，所以妄覺託此性明而起影明之覺，執影像之明，起攀緣之覺，迷真認影，見、相二分，自此而生覺明之号。「覺非所明，因明立所」者，夫一真之覺，體性雖明，不分能、所，故「覺非所明」；由影明起覺，能、所斯分，故云「因明立所」。「所既妄立，生汝妄能，無同異中，熾然成異」者，此則元因覺明，起照生所。所立照性遂亡，則是「識精元明，能生諸緣，緣所遺者」〔一〕，乃是但隨能緣之相，覆真唯識性，一向能、所相生，如風動水，波浪相續，澄湛之性，隱而不現。從此迷妄，生虚空之性；復因虚空，成立世界之形。於真空一心，畢竟無同異中，熾然建立，成諸法究竟之異，皆因情想擾亂，勞發世間之塵；迷妄昏沉，引起虚空之界。分世界差别爲異，立虚空清浄爲同。於分别識中，又立無同無異，皆是有爲之法，盡成生滅之緣，未洞本原，終爲戲論。

校注

〔一〕見大佛頂如來密因修證了義諸菩薩萬行首楞嚴經卷一。

音義

漩，似宣反，回漩也。　洑，房六反。　稈〔一〕，古旱反。　穗，徐醉反。　漬，前智反。　耀，弋笑反。　蕉〔二〕，昨焦反。　潬，徒旱反。　藪，蘇后反。　絞，古巧反，縛也。　蔓，母官反。　皂，昨早反，黑色也。

戊申歲分司大藏都監開板

校注

〔一〕「稈」，原作「稻」，據正文及下反切改。

〔二〕「蕉」，文中作「樵」，異體。

宗鏡録卷第七十八

慧日永明寺主智覺禪師延壽集

夫言一覺一切覺，云何教中分其多種？

答：覺體是一，隨用分多。用有淺深，覺無前後。如瓔珞經云：妙覺方稱寂照，等覺照寂〔一〕。又，覺有三義：一、覺察，如睡夢覺。亦如人覺賊，賊無能爲，妄即賊也。二、覺照，即照理事也。亦如蓮華開，照見自心一真法界，恒沙性德，如其勝義，覺諸法故。三、妙覺，即上二覺離覺所覺，故爲妙耳，非更别覺。故經云：「無有佛涅槃，遠離覺所覺。」〔二〕又，「覺性無覺即根本智，覺相歷然即後得智」〔三〕。

校注

〔一〕妙覺：覺行圓滿的究竟佛果。覺行圓滿而不可思議，故稱妙覺。等覺：即十地位滿將證佛果的中間階段。因其智慧功德等似妙覺，故名等覺。湛然述法華玄義釋籤卷一二：「本業纓珞云：等覺照寂，妙覺寂照。」澄觀述大方廣佛華嚴經隨疏演義鈔卷一八：「準瓔珞經，妙覺方稱寂照，等覺照寂。今菩薩寶，義同照寂。如來寶珠，即當寂照。」按，菩薩瓔珞本業經卷上賢聖學觀品：「六種性者，所謂習種性、性種性、道種性、聖種性、等覺性、妙覺性。復名六堅，堅信、堅法、堅修、堅德、堅頂、堅覺。復名六忍，信忍、法忍、修忍、正忍、無垢忍、一切智忍。復名六慧，聞慧、思慧、修慧、無相慧、照寂慧、寂照慧。」

〔二〕見楞伽阿跋多羅寶經卷一。又，「覺有三義」至此，見澄觀述大方廣佛華嚴經隨疏演義鈔卷三七。

〔三〕見澄觀述大方廣佛華嚴經隨疏演義鈔卷一六。

問：既云真如一心，古今不易，因何而有衆生相續？

答：平等真法界，無佛無衆生〔一〕。隨於染浄緣，遂成十法界。以真心隨緣，不守自性，只爲衆生不自知無性之性故，但隨染緣成凡，隨浄緣成聖。如虚谷響，任緣所發。又如太虚忽雲，明鏡忽塵，求一念最初起處，了不可得，故号無始無明。

校注

〔一〕金剛般若波羅蜜經論卷下：「平等真法界，佛不度衆生。」金剛仙論卷九：「『平等真法界，佛不度衆生』者，明真如理中佛與衆生法身平等，無凡、聖兩異，何得謂於真如法界外，更有一定實衆生與佛有異而可度也？」

首楞嚴經云：「佛告阿難：云何名爲衆生顛倒？阿難，由性明心，性明圓故，因明發性，性妄見生。從畢竟無，成究竟有，此有所有，非因所因，住所住相，了無根本，本此無住，建立世界及諸衆生。迷本圓明，是生虛妄，妄性無體，非有所依。將欲復真，欲真已非真真如性，非真求復宛成非相，非生、非住、非心、非法。展轉發生，生力發明，熏以成業，同業相感，因有感業，相滅相生，由是故有衆生顛倒。」〔一〕

校注

〔一〕見大佛頂如來密因修證了義諸菩薩萬行首楞嚴經卷七。

古釋云：「因明發性，性妄見生」，因託性明，變影而起，託影而生，從虛執有，故云「從畢竟無，成究竟有」，即業相也。「此有所有，非因所因」，轉相也。業相爲能有，轉相爲所有，能、所既分，二相斯有，故云「有所有相」。即此轉相能行，現形而立，因前而起，引後而生，展轉相因，名「非因所因」。即此現相，能引六塵境界，現相是能住，六塵是所住，故云「住所住相」。「本此無住，以立世界」者，現相從妄所立，本無所依，此現相以成世界之本，故云「本此無住，以立世界」。從無住本，立一切法。無住者，即是無明，無明無因故無住。此之三相，俱是無始一念妄心，揔号無明。

「迷本圓明，是生虛妄，妄性無體，非有所依。將欲復真，欲真已非真真如性，非真求復宛成非相，非生、非住、非心、非法」者，初是業相，即是妄覺之心，體即虛妄。此妄初起，更無因始，名「非有所依」〔一〕。「將欲復真，欲真已非」，釋轉相，即真上影像相，似真非真，妄覺執此爲真。即初念名動，動必有静，静復似真，形動立静，非真不動，故云「欲真已非真真如性」〔二〕。本不因動而立於静，故云「非真求復宛成非相」，釋現相，從此現相，變起一切境界。「非相」現相，「非生」現生，「非住」現住，「非心」現心，「非法」現法，釋次第者，初從明、暗二相相形而生於色，即是結暗成色，形顯色也。因色即有根塵留礙，名之爲住；因有根塵，即有能分別識，名之爲心；覽此塵像，爲識境界，名之爲法。此等展轉，相因而有，返顯真如，相無明暗。無相形故「非相」，無起滅故「非生」，無留礙故「非住」，無緣慮故「非心」，離塵像故「非法」〔三〕。

校注

〔一〕子璿集首楞嚴義疏注經卷七：「『迷本圓明，是生虚妄，妄性無體，非有所依』，重指業相也。昧圓明真實，成能所虚妄，能所妄動，本無因依，妄想發生，無同異中熾然成異，故無體也。」

〔二〕子璿集首楞嚴義疏注經卷七：「『將欲復真，欲真已非真真如性』，指轉相也。由前動故，覺動希静，嫌妄欲真，希欲既生，轉增迷倒，不復元静，但得影真。是虚妄心所變起故，故云『已非真真如性』。」

〔三〕子璿集首楞嚴義疏注經卷七：「『非真求復宛成非相，非生、非住、非心、非法』，指現相也。已成虚妄，故云『非真』。而求於復便現虚相，此即所變真影轉成世間諸相也。其相體虚，故云『非相』，非猶妄也，此即總舉。『非生』下别列，無而忽有故生，有而暫止故住，緣慮相續故心，染浄差别故法，體元不實，故皆言非。」

又解：或前標三相，相因而有，以列次第。後三相合釋，都言三相虚妄，體即無明，更無所因，故云「非有所依」。即此三相影真而起，似真非真，執影爲實，故云「將欲復真」。影既不實，故云「欲真已非」。「宛成非相」下，對妄説真，以立名号。既依妄顯真以立名号，故知建立地位，從此而有。若不因妄説真，亦無地位名字可説。

故知三界有法，皆捏所成，本無根緒，無始妄習展轉相傳，迄至于今，成其途轍。如最初一人捏出一事，後人信受，展轉相傳，則一人傳虚，萬人傳實，從迷積迷，以歷塵劫。若識最初一念起處不真，即頓悟前非，大道坦然，更無餘事。如云但知今日是，何慮昔年非？是知有情無情，究其初原，皆不出一心本際。

如法性論〔一〕云：問：本際可得聞乎？

答：理妙難觀，故有不知之説；旨微罕見，故發幢英之問。有天名曰幢英，問文殊師利：「所言本際爲何謂乎？」文殊答曰：「衆生之原名曰本際。」又問：「衆生之原爲何謂乎？」答曰：「生死之本爲衆生原。」又問：「於彼何謂爲生死本？」答曰：「虚空之本爲生死原。」幢英於是抱玄音而輟問，始悟不住之本〔二〕。若然，則因緣之始，可聞而不可明，可存而不可論。

問：虚空有本乎？

答：無。

問：若無有本，何故云「虚空之本爲生死原」？

答：此猶本際之本耳。則於虚空無本，爲衆本之宗；化表無化，爲萬化之府矣。又〔三〕，凡亦是心，聖亦是心，以所習處下，不能自弘，則溺塵勞耳〔四〕。若以心託事，則狹劣；若以事從心，則廣大。凡世人多外重其事而内不曉其心，是以所作皆非究竟，以所附處卑故耳。如搏牛之蝱，飛極百步，若附鸞尾，則一翥萬里，非其翼工，所託迅也。亦如牆頭之草，角裏之聲，皆能致其高遠者，所託之勝也。如入宗鏡〔五〕，一附於自心，則〔六〕毛吞巨浸〔七〕，塵含十方，豈非深廣乎〔八〕？

校注

〔一〕法性論：慧遠著，已佚。高僧傳卷六慧遠傳：「先是中土未有泥洹常住之説，但言壽命長遠而已。遠乃歎曰：『佛是至極，至極則無變，無變之理豈有窮耶？』因著法性論曰：『至極以不變爲性，得性以體極爲宗。』羅什見論而歎曰：『邊國人未有經，便闇與理合，豈不妙哉！』」

〔二〕竺法護譯諸佛要集經卷下：「時光明幢天子問文殊師利：『向者所説，順從一切愚癡凡夫，所住處所行婬怒癡，住於此行而復興起。愚癡凡夫爲住何所行婬怒癡？』文殊答曰：『愚癡凡夫住無所有行婬怒癡，立在法界，處於本際而住無本。所以者何？天子當知，法界所在，不可分別，亦不可説，無本本際，亦復若茲。』天子又問：『所言本際爲何謂乎？』文殊師利答曰：『衆生之原名曰本際。』天子又問：『衆生之原爲何謂乎？』文殊師利答曰：『生死之本爲衆生原。』天子又問：『於彼何謂爲生死本？』文殊師利答曰：『虚空之本爲生死原，猶如天子虚空之界，本際無斷，無有邊岸，不長不短，不麁不細，不廣不狹，不遠不近，無方無圓，其虚空者，假有號耳，亦復無名。一切諸法，亦復若斯，猶如虚空，但假有名。亦如虚空，不生不壽，不病不老，亦復不死，亦無往生，無有妄想，不懷瞋恨，亦無所失，亦無所不失，悉無所著，不懷憂慼，一切諸法皆爲歸趣，此一本際亦無所歸，無有計數。天子，當知一切諸法無進無退，無合無散，不可怒常，無處所故。是故天子，一切諸法悉無處所，無所志願，無將不將，無有科律，是爲一切諸法悉等而無偏黨，故曰無本，本無如是。』説此語時，諸天子衆悉皆逮得無所從生法忍。時諸天子住於法忍，則行恭恪，便雨天華，供養於文殊師利。文殊師利威神所感，諸華皆住於虚空中無執持者，猶如根生。」「幢英」，即「光明幢天子」的異譯。

〔三〕「又」，心賦注卷四作「故知人心爲凡聖之本則」。

〔四〕「則溺塵勞耳」，心賦注卷四作「諸佛將衆生心登妙覺，衆生將佛心溺塵勞」。

〔五〕「宗鏡」，心賦注卷四作「心法」。作「宗鏡」者，或是根據需要的改寫。

〔六〕「則」，心賦注卷四作「則能」。

〔七〕「浸」，心賦注卷四作「海」。巨浸，即大海。

〔八〕按，「如法性論云」至此，亦見心賦注卷四。或皆出慧遠著法性論而略有改動。

問：内外唯識，心境皆空，云何教中又立外相？

答：因了相空，方談唯識。若執有相，唯識義不成；若執無相，真空理不顯。以無相即相，方達真空；相即無相，始明唯識。所以攝大乘論云：唯識道理，須明三相：「一、通達唯量，外塵實無所有故；二、通達唯二，相及見唯識故；三、通達種種色生，但有種種相貌而無體故。」〔一〕

校注

〔一〕見世親造、真諦譯攝大乘論釋卷五差別章第二。

所以攝大乘論云：「一切相有二種，謂現住及所立。散心所緣六塵，名現住；定心所緣骨鎖等，爲所立。」〔二〕「復次，似塵顯現名相，謂所緣境；似識顯現名見，謂能緣識。此二法，一是因，二是果。又，一是所依，二是能依。」〔三〕

是知因内起念，想像思惟，則外現其相貌。念若不起，相不現前。以因内生外故，攝末歸本，全境是心。何者？若心不起，境本空故，一切境界，唯心妄動。

校注

〔一〕見世親造、真諦譯攝大乘論釋卷七入方便道章第五。

〔二〕見世親造、真諦譯攝大乘論釋卷七入資糧章第六。

問：約世間妄見，定是何識？

答：衆生所見即是亂識。中邊分別論云：「謂一切世間，但唯亂識。此亂識云何名虚妄？由境不實故，由體散亂故。」又，「若執永無亂識，繫縛、解脱皆不成就，即起邪見，撥淨不淨品」〔一〕。故知因迷得悟，非無所以；從凡入聖，蓋有緣由。如影像表鏡明，因妄識成真智。

校注

〔一〕見真諦譯中邊分別論卷上相品。

問：定中所見定果色，是定心自現，非緣現在外色，又非憶持過去境，可驗唯心。未得定者，皆是散意所見外色，云何證是自心？

答：定内、定外，静、亂雖殊，所見之色，皆唯自識，以外境無體，從緣而生，生性本空，無相可得。識論云：如觀行人，定中所見色相境界，識所顯現，定無境界。此青等色相是定境，非所憶持識。憶持識有染汙，此起現前所見，分明清净，則唯識之旨於此弥彰。如依鏡面，但有自面，無有别影。何以故？諸法和合道理，難可思議，不可見法而令得見。定心亦尔，定心有二分：一分似識，一分似塵。此二種實唯是識。若憶持識，是過去色。此定中色，若在散心〔一〕，五識〔二〕可言緣現在外塵起。若散意識〔三〕，緣過去塵起。若在觀中，必不得緣外色爲境，色在現前，又非緣過去境，當知定心所緣色即見自心，不見别境。以定中色比定外色，應知亦無别境〔四〕。

校注

〔一〕散心：散亂之心，放逸之心。智顗説、灌頂記摩訶止觀卷五上：「夫散心者，惡中之惡。如無鉤醉象，踏壞華池；穴鼻駱駝，翻倒負馱。」

〔二〕五識：指業識（依根本無明而始動本心者）、轉識（業識一轉成能見者）、現識（隨能見而妄現一切境界者）、智識（於妄現境界而生種種邪分别者）、相續識（由邪分别而於愛境生樂、於不愛境生苦，苦樂之念相續不絶者）。

〔三〕散意識：即散位獨頭意識，是不緣前五識而單獨現起之意識，散亂偏計諸法，或緣空華水月等諸色相，或緣過去、現在、未來一切諸法，不是禪定中發生的意識，也不是睡夢中朦朧現起意識。

〔四〕「識論云」至此，參見真諦譯攝大乘論釋卷五相章第一。按，「識論云」者，延壽心賦注卷三引云「攝論云」，冥樞會要卷下亦作「攝論云」。

是知一心即萬法，萬法即一心。何者？以一心不動，舉體爲萬法故。如起信鈔釋疏云：舉體者，謂真如舉體成生滅。生滅無性，即是真如。未曾有真如處不生滅，未曾有生滅處不真如。又云：不同空者，靈然覺知。覺知即神解義，陰陽不測謂之神，解即是智，智即是知，知即一心也，故以知爲心體。所以祖師云：空寂體上，自有本智能知〔一〕。大意云：於一切染、浄法中，有真實之體，了然鑒覺，目之爲心〔二〕。

校注

〔一〕按，宗密撰圓覺經大疏釋義鈔卷二之下：「荷澤云：無住體上自有本智能知等。」則此「祖師」者，即菏澤神會。

〔二〕「起信鈔釋疏云」至此，參見起信論疏筆削記卷六，故此起信鈔者，當即傳奥大乘起信論隨疏記，參見本書卷六注。

問：外諸境界既稱内識似色顯現，但是唯識者，云何不隨識變異？

答：若執外色實住，即是於無色中見色，妄生顛倒。如捏目生二相，豈是真實？攝論問云：若無别色塵，唯是本識，何故顯現似色等？云何相續堅住，前後相似？若是識變異所作，則應乍起乍滅，改轉不定，云何一色於多時中相續久住？故知應有别色。答：由顛倒故，顛倒是煩惱根本。由識變異，起諸分别。依他性與分别性相應，即是顛倒煩惱所依止處。顛倒煩惱又是識變異所依止處。若無互爲依止義，則識無變異，於非物中分别爲物，不應有此顛倒。若無煩惱，豈有聖道？故此義亦不成，是故應信離識無别法〔一〕。

校注

〔一〕「攝論問云」至此，詳見真諦譯攝大乘論釋卷五相章第一。

問：内心分别稱識，外色不分别，如何是識？

答：能見、所見，皆是亂識，無中執有，色本自虚。攝論云：亂識者，無中執有名亂。十一識中，世等六識，隨一識唯一分：一分變異成色等相，一分變異成見等，不出此二識性，能分别則成見，不能分别則成相〔一〕。

校注

〔一〕詳見真諦譯攝大乘論釋卷五差别章第二。又，攝大乘論釋卷五相章第一：「由本識能變異作十一識，本識即是十一識種子。十一識既異，故言差別，分別是識性。（中略）謂身識、身者識、受者識、應受識、正受識、世識、數識、處識、言説識、自他差別識、善惡兩道生死識。（中略）身識謂眼等五界，身者識謂染污識，受者識謂意界，應受識謂色等六外界，正受識謂六識界，世識謂生死相續不斷識，數識謂從一乃至阿僧祇數識，處識謂器世界識，言説識謂見聞覺知識。如此九識，是應知依止，言説熏習差別爲因。自他差別識者，謂自他依止差別識，我見熏習爲因。善惡兩道生死識者，謂生死道多種差別識，有分熏習爲因。」

如無所有菩薩經云：「尔時，世尊告無所有言：『汝當爲此諸菩薩等説五陰聚和合身事。』無所有菩薩言：『世尊，如我所見，如佛色空，我色亦尔。如佛色，一切衆生色、一切樹林藥草色亦尔。如一切樹林藥草色，彼一切界和合聚色亦尔。所有空色及我色、如來色、一切衆生色、一切樹林藥草等色、一切界和合聚色，無有二相，非法非非法[一]。諸少智者於無色中或作是想：希望欲入此法行，於無色中妄起行想，略説乃至受、想、行、識中，如是作，如色所作，如虛空識，我識亦尔。如彼識，如來識亦尔。如如來識，彼識一切衆生識亦尔。如一切衆生識，彼識一切樹林藥草識亦尔，其[二]虛空識、如來識及我識、一切衆生識、一切樹林藥草識亦尔，一切和合識無二相，不可知，不可分別，不生，無等等。』」[三]

校注

〔一〕「非法非非法」，無所有菩薩經作「無知無動無生，無等無有等等，無行無説，非法非非法，非法界非不法界所攝，非空非非空。衆生愚癡，不知不覺，虚妄貪著，慳悋嫉妬，不能拔出虚妄毒箭，於慳妬中忘失恩義，無明網覆，遠善知識多有疑惑。於如此法不能聽受，當作障礙，不能受持讀誦修行而有觸證。有諸菩薩智慧善巧，猶如虚空無所著者，於諸世間所有法中不得法想，況復餘想？彼等能入於此法行。」

〔二〕「其」，原作「真」，據無所有菩薩經改。

〔三〕見無所有菩薩經卷四。又，「一切樹林藥草識亦尔」後，經中作「如一切樹林藥草識，一切界和合識亦爾。其虚空識及以我識、如來識、一切衆生識、一切樹林藥草識、一切界和合識，無二相。不可知，不可分别，不生，無等等，無行，不可作名字，非法非非法，非法界非非法界所攝，非虚空非非虚空。」

問：既稱唯有識，何得立色名？

答：一切名皆是客義。名中無法，法中無名〔一〕。名不當法，法不當名〔二〕。經云：「是自性無生、無滅，無染、無淨。」此色無所有爲通相，若有生即有染，若有滅即有淨。由無此四義，故色無别相。經云：由假立客名，隨説諸相〔三〕。攝論云：「一切法以識爲相，真如爲體。」〔四〕又云：「一切相有二種：一、如外顯現，二、如内顯現。如外是相，如内是思惟。」故知一體現二，内、外雙分，則心非内外，内外是心。又，能、所相成，心、境互攝，二而不二，常冥一味之真原；不二而二，恒分心境之虚相。

校注

〔一〕寶雲經卷三：「名中無法，法中無名，但以世俗，假設名字，流布世間。」

〔二〕玄覺撰禪宗永嘉集淨修三業第三：「法不自名，假名詮法。法既非法，名亦非名。名不當法，法不當名。名法無當，一切空寂。」

〔三〕大般若波羅蜜多經卷四：「如是自性無生、無滅，無染、無淨，菩薩摩訶薩如是行般若波羅蜜多，不見生、不見滅，不見染、不見淨。何以故？但假立客名，别别於法而起分别；假立客名，隨起言説如如言説，如是如是生起執著。」又，「經云：是自性無生、無滅，無染、無淨」至此，見世親釋、真諦譯攝大乘論釋卷五差別章第二。

〔四〕見世親釋、真諦譯攝大乘論釋卷七入方便道章第五。下一處引文同。

問：心念念滅刹那相，内身外色，亦刹那滅耶？

答：内外諸色，唯心執受，亦隨心念念刹那滅，心外更無一法可作常住，可作生滅。雜集論云：如心、心法是刹那相，當知色等亦刹那相，有其八義：一、由心執受故，謂色等身，由刹那心念念執受，故刹那滅等；二、等心安危故，謂色等身，恒與識俱，識若捨離，即便爛壞；三、隨心轉變故，謂世間現見，心在苦、樂、貪、嗔等位，身隨轉變，隨刹那心而轉變故，身念念滅；四、是心所依故，謂世間共知，心依止有根身，如火依薪，如芽依種等，是故此身是刹那心依止，故亦刹那滅；五、心增上生者，謂一切内外色，皆心增上所生，能生因刹那滅故，所生果亦刹那滅；六、心自在轉故，謂若證得勝威德心，於一切色如其所欲，自在轉變，由隨刹那能變勝解轉變生故，色等刹那生滅道理成就；七、於最後位變壞可得故，謂諸色等，初離自性念念變壞，於最後位欻尔變壞，不應道理，然此可得，故知色等從初已來，念念變壞，自類相續，漸增爲因，能引最後麁相變壞，是故色等念念生滅；八、生已不待緣，自然壞滅故，謂一切法，從緣生已，不待壞緣，自然壞滅。故知一切可滅壞法，初纔生已，即便壞滅，是故諸法刹那義成〔一〕。

校　注

〔一〕詳見玄奘譯大乘阿毗達磨雜集論卷六。

大智度論云：「若諸法實有，不應以心識故知有相。若以心識故知有，是則非有。如地堅相，以身根、身識知故有。若無身根、身識知，則無堅相。」〔一〕又，因緣和合生故空，唯心故空〔二〕。是知内色、外色皆識建立，隨心有無，實無自體。

校　注

〔一〕見龍樹造、鳩摩羅什譯大智度論卷一五。

〔二〕龍樹造、鳩摩羅什譯大智度論卷三一：「離我所故空，因緣和合生故空，無常、苦、空、無我故名爲空，始終不可得故空，誑心故名爲空，賢聖一切法不著故名爲空，以無相、無作解脱門故名爲空，諸法實相無量無數故名爲空，斷一切語言道故名爲空，滅一切心行故名爲空，諸佛、辟支佛、阿羅漢入而不出故名爲空。如是等因緣故，是名爲空。」

問：論唯有内心，實無外境〔一〕者，如修十善業，受天堂樂；作五逆罪，受地獄苦。昇忉利，則五欲悦目；墮泥犂，則萬苦攢身。悦目有靈鳳翔鸞，作歡樂之事；攢身有鐵蛇銅狗，爲逼惱之殃。明知非但内心，實有外境。

答：天堂、地獄苦樂之相，皆是自心果報業影。既以自心所作爲因，還以自心所受爲果。故經云：未有自作他受〔二〕。今且約地獄界受苦，以證唯心，十法界中，例皆如是。

校　注

〔一〕玄奘譯成唯識論卷一：「實無外境，唯有内識，似外境生，實我實法不可得故。」

〔二〕正法念處經卷三三：「無有自作他受其報。」

識論問：云何名爲四大轉變？彼四大種種轉變，動手脚等及口言説，令受罪人生於驚怖，如有兩羊，從兩邊來共殺害，彼地獄衆生見有諸山或來或去，殺害衆生。以是義故，不得説言唯有内心，無外境界。

答曰：偈言：若依衆生業，四大如是變，何故不依業，心如是轉變？汝向言依〔一〕罪人業、外四大等如是轉變，何故不言依彼衆生罪業力故，内自心識如是轉變？又偈言：業熏於異法，果云何異處？善惡熏於心，何故離心説？故偈言「業熏於異法，果云何異處」者，此以何義，彼地獄中受苦衆生，所有罪業依本心作，還在心中，不離於心？以是義故，惡業熏心，還應心中受苦果報。何以故？以善惡業熏於心識，而不熏彼外四大等，以四大中無所熏事。云何虚妄分别，説言四大轉變，於四大中受苦果報？是故偈言：「善惡熏於心，何故離心説？」〔二〕

如無盡意菩薩經云：「菩薩所作精進，常與身、口、意相應。雖身、口精進，皆由於心，

校注

〔一〕「依」，原作「彼」，據唯識論改。

〔二〕「識論問」至此，詳見天親造、般若流支譯唯識論。

心爲增上。云何菩薩心精進？所謂心始、心終。云何心始？初發心故；云何心終？菩提心寂滅故。」〔一〕

校　注

〔一〕見大方等大集經卷二八無盡意菩薩品。

是知起盡俱心，初終咸尒，非唯浄業，萬事皆然，不出一心，圓滿覺道。又如油盡燈滅，業喪苦亡，若定有外境可觀，非内所感，只合長時受苦，無解脱期，既有休時，當知無實，可驗心生法生，心滅法滅矣〔一〕。

校　注

〔一〕隋慧遠大乘起信論義疏卷上之下：「一切法如鏡中像，無體可得。言唯心者，唯隨於心，以從心故，心生法生，心滅法滅，故言唯心也。」

是以一切衆生，從無始來，作虚妄因，受虚妄果，皆從情結，唯逐想生。所以首楞嚴經云：即時，阿難及諸大衆乃至而白佛言：「『世尊，若此妙明真浄妙心本來徧圓，如是乃至大地草木、蠕動含靈，本元真如，即是如來成佛真體。佛體真實，云何復有地獄、餓鬼、畜生、脩羅、人、天等道？世尊，此道爲復本來自有？爲是衆生妄習生起？世尊，如寶蓮香比丘尼持菩薩戒，私行婬欲，妄言行婬非殺、非偷，無有業報，發是語已，先於女根生大猛火，後於節節猛火燒然，墮無間獄。瑠璃大王、善星比丘，瑠璃爲誅瞿曇族姓，善星妄説一切法空，生身陷入阿鼻地獄〔一〕。此諸地獄，爲有定處？爲復自然？彼彼發業，各各私受，唯垂大慈發開童蒙，令諸一切持戒衆生聞決定義，歡喜頂戴，謹潔無犯。」

「佛告阿難：『快哉此問！令諸衆生不入邪見。汝今諦聽！當爲汝説。阿難，一切衆生實本真浄，因彼妄見，有妄習生，因此分開内分、外分。阿難，内分即是衆生分内，因諸愛染，發起妄情，情積不休，能生愛水，是故衆生心憶珍羞，口中水出；心憶前人，或憐或恨，目中淚盈；貪求財寶，心發愛涎，舉體光潤；心著行婬，男女二根自然流液。阿難，諸愛雖别，流結是同，潤濕不昇，自然從墜，此名内分。阿難，外分即是衆生分外，因諸渴仰，發明虚想，想積不休，能生勝氣。是故衆生心持禁戒，舉身輕清；心持呪印，顧眄雄毅；心欲生天，夢想飛舉；心存佛國，聖境冥現；事善知識，自輕身命。阿難，諸想雖别，輕舉是同，飛動不沉，自然超越，此名外分。』」〔二〕

校注

〔一〕子璿集首楞嚴義疏注經卷七：「寶蓮香事未檢所出，意謂殺盜有對，邪行無對，故云『無報』。善星事出涅槃，琉璃緣如本經。」善星事，出大般涅槃經卷三三，詳見本書卷四〇注引：「琉璃緣如本經」者，本經即琉璃王經。仁岳述楞嚴經熏聞記卷五：「『瑠璃爲誅瞿曇族姓』者，瞿雲，釋迦前姓也。初，迦維羅衛國有舍夷貴姓（舍夷即釋迦别目），五百長者共爲世尊造立講堂，自相誓曰：『沙門、梵志乃至群黎，不得先佛妄升此堂。若有違者，罪在不測。』舍衛太子名曰瑠璃，因省定外氏，入城見堂高廣嚴飾，頓止其上。貴姓聞之，遣使罵辱，催逐令去。太子懷恚，敕太史記之：『須吾爲王，當誅此類。』於後即位，領兵伐迦維國，殺舍夷人三億。乃至佛言：『彼瑠璃王卻後七日，當入地獄。』王聞恐怖，乘船入海，冀得自免，水中自然出火燒滅。」詳見竺法護譯琉璃王經。

〔二〕見大佛頂如來密因修證了義諸菩薩萬行首楞嚴經卷八。

故知因情滯著，能成愛水，浸漬不休，自然成墜，以情地幽隱，故爲内分；以舉念緣塵，取像名想，運動散亂，故名外分。一切境界，非想不生。故經云：若知一切國土，唯想持之〔一〕。是則名爲初發心菩薩。

校注

〔一〕實叉難陀譯大方廣佛華嚴經卷五六：「知一切衆生但想所持，無礙用。」卷七七：「一切國土皆幻住，想倒、心倒、見倒無明所現故。」澄觀撰大方廣佛華嚴經疏卷五九：「一切國土，但想所持。既有妄想故，心見皆倒。言無明所現，亦通净刹。謂登地已上，無明未盡，所見國土種種不同。」

又，華嚴經頌云：「勇猛諸佛子，隨順入妙法，善觀一切想，纏綱於世間。衆想如陽燄，令衆生倒解，菩薩善知想，捨離一切倒。衆生各别異，形類非一種，了達皆是想，一切無真實。十方諸衆生，皆爲想所覆，若捨顛倒見，則滅世間想。世間如陽燄，以想有差别，知世住於想，遠離三顛倒。譬如熱時燄，世見謂爲水，水實無所有，智者不應求。衆生亦復然，世趣皆無有，如燄住於想，無礙心境界。若離於諸想，亦離諸戲論，愚癡著想者，悉令得解脱。遠離憍慢心，除滅世間想，住盡無盡處，是菩薩方便。」〔一〕

又云：「譬如有人將欲命終，見隨其業所受報相：行惡業者，見於地獄、畜生、餓鬼所有一切衆苦境界，或見獄卒手持兵仗，或瞋或罵，囚執將去，亦聞號叫悲歎之聲，或見灰河，或見鑊湯，或見刀山，或見劍樹，種種逼迫，受諸苦惱；作善業者，即見一切諸天宫殿，無量天衆、天諸婇女，種種衣服，具足莊嚴，宫殿園林，盡皆妙好。身雖未死，而由業力，見如是事。」〔二〕

校注

〔一〕見實叉難陀譯大方廣佛華嚴經卷四四。

〔二〕見實叉難陀譯大方廣佛華嚴經卷七九。

大智度論云：「如乾闥婆城者非城，人心想爲城。凡夫亦如是，非身想爲身，非心想爲心。」〔一〕

校注

〔一〕見龍樹造、鳩摩羅什譯大智度論卷六。

故知地獄、天堂，本無定處，身猶未往，已現自心，境不現前，唯心妄見。可驗苦樂之境，本無從出；善惡之事，唯自召來。空是空非，妄生妄死。如達磨大師云：「由己見故不得道。己者，我也。若無我者，逢物不是非。是者，我自是而物非是也；非者，我自非而物非非也。」〔一〕

校注

〔一〕菩提達磨安心法門：「問：世間人種種學問，云何不得道？答：由見己故，所以不得道。己者，我也。至人逢苦不憂，遇樂不喜，由不見己故，所以不知苦樂。由亡己故，得至虛無。己尚自亡，更有何物而不亡也？問：諸法既空，阿誰修道？答：有阿誰，須修道。若無阿誰，即不須修道。阿誰者，亦我也。若無我者，逢物不生是非。是者，我自是而物非是也；非者，我自非而物非非也。」按，卍新續藏第六三册收唐慧海撰諸方門人參問語録卷下，末附「初祖菩提達磨大師安心法門」，題後子注云：「出聯燈會要。」説明是後人抄録。大正藏本少室六門第四門「安心法門」題後有子注云：「宗鏡及正法眼藏載之。」

若入宗鏡，我法俱空，心境自亡，是非咸寂，神性獨立，對待無從，斯皆悟本而成，非因學得。如先德云：「境自虚，不須畏，終朝照矚〔一〕元無對。設使任持浮幻身，任運都無〔二〕舌身意。」〔三〕

校注

〔一〕「矚」，祖堂集卷一四高城和尚、禪門諸祖師偈頌卷上等作「燭」。

〔二〕「任運都無」，祖堂集卷一四高城和尚作「運用都無」，禪門諸祖師偈頌卷上作「運用都來」。

〔三〕按，出高城和尚法藏歌行。全詩見祖堂集卷一四高城和尚、禪門諸祖師偈頌卷上等。

又，昔人偈云：「寧神泯是非，現身安樂國。」〔一〕所以論云：「智境豁〔二〕然，名爲佛國。」〔三〕

校注

〔一〕見究竟大悲經卷二除一切衆生修道作佛病品。

〔二〕「豁」，新華嚴經論作「朗」。

〔三〕見李通玄撰新華嚴經論卷三四。

又如有學人問百丈和尚云：「對一切境，如何得心如木石？答：一切諸法，本不自言是非、垢淨〔一〕，亦無心繫縛人，但人自虚妄計著，作若干種解，起若干種見，生若干種畏愛。但了諸法不自生，皆從自己顛倒取相而有，知心與境本不相到，當處解脱，一一諸法、一一諸心，當處寂滅，當處是道場。又，本有之性，不可名目。本來不是凡、不是聖，不是愚、不是智，不是垢、不是淨，亦非空有善惡，與諸染法相應，名衆生界；與諸淨法相應，名人天二乘。若垢淨心盡，不住繫縛、解脱，無一切有爲、無爲、縛、脱等心量，處於生死，其心自在，畢竟不與諸虚幻、塵勞、藴界、生死、諸入和合，迥然無住，一切不拘，去來無礙，往來生死，如門開相似。」〔二〕

校注

〔一〕「本不自言是非、垢淨」，百丈懷海禪師廣録、祖堂集卷一四百丈和尚作：「本不自言空，不自言色，亦不言是非、垢淨」。

〔二〕見百丈懷海禪師廣録（四家語録卷三）。參見祖堂集卷一四百丈和尚。景德傳燈録卷六洪州百丈山懷海禪師較爲簡略：「一切諸法，本不自空，不自言色，亦不言是非垢浄，亦無心繫縛人，但人自虚妄計著，作若干種解，起若干種知見。若垢浄心盡，不住繫縛，不住解脱，無一切有爲、無爲，解平等心量，處於生死，其心自在，畢竟不與虚幻、塵勞、藴界、生死、諸入和合，迥然無寄，一切不拘，去留無礙，往來生死，如門開相似。」

問：地獄既是非情，云何動作？

答：是有情不思議業力所感，令受罪衆生自見有如是事。如成劫風，雖是無情，亦能成劫。似磁毛石，豈有識想，令鐵轉移？設使衆生輪迴六趣，善惡昇沉，實無主宰，人法俱空。所以先德云：「往復無際，動静一原，含衆妙而有餘，超言思而迥出者，其唯法界乎？」〔一〕

故知若入一際法界之中，有何差别？能、所冥合，境、智同如，豈可更有一法爲動爲静，隨業識之轉乎？若未入法界，不悟此宗，但有一法當情，皆是自之業識，離識之外，決定無法。

校注

〔一〕見澄觀撰大方廣佛華嚴經疏序。

問：凡所施爲，皆是自心者，云何殺生而得殺罪？

答：皆是依於自心分別，强執善、惡之因，妄受苦、樂之果。若究三輪〔一〕之體，能殺、所殺本空。是以文殊執劍於瞿曇〔二〕，鴦崛持刀於釋氏〔三〕，終不見生見殺，執自執他，妄受輪迴，酬還罪報。

校注

〔一〕三輪：指無常、不浄、苦。世間無常、不浄、苦迴轉無限，無始無終，故喻之如輪，稱爲無常輪、不浄輪、苦輪。

〔二〕大寶積經卷一〇五神通證説品：「今有世界，名曰娑婆，彼土有佛，號釋迦牟尼如來、應供、正遍覺，現在説法。然彼世界有一上首菩薩摩訶薩名文殊師利，久已不退於阿耨多羅三藐三菩提。爲欲破壞新學菩薩執著心故，躬秉利劍，馳走趣彼釋迦如來，顯發深法。」

〔三〕央掘魔羅經卷一：「爾時，央掘魔羅母念子當飢，自持四種美食，送往與之。子見母已，作是思惟：『當令我母得生天上。』即便執劍，欲前斷命。去舍衛國十由旬少一丈，於彼有樹，名阿輪迦。爾時，世尊以一切智，如是知時如鴈王來。央掘魔羅見世尊來，執劍疾往，作是念言：『我今復當殺是沙門瞿曇。』爾時，世尊示現避去。」

識論問云：若彼三界唯是内心，無有身、口外境者，何故屠獵師等殺害猪、羊等得殺生罪？

偈答云：死依於他心，亦有依自心，依種種因緣，破失自心識。

釋曰：如人依鬼、毗舍闍〔一〕等，是故失心；或依自心，是故失心；或有憶念愛、不愛事，是故失心；或有夢見鬼著失心；或有聖人神通轉變前人失心。如一比丘，夜蹋瓜皮，謂殺蝦蟇，死入惡道。故云「死依於他心，亦有依自心」者，以依仙人嗔心，嗔毗摩質多羅阿脩羅王〔二〕故，殺餘衆生，此依他心。他衆生心，虚妄分別，命根謝滅，以彼身命相續斷絶，應如是知。頌云：經説檀拏〔三〕迦、迦陵、摩燈〔四〕國〔五〕，仙人嗔故空，是故心業重。

問：依仙人嗔心，依仙人鬼，殺害如是三國衆生，非依仙人嗔心而死？

答：佛問尼乾子〔六〕言：「摩登伽等三國衆生，汝頗曾聞，云何而死？爲身業殺？爲意業殺？」尼乾子言：「瞿曇，我昔曾聞，仙人嗔心，以意業殺尒所衆生。」佛言：「以是成我義，三界唯心，無身、口業。何以故？如世人言：賊燒山林、聚落、城邑，不言火燒。此義亦尒，唯依心，其善惡業得成。故偈云：諸法心爲本，諸法心爲勝，離心無諸法，唯心身口名。」〔七〕

校注

〔一〕毗舍闍：鬼名。吉藏撰法華義疏卷六：「毗舍闍鬼者，此云『狂鬼』。」翻譯名義集卷二鬼神篇：「毗舍闍，亦云『毗舍遮』，又云『畢舍遮』，又云『毗舍支』，又『臂舍柘』，此云『啖精氣』，噉人及五穀之精氣，梁言『顛鬼』。」

〔二〕毗摩質多羅：阿修羅王名。吉藏撰法華義疏卷一：「毗摩質多羅者，此云『響高』，以其於大水中出大音聲，自唱言『我是毗摩質多羅』，故云『響高』。亦云『種種疑』，又云『穴居』者，最是海下住也。」慧苑撰新譯大方廣佛華嚴經音義卷上：「『毗摩質多羅』，『毗摩』，此云『絲』也；『質多羅』，此云『種種』也。謂此修羅善於幻術，能以一絲幻作種種事也。又云『毗摩』，此曰『遍空』；『質多羅』，此云『種種嚴儀』，言此修羅與帝釋戰時，嚴備種種軍仗之儀，遍空而列也。舊云『嚮高』，或曰『穴居』者，非敵對翻也。」

〔三〕「挐」，唯識論作「拏」。

〔四〕「燈」，嘉興藏本作「登」。

〔五〕檀挐迦：多作「彈宅迦林」，真諦譯大乘唯識論作「檀陀柯」。摩燈：或作「摩登伽」「末蹬伽」等。迦陵：即「迦陵伽」，或作「羯餕伽」等。大唐西域記卷一〇羯餕伽國：「羯餕伽國，周五千餘里。國大都城周二十餘里。（中略）少信正法，多遵外道，伽藍十餘所，僧徒五百餘人，習學大乘上座部法。天祠百餘所，異道甚衆，多是尼乾之徒也。」窺基唯識二十論述記卷下：「彈宅迦者，真諦云『檀陀柯』，此云『治罰』，治罰罪人處也。今罰罪人，尚置其內。中阿含云：是王名也。有摩登伽婦人，是婆羅門女，極有容貌，聟爲仙人，名摩登伽，於山中坐，婦爲其夫營辦食送。檀陀柯王入山戲遊，逢見此婦，問是何人，有人答言：『是仙人婦。』王云：『仙人離欲，何用婦爲？』遂令提取，將還宮內。仙至食時，望婦不來，心生恚恨，借問餘人，餘人爲説是王將去。仙往王所，殷勤求覓，不肯還云：『汝是仙人，何須畜婦？』仙言：『我食索此婦人。』王便不還。仙人意憤，語其婦曰：『汝一心念我，勿暫捨我，今夜欲令此國土破壞。』仙人夜念，時雨大石，王及國人一切皆死，俄頃成山。此婦一心念彼仙人，唯身不死，還就山中。本是彈宅迦王國，今成山林，從本爲名，名彼林也。人物皆盡，故名空寂。舊人解云：諸仙修定處名空寂。末蹬伽者，舊云『迦陵伽』，此云『憍逸』，仙人之名，舊云王名。有梵本云『鉢蹬伽』，此翻云『蛾』，即赴火者。昔有仙人，形甚醜陋，世間斯極，修得五通，山中坐禪。有一婬女，甚愛於王，王亦愛之，後觸忤王，王遂驅出。婬女入山，見仙醜陋，謂是不祥之人，恐有不祥之事。婬女切念：『我今被出，是不吉祥。若還此不祥，我應吉祥。』乃取糞穢洗不浄汁，令婢送山，澆灌仙人。仙人忍受，不生瞋恨。有婆羅門爲仙洗浣。婬女自後王還寵之。有一國師亦有衰惱，婬女語曰：『以不吉祥還於仙者，必還吉祥。』國師依言，以糞汁洗，仙亦忍受。弟子婆羅門還爲洗浣。其後國師還得吉事。事既皆驗，人普知之。王後欲征，國師進諫：『以不吉祥與仙人者，必獲吉祥。』王復遂語：『山中起屋，恒取糞汁洗灌仙人。』征遂得勝。自後若有不稱心事，輒以糞汁洗之。仙人不復能忍，心生恚恨，乃雨石下，王人皆死。唯事仙者得免斯苦。須臾之間，國成山林。此林從本，名末蹬伽。羯陵迦者，此云『和雅』，如彼鳥名，『陵』字去聲呼也。舊云：摩登伽，仙人之名。昔有一人語此仙曰：『汝若有子，當爲國師。』摩登伽是旃陀羅種，既聞此語，求女於王。王甚訶責：『汝非好種，何故求我爲婚？』仙既數求不得，女意欲適仙處，令母白王：『彼雖惡種，猶是仙人，深爲可重，我情欲適。』王決不許。女盜往彼，爲仙人妻，遂生一子。王既失女，處處尋求，求知仙處，遣旃荼羅縛仙及女，相著擲著恒河水中。仙語恒河神曰：『汝莫令我没。』

若我没者，須臾之間，令水涸竭。』河神於是割繩，放令仙還去。仙瞋作念，須臾雨石，王人皆死，國變山林。從本爲名，名摩登伽也。此三舊國，今變成林。」

〔六〕尼乾子：外道名。慧琳一切經音義卷二五：「尼乾子，此云『無繫』，是裸形外道，不繫衣食，以爲少欲知足者也。」

〔七〕「識論問云」至此，詳見天親造、般若流支譯唯識論。

成實論云：「若離心有業，非衆生數〔一〕，亦應有罪福。如風頽山，惱害衆生，風應有罪。若吹香華，來墮塔寺，亦應有福。是則不可，故知離心無罪、福也。」〔二〕以此文證，罪、福據心，無身、口業。身、口業者，但有名字，實是意業，身口名説。

校注

〔一〕「數」，原無，據成實論補。

〔二〕見成實論卷七三業品。

華嚴會意〔一〕云：凡有見自、見他，皆是迷心自現。何者？如見他持刀殺自，當知他、自皆從自生，以離自見心無自、他故。非但自、他是心妄現，即所持刀杖故，亦是自心。何以故？心外無彼實刀杖故。見所持者，唯六塵故。由不知自心現，見殺即惶懼不安。若了唯是自心，縱殺，誰憂誰懼？皆由妄心生，故種種有；妄心滅，故種種無。既知唯心妄現，心不見心，即物我俱亡，憂喜咸寂。又如夢中殺事，亦如是也。如説世間恒如夢，不可得有無〔二〕。

校注

〔一〕華嚴會意：不詳。本書卷三八、卷六六中亦有稱引。

〔二〕楞伽阿跋多羅寶經卷一：「遠離於斷常，世間恒如夢，智不得有無，而興大悲心。」

密嚴經云：「内外境界，心之所行，皆唯是識，惑亂而見，此中無我，亦無我所。能害、所害，害及害具，一切皆是意識境界，依阿賴耶識如是分別。」〔一〕

校注

〔一〕見大乘密嚴經卷中阿賴耶建立品。

又，古師問云：若所見皆是自相分，如何殺自相分而得怨報？

答：雖觀他人扶塵根是自相分，於他是親相分，有執受故。如悮殺他，即斷命根，即有罪，於自即是疎相分。

問：經中所云「一切法如夢」，以證唯心者，云何夢中事虚，寤中事實？果報不等，法喻不齊，云何引證？

答：所申譬況，皆爲不信之人假此發明，所以智不難喻，但求見道。證會自心，何用檢方便之詮，執圓常之理？此夢喻一法，證驗最親。

識論答外難云：汝言夢中所見飲食飢飽、刀杖毒藥，如是等事，皆悉無用，寤時所見如是等事，皆悉有用，此義不然。頌云：如夢中無女，動身失不浄。如夢交會，漏失不浄。衆生如是無始世來，虚妄受用色、香、味等外諸境界，皆亦如是，實無而成。

又問：若夢中無境，寤亦尒者，何故夢中、寤中行善惡法、愛與不愛，果報不等？

答：唯有内心，無外境界。以夢寤心，差別不同，是故不依外境，成就善、不善業〔一〕。

是以在夢位心，由睡眠壞，勢力羸劣，心弱，不能成善惡業。覺心不尒，故所造行，當受異熟。勝劣不同，非由外境〔一〕。設覺中所受苦樂實果報，亦無作者、受者，悉如幻夢。

校注

〔一〕「識論答外難云」至此，詳見天親造、般若流支譯唯識論。

非由外境。」

校注

〔一〕玄奘譯唯識二十論：「在夢位心，由睡眠壞，勢力羸劣。覺心不爾。故所造行，當受異熟。勝劣不同，非由外境。」

又，論云「睡眠昧略爲性」〔一〕者，疏云：「昧簡在定，略別寤時。」〔二〕義天鈔〔三〕云：「昧簡在定」者，此睡眠位，雖然專注一類微細之境，與定不同，定意識取境明了故，此乃闇昧。「略別寤時」者，彼覺寤時，心極明利，具能緣於六塵之境，則寤時心、心所緣境寬廣也。此睡眠位，心、心所不明利故，唯緣一法塵境，取境少故，名爲略也。

校注

〔一〕玄奘譯阿毗達摩大毗婆沙論卷三七：「睡眠心昧略爲性。」成唯識論卷七：「眠謂睡眠，令身不自在，昧略爲性，障觀爲業，謂睡眠位身不自在，心極闇劣，一門轉故。」

〔二〕玄奘譯成唯識論卷七：「昧簡在定，略別寤時，令顯睡眠非無體用。」

〔三〕義天鈔：不詳。本書卷六四亦有引。

寶積經偈云：「諸法自性不可得，如夢行欲悉皆虚，但隨想起非實有，世尊知〔一〕法亦

如是。」〔二〕

以一切法念念無住故，念念生滅故，念念不可得故，念念無自性故，夢、寤所受憂、喜、苦、樂，雖延促不等，果報有殊，然悉從識變，皆因想成，道理推窮，無不平等，並是明、闇意識所行境界。覺中是明了意識，夢中是夢中意識，覺、夢雖殊，俱不出意。故經云：「寤則想心，寐爲諸夢。」〔三〕若無夢則諸境不現，無想則萬法不成，以隨意生形，從想立法故。若有入此如夢法門，則親證唯心，疾成佛智，能滿菩提之道，廣興法利之門。

如華嚴經頌云：「菩薩了世法，一切皆如夢，非處非無處，體性恒寂滅。諸法無分別，如夢不異心，三世諸世間，一切悉如是。夢體無生滅，亦無有方所，三界悉如是，見者心解脱。夢不在世間，不在非世間，此二不分別，得入於忍地。譬如夢中見，種種諸異相，世間亦如是，與夢無差別。住於夢定者，了世皆如夢，非同非是異，非一非種種。衆生諸剎業，

校注

〔一〕「知」，嘉興藏、清藏本作「之」。按，大寶積經作「知」。

〔二〕見大寶積經卷六二。

〔三〕見大佛頂如來密因修證了義諸菩薩萬行首楞嚴經卷一〇。

雜染及清淨，如是悉了知，與夢皆平等。菩薩所行行，及以諸大願，明了皆如夢，與世亦無別。了世皆空寂，不壞於世法，譬如夢所見，長短等諸色。是名如夢忍〔一〕，因此了世法，疾成無礙智，廣度諸群生。修行如是行，出生廣大解，巧知諸法性，於法心無著。」〔二〕

校注

〔一〕如夢忍：「十忍」之一，了知世間一切如夢中所見，非有非無、不壞不著而得安住心。

〔二〕見實叉難陀譯大方廣佛華嚴經卷四四。

成唯識寶生論云：「如夢有損用，雖無外境，理亦得成。由於夢內男女兩交，各以自根更互相觸，雖無外境觸，而有作用成，現流不淨，但是識想，自與合會，爲其動作。此既如是，於餘亦然。惡毒刀兵、霜雹傷害，雖無外境，但依其識有毒刀等，何理不成？乃至〔一〕若尔夢餐毒等，應成身病，此亦由其唯識有用，猶如於境而有定屬。還將後答，用杜先疑。或復有時見其毒等，雖無實境而有作用，由見不被蛇之所螫，然有疑毒，能令悶絶，流汗〔二〕心迷，若遭蛇螫。亦於夢中，由呪天等增上力故，遂令飽食，氣力充强。又復聞乎爲求子息事隱林〔三〕人？夢見有人共爲交集，便得其子。如何得知於彼夢內，被毒等傷，是爲非有？睡覺之後不覩見故。今此所論，還同彼類，於現覺時，將爲實事，見毒藥等，執爲非謬，真智覺時，便不見故。同彼夢中，體非是實。然於夢中許實色等，彼亦獲斯非所愛事，毒等果用，便成實有。若言無者，但有毒相，毒〔四〕等用無。此云毒狀，便成違害。許毒相等，固成無益，於其識上，藥體無故。是故定知實無外境，但於覺心生其作用。猶如於夢，覺亦同然，斯乃真成稱契道理。」〔五〕

校注

〔一〕乃至：表示引文中間有删略。

〔二〕「汙」，嘉興藏、清藏本作「汗」。參見本書卷六三注。

〔三〕「林」，成唯識寶生論作「床」。心賦注卷四：「外道授呪於天中，婦人求男於林裏。」「西天有外道，供養梵天求呪，遂於夢中見天授呪。然梵天實不下，但託天爲增上力，皆是夢心所感如斯事耳。又復聞乎爲求子息者，密隱林中，夢見有人共爲交集，便得其子。此並是夢中意識所變，但是自心，實無外境。」

〔四〕「毒」，原無，據成唯識寶生論補。

〔五〕見義淨譯成唯識寶生論卷二。

釋曰：且如夢中實無蛇螫，識心纔變，怖境樅然，如同蛇螫。若覺中實被蛇螫，疑心不生，亦不爲害。近聞世間有人，於路被毒蛇螫脛，其人自見，爲是樹椿所傷，行經三十餘里，毒亦不發。忽遇禁蛇之人，指云：「汝被毒蛇螫了。」纔聞是語，疑心頓起，毒發便終。若執心外實有毒蛇之境，心未生時，毒何不發？故知心外無境，蛇毒不能殺人；心毒起時，自能成害。是以境無心有，境便現前；境有心無，境終不現。例一切法，悉亦如然，可驗唯心，成就宗鏡。

如教中佛密意説如幻等，揔有十喻〔一〕，於中夢喻，所悟不同，隨智淺深，且約五種：一、世間凡夫解者，只知浮生短促，如夢不久；二、聲聞證處，但了夢心，生滅無常，苦空無我；三、小菩薩悟夢不實，徹底唯空；四、大菩薩達夢唯心，非空非有，夢中所見故非空，覺後寂然故非有；五、祖佛圓證法界，如正夢時，只一念眠心，現善惡百千境界，況瞥起一念心時，具十種法界因果，重重無盡，歷歷區分。如法華夢入銅輪，成佛度生，經無量劫〔二〕。華嚴善財登閣，於一念夢定之心，刹那之間，悉見不可思議三世佛事〔三〕。如古詩云：「枕上片時春夢中，行盡江南數千里。」〔四〕

校　注

〔一〕十喻：如幻、如焰、如水中月、如虚空、如響、如乾達婆城、如夢、如影、如鏡中像、如化。

〔二〕按，本書卷六八：「法華經安樂行品：夢入銅輪，成道度生，經無量時，唯只一夜夢心。」

〔三〕詳見實叉難陀譯大方廣佛華嚴經卷七九。

〔四〕出岑參詩春夢。

音義

緒，徐吕反。　迄，許訖反。　幢，宅江反。　輟，陟劣反，止也。　欻，許勿反。　攢，在丸反，聚也。　翔，似羊反。　鸞，落官反，瑞鳥也。　蠕，而蠢反，動也。又，而兖反。　涎，叙連反，口液也。　眄，莫甸反，斜視也。　頹，杜回反。　螫，呼各反。又，音釋。　脛，胡定反，脚脛也。　樁，書容反。

戊申歲分司大藏都監開板

宗鏡録卷第七十九

慧日永明寺主智覺禪師延壽集

夫心外無法，法外無心，如是了知，則真善知識。一心妙理，圓證無疑，何故聞外善、惡知識而生聽受？

答：皆是增上因緣和合，虚妄分別而成，彼此情生，無有真實。識論問云：何故遇善知識聞説善法，值惡知識聞説惡法？若無外一切外境者，彼云何説？若不説者，云何得聞？若不聞者，此云何成？偈答：遞共增上因，彼此心緣合。以一切衆生虚妄分別，思惟憶念，彼説我聞，而實無有彼前境界〔一〕。是以若執内外，則心境對治，尚未入於信門，何乃稱於聽法？

校注

〔一〕詳見天親造、般若流支譯唯識論。

持心梵天所問經云：「眼、耳、鼻、舌、身、意無所流聞，乃曰聽經。其有染汙於諸入者，則無所聞，便在於色。」〔一〕

校注

〔一〕見持心梵天所問經卷四建立法品。

金剛場陁羅尼經云：「無有諸法，是名一字陁羅尼法門。」若能如是信解，則聽者無聞無得，心境不二，方聞佛所説經，可謂真聞，遇善知識。若以緣心聽法，此法亦緣，非得法性，則隨境界流，逐因緣轉，皆爲不了自法，遂令内外緣分。如經云：佛言：隨有是經之處，則爲有佛，若我住世無異〔一〕。

校注

〔一〕佛垂般涅槃略説教誡經：「汝等比丘，於我滅後，當尊重珍敬波羅提木叉。如闇遇明、貧人得寶，當知此則是汝大師，若我住世無異此也。」

故知自心之佛，無處不徧，寧論前後出没耶？若隨異境，則生滅無常，見他佛則隱顯無恒，誦他經則音聲間斷。故祖師云：「外求有相佛，與汝不相似。」〔二〕志公云：「每日誦經千卷，紙上見經不識〔二〕。」又，先德云：「出息不依外緣，入息不依陰界而住，常轉如是經，非但百千萬卷〔三〕。」争如悟此真善知識，念念現前，自轉無盡藏經，熾然恒演？

校注

〔一〕按，此祖師指佛陀難提，禪宗西天第八祖。見本書卷九七，參見祖堂集卷一佛陀難提尊者等。

〔二〕景德傳燈録卷二九梁寶誌和尚大乘讚：「口内誦經千卷，體上問經不識。」然寶誌和尚作品係後人依託，詳見本書卷一注。

〔三〕按，祖堂集卷二般若多羅尊者：「貧道出息不隨衆緣，入息不居藴界，常轉如是經，百千萬億卷，非但一卷。」此「先德」者，或即二十七祖般若多羅尊者。

問：若心虚境寂，理實無差；現對根塵，事相違反。如何明徹境智一如？

答：一期根境，俗有真無，畢竟自、他皆無所得。又，若定執真有俗無，則成增減二謗，但二諦雙會，圓了一心。如佛性論難云：若諸法無實性者，即與證量相違，則能、所皆〔一〕不可得。我現見聲、耳相對，所以得聞，故知不空〔二〕。釋曰：是義不然。何以故？是能、所及證量自性皆不可得，自性不成。若一性不成者，多性云何成？又，汝説證量云何成者，今我立證量，顯了二空，諸法空故，自性不可得。如見幻事幻物者，證量所見，不如實有。

諸法亦尔，不如所見而有所見，由體不實故不有，由證量故不無，由體無故空義得成，以證量故假有不失〔三〕。

校注

〔一〕「皆」，原作「習」，據佛性論改。

〔二〕佛性論卷一破執分中破外道品：「若汝難，即與證量相違。若諸法無實性者，則能、所皆不可得，聲不至耳，耳不得聲。我現見聲耳相對，所以得聞，故知不空者。」

〔三〕「釋曰」至此，詳見佛性論卷一破執分中破外道品。

又云：依他性相者，能執所執，增益又損減。由解此性故，此執不生。若見真爲有，則是增益，名爲常見；若見俗定無，則是損減，名爲斷見。唯有似塵識故，別無能、所。無能、所故，無增益執；由有似塵識故，無損減執〔一〕。

若知外塵是識而似顯現，則非無；了外相本〔三〕虚如幻所作，則非有。非無則不壞俗諦，非有則不隱真諦。是以真俗融即而常異，空有雙現而恒同，方超戲論之情，始會一心之旨。

校注

〔一〕「又云」至此，詳見佛性論卷二顯體分中三性品。

〔二〕「本」，諸校本作「太」。

如摩訶般若經云：「説是般若波羅蜜品時，佛在四衆中，天、人、龍、鬼神、緊那羅、摩睺羅伽等於大衆前而現神足變化。一切大衆皆見阿閦佛，比丘僧圍遶説法。乃至〔一〕尔時，佛攝神足，一切大衆不復見阿閦佛、聲聞人、菩薩摩訶薩及其國土，不與眼作對。何以故？佛攝神足故。尔時，佛告阿難：『如是，阿難，一切法不與眼作對，法法不相見，法法不相知。如是，阿難，如阿閦佛、弟子、菩薩、國土，不與眼作對。如是，阿難，一切法不與眼作對，法法不相知，法法不相見。何以故？一切法無知、無見、無作、無動，不可捉，不可思議，如幻人無受、無覺、無真實。菩薩摩訶薩如是行，爲行般若波羅蜜。』」〔二〕

釋曰：若行般若者，則是直了一心智性，了色無形，非眼境界。乃至達法體寂，非意所知，但是隨心暫現，還隨心滅，故云「一切法無知、無見」。

校注

〔一〕乃至：表示引文中間有删略。

〔三〕見摩訶般若波羅蜜經卷二〇囑累教品。

大智度論云：「『相不能知無相』，譬如刀雖利，不能破空。『無相不能知相』者，有人言：内智慧無定相，外所緣法有定相，心隨緣而生，是故説『無相不應知相』。譬如無刀，雖有物，無刀可斫。」〔一〕

校注

〔一〕見龍樹造、鳩摩羅什譯大智度論卷七〇。内引經文，見摩訶般若波羅蜜經卷一四問相品。

是知若心有境無，亦不知見；若心無境有，亦不知見；若心、境俱有，各無自性。各既不知，合豈成見？若心、境俱無，亦不知見。有尚不知，無豈成見？則心、境俱空，萬有咸寂。如是則尚無一法冥合相順，寧有根境對待而作相違者乎？如一切差別違順之境，皆是一心之量，無有障礙，亦無解脱。譬如水不洗水，火不滅火。何者？以一體故，不相陵滅。若有異法，方成對治。如今但先得旨，自合真如。故經云：「法隨於如，無所隨故。」〔一〕

校注

〔一〕見維摩詰所説經卷上弟子品。

若有所隨，則有能隨之别。既無所隨，亦無能隨故，則法外無如，如外無法。所以經云：「如理作意，於一切法平等相應，是則具足一切佛法。」〔一〕華嚴疏云「以如爲佛，則無境非如」〔二〕者，大品經答常啼云：「諸法如即是佛。」〔三〕金剛經云：「如來者，即諸法如義。」〔四〕既以如爲佛，一切法皆如也，何法非佛耶〔五〕？若信一如，此是開悟本法，生決定解，入自在門。

校注

〔一〕見大集大虚空藏菩薩所問經卷三。
〔二〕見澄觀撰大方廣佛華嚴經疏卷五六。「非如」，大方廣佛華嚴經疏作「非佛」。
〔三〕見摩訶般若波羅蜜經卷二七曇無竭品。
〔四〕見鳩摩羅什譯金剛般若波羅蜜經。
〔五〕「華嚴疏云」至此，見澄觀述大方廣佛華嚴經隨疏演義鈔卷八五。

如華嚴論云：「經云：『善男子，我得自在決定解力，信眼清浄，智光照曜，普觀境界，離一切障，善巧觀察，普眼明徹，具清浄行，往詣十方一切佛國土，恭敬供養一切諸佛。』〔一〕此明舉本果〔二〕法，令凡信樂修行，從初發心修行慣習，十地功終，方依及此初時本樣果法也。還以法界中時不遷、智不異、慈悲不異、願行不異之所成就，以於法界大智無延促中修行故，不如情解。有修行者，莫作延促時分修學，應須善觀法界體用。莫如世情，作一刹那計，作三僧祇計，如法界中，都無修短遠近故。以此解行，如法修行，於諸境界善照生滅，令使執盡而成智之大用。於自心境莫浪攝持，但知放蕩，任性坦然。習定〔三〕觀照，執盡智現，生滅自無，業垢自浄，會佛境界，同如來心。佛見自會，非由捉搦。纔作別治，令心狂惑。但自明心境見融，執業便謝。見亡執謝，一切萬法本自無瘡，智境朗然，名爲佛國也。無煩强生見執，永自沉淪，自作自殃，非他能與。」〔四〕

校注

〔一〕見實叉難陀譯大方廣佛華嚴經卷六二。

〔二〕本果：本初所行圓妙之因，契得究竟常、樂、我、浄之果。

〔三〕「定」，原作「之」，據新華嚴經論改。

〔四〕見李通玄撰新華嚴經論卷三四。

問：若約見聞外境，則色不至眼，眼不至色，可言唯心，無相可得。只如飲噉之時，根境相入，若言無相，不可以心喫心？

答：六根六境，雖則離合不同，皆唯識變，味性本空。若非是識，誰知鹹淡？古師云：只喫相分，本質自在。

問：如喫了，質亦亡，如何？

答：能隨既亡，所隨亦滅。亦如二十人共一株樹，一人伐之，十九人所隨亦滅。

又，唯識義鏡〔一〕釋云：「共果同在一處，不相障礙」〔二〕者，問：且如一樹，有情共變，而一有情伐用之時，爲用自變？爲兼用他？若唯自者，餘人變者，應存不亡，樹何不見？若亦用他，何名唯識？

答：有云樹等既是共相種生，皆相隨順，互相增益。彼一有情自所變者，所緣親用；他所變者，與自所變爲增上緣，亦疎緣用。一切相望，自爲所順，他爲能順，由所順無，能順亦滅。由斯樹喪，唯識亦成。

校　注

〔一〕唯識義鏡：或即成唯識論義鏡鈔之略稱。義天録新編諸宗教藏總録卷三海東有本見行録下，著録清素述成唯識論義鏡鈔十二卷，子注曰：「或六卷。」清素，唐貞元前後大安國寺僧。參見本書卷四九注。

〔二〕按，玄奘譯成唯識論卷二：「雖諸有情所變各别，而相相似，處所無異，如衆燈明，各遍似一。」窺基撰成唯識論述記卷二述曰：「此釋共果同在一處，不相障礙。」

問：何以得知互相增益？

答：對法論云：有情共業爲增上緣〔一〕。

校注

〔一〕玄奘譯大乘阿毗達磨雜集論卷七：「諸有情更互相望，爲增上緣。以彼互有增上力故，亦名共業。」按，開元釋教録卷二〇：「大乘阿毗達磨雜集論，十六卷，亦呼爲對法論，二百五十五紙。唐玄奘譯。」又，上文「問：且如一樹」至此，見唐智周撰成唯識論演祕卷三。此段引文，即釋「論『雖諸有情』至『遍似一』者」。智周撰成唯識論演祕七卷，釋本論及基疏，完成在清素成唯識論義鏡鈔前。此段文字，或爲成唯識論義鏡鈔引智周成唯識論演祕之文。

問：既但唯心，無有萬法，目前差別，從何建立？

答：萬法但名，實無體相。因名立相，相狀元空；因相施名，名字本寂。唯想建立，名相俱虚；反窮想原，亦但名字。既無想體，分別則空。故知萬法出自無名，萬名生於無相。名不當相，相不當名，彼此無依，萬法何在？相待之名既寂，分別之想俄空。如幻之境冥真，所執之情合覺。

密嚴經頌云：「世間種種法，一切唯有名，但想所安立，離名無別義。」〔一〕

又頌云：「能知諸識起，無有所知法，所知唯是名，世法悉如是。以名分別法，法不稱於名，諸法性如是，不住於分別。以法唯名故，想即無有體，想無名亦無，何處有分別？若得無分別，身心恒寂静，如木火燒已，畢竟不復生。」又頌云：「如見杌爲人，見人以爲杌，人、杌二分別，但有於名字。諸大和合中，分別以爲色，若離於諸大，色性即無有。」

校注

〔一〕見地婆訶羅譯大乘密嚴經卷下阿賴耶微密品。下兩處引文同。

問：若以唯識爲宗，則世、出世間唯是一識，萬法皆決定空耶？

答：以唯識故，則有世俗諦。既有世俗，則有似塵識，幻相不無。以無實不可得，故稱空耳，不可起蛇足、鹽香〔一〕決定斷空之見。

校注

〔一〕蛇足、鹽香：喻指有名無實或現實中全然不存在者。鳩摩羅什譯成實論卷二一切有無品：「世間事中，兔角、龜毛、蛇足、鹽香、風色等，是名無。」

如密嚴經偈云：「瓶等衆境界，悉以心爲體，非瓶似瓶現，是故説爲空。世間所有色，諸天宫殿等，皆是阿賴耶，變異而可見。衆生身所有，從頭至手足，頓生及漸次，無非阿賴耶。習氣濁於心，凡愚不能了，此性非是有，亦復非是空。如人以諸物，擊破於瓶等，物體若是空，即無能、所破。譬如須弥量，我見未爲惡，憍慢而著空，此惡過於彼。」〔一〕

校注

〔一〕見地婆訶羅譯大乘密嚴經卷下阿賴耶微密品。

又經云：寧可執有如須弥，不可執空如芥子〔一〕。

校注

〔一〕窺基大般若波羅蜜多經般若理趣分述讚卷三：「維摩云，寧起我見如須彌山，不起空見如毛髮許，以空邪見無斷修故。」澄觀述大方廣佛華嚴經隨疏演義鈔卷七：「小乘聞空，謂無物爲空，如空澤之空，則畢竟都無，恐成斷滅。若必無者，何有因果、生死、涅槃？徒事勤苦，修有何益？故經云：寧起有見如須彌，不起空見如芥子許。」「維摩云」者，維摩詰所説經卷中佛道品：「起於我見如須彌山，猶能發于阿耨多羅三藐三菩提心，生佛法矣。」又，無上依經卷上菩提品：「若有人執我見如須彌山大，我不驚怪，亦不毀呰；增上慢人執著空見，如一毛髮作十六分，我不許可。」又，入楞伽經卷五：「大慧，我依此義餘經中説，寧起我見如須彌山而起憍慢，不言諸法是空無也。」

大般涅槃經云：「解脱者，名不空空。空空者，名無所有。無所有者，即是外道尼乾子〔一〕等所計解脱，而是尼乾實無解脱，故名空空。真解脱者，則不如是，故不空空。不空者，即〔二〕真解脱。真解脱者，即是如來。又，解脱者名曰不空。如水、酒、酪、酥、蜜等瓶，雖無水、酒、酪、酥、蜜時，猶故得名爲水等瓶。如是瓶等，不可説空及以不空。若言空者，則不得有色、香、味、觸。若言不空，而復無有水、酒等實。解脱亦尔，不可説色及以非色，不可説空及以不空。若言空者，則不得有常、樂、我、浄。若言不空，誰受是常、樂、我、浄者？以是義故，不可説空及以不空。空者，謂無二十五有及諸煩惱、一切苦、一切相、一切有爲行，如瓶無酪，則名爲空。不空者，謂真實善色、常樂我浄、不動不變，猶如彼瓶色、香、味、觸，故名不空。是故解脱喻如彼瓶，彼瓶遇緣，則有破壞。解脱不尔，不可破壞。不可破壞，即真解脱。真解脱者，即是如來。」〔三〕

校　注

〔一〕尼乾子：外道之一。慧琳一切經音義卷二五：「尼乾子，此云『無繫』，是裸形外道，不繫衣食，以爲少欲知足者也。」又卷四五：「尼乾子，應云『泥揵連佗』，此云『不繫』，其外道拔髮露形，無所貯畜，以手乞食，隨得即噉者也。」

〔二〕「即」，原無，據諸校本及大般涅槃經補。

〔三〕見大般涅槃經卷五。

問：經云五陰即世間者，一陰名色，四陰名心，云何説内、外種種世間皆從心出？

答：種種五陰，皆從心起，從心現相，名之曰色。經偈云：一切世間中，但有名與色。若欲如實觀，但當觀名色〔一〕。色即收盡無情國土，名即收盡有識世間，五陰即世間故。若了五陰俱空，則是出世間。是知世、出世間皆從心起。何者？若意地起貪嗔心，覽三塗五陰，罪苦衆生發現；意地修戒善心，覽人天五陰，受樂衆生發現；意地證人空心，覽無漏五陰，真聖衆生發現；意地立弘誓心，覽慈悲五陰，大士衆生發現；意地運平等心，覽常住五陰，尊極衆生發現。今所以置前四陰，但觀識陰，如伐樹除根、炙病得穴，則生死之苦芽永絶，煩惱之沉痾不生。

校注

〔一〕按，龍樹造、鳩摩羅什譯大智度論卷二七：「佛説利衆經中偈：若欲求真觀，但有名與色。若欲審實知，亦當知名色。」智顗説、灌頂記摩訶止觀卷五上：「論云：一切世間中，但有名與色。若欲如實觀，但當觀名色。」

又，若毗藍之風，卷群疑而淨盡；猶劫燒之火，蕩異執而無餘。所以一切世間凡、聖同居之處，無不悉是自心。如此悟入，名住真阿蘭若正修行處，非論大、小之隱，不墮喧、静之觀。所以古德云：「處衆不見喧譁，獨自亦無寂寞。」〔一〕何故不見喧寂？以但了一心故。

校注

〔一〕按，延壽心賦注卷二引云「志公和尚歌云」，則古德者志公和尚也。然寶誌和尚作品係後人依託，詳見本書卷一注。據景德傳燈録卷二七寶誌禪師：「又製大乘贊二十四首，盛行於世。」景德傳燈録卷二九中選録了十首，皆爲六言詩，此二句或出另外十四首大乘贊之一。

如大乘本生心地觀經云：「尔時，佛告弥勒菩薩摩訶薩言：『汝善男子，當修學者，但有一德，是人應住阿蘭若處，求無上道。云何爲一？謂觀一切煩惱根原即是自心。了達此法，堪能住止阿蘭若處。所以者何？譬如狂犬被人驅打，但逐瓦石，不逐於人。未來世中住阿蘭若新發心者，亦復如是。若見色、聲、香、味、觸、法，其心染著，是人不知煩惱根本，不知五境從自心生，即此名爲未能善住阿蘭若處。以是因緣，樂住寂静，求無上道。一切菩薩摩訶薩等，若五欲境現前之時，觀察自心，應作是念：「我從無始至于今日，輪迴六趣，無有出期，皆自妄心而生迷倒，於五欲境貪愛染著。」如是菩薩名爲堪住阿蘭若處。』」〔一〕

校注

〔一〕見大乘本生心地觀經卷七功德莊嚴品。

是知不悟自心，徒栖遠谷，避喧求静。古人云：舉世未有其方〔一〕。若頓了自心，是真阿蘭若，乃至光明徧照，萬德俱圓。若不自明，則輪迴諸趣。

校注

〔一〕按，玄覺撰禪宗永嘉集勸友人書第九大師答朗禪師書：「其或心徑未通，矚物成壅，而欲避諠求静者，盡世未有其方。況乎鬱鬱長林，峨峨聳峭，鳥獸嗚咽，松竹森梢，水石峥嶸，風枝蕭索，藤蘿縈絆，雲霧氤氳，節物衰榮，晨昏眩晃，斯之種類，豈非喧雜耶？」此「古人」者當即永嘉玄覺禪師。

如頓證毗盧遮那法身字輪瑜伽儀軌釋如來法身觀者，「先應〔一〕發起普賢菩薩微妙行願，復應以三密〔二〕加持身心，則能入文殊師利大智慧海。然修行最初，於空閑處攝念安心，閉目端身，結加趺坐，運心普緣無邊刹海，諦觀三世一切如來，徧於一一佛菩薩前慇懃恭敬、禮拜旋遶。又以種種供具雲海，奉獻如是等一切聖衆。廣大供養已，復應觀自心，心本不生，自性成就，光明徧照，猶如虛空。復應深起悲念，哀愍衆生，不悟自心輪迴諸趣，我當普化拔濟，令其開悟，盡無有餘。復應觀察自心、諸衆生心及諸佛心本無有異，平等一相，成大菩提心。瑩徹清淨，廓然周徧，圓明皎潔，成大月輪，量等虛空，無有邊際。」〔三〕

校注

〔一〕「應」，原作「觀」，據大方廣佛花嚴經入法界品頓證毗盧遮那法身字輪瑜伽儀軌改。

〔二〕三密：身密、語密、意密。

〔三〕見不空譯大方廣佛花嚴經入法界品頓證毗盧遮那法身字輪瑜伽儀軌。

故知心無際故，猶若虛空，豈存初、後？如華嚴經頌云：「心住於世間，世間住於心，於此不妄起，二非二分別。」〔一〕

校注

〔一〕見實叉難陀譯大方廣佛華嚴經卷四九。

是以說一說二，是世間語言；立是立非，屬意地分別。若頓悟自心，直入宗鏡，尚不見無分别，豈特生分别乎？如經頌云：「了知非一二，非染亦非浄，亦復無雜亂，皆從自想起。」〔一〕不唯世法施爲，乃至諸聖作用，起盡根由，皆不出宗鏡。故經偈云：「刹海無邊妙莊嚴，於一塵中無不入，如是諸佛神通力，一切皆由業性起。」〔二〕如斯妙旨，是現證法門，但初生此〔三〕信，猶可虚襟，況證入之時，自斷餘惑，言亡象絶，識滅情消！故祖師云：「唯證乃知難可測。」〔四〕起信論云：「證發心者，從浄心地，乃至菩薩究竟地，證何境界？所謂真如，以依〔五〕轉識説爲境界。而此證者無有境界，唯真如智，名爲法身。」〔六〕

校　注

〔一〕見實叉難陀譯大方廣佛華嚴經卷四九。
〔二〕見實叉難陀譯大方廣佛華嚴經卷七。
〔三〕「此」，原作「比」，據諸校本改。
〔四〕出永嘉證道歌，故「祖師」者即永嘉玄覺禪師。
〔五〕「依」，原作「彼」，據大乘起信論改。
〔六〕見真諦譯大乘起信論。

問：内、外唯心，是平等理。云何身、土不同，内身有覺，外境無知？

答：世界身、土，法尔如然，不可執一執異，自生情見。若言法尔者，即法如是。或云法性者，若是法性，即以本識如來藏身爲所依持，恒頓變起外諸器界。不出此二：一、法如是，二、藏識變起。又，衆生業力亦菩薩萬行爲因等，所現世界皆是藏識相分。相分之中，半爲外器而不執受，半爲内身執爲自性生覺受故。如來藏識何緣如此？法如是故，行業引故〔一〕。

校注

〔一〕「若言法尔者」至此，詳見澄觀撰大方廣佛華嚴經疏卷一一。

上雖分執受、不執受二義，俱無自性，全以佛法界如如一真心爲體。當知依即正，正即依，不出一心真性矣。且性無不包，有情、無情，有覺、無覺，皆自心性爲體，隨緣發現，應處方知。如世間致生祠堂，有政德及民，往往有遺愛去思，爲立祠宇，中塑像，以四時饗之。其人當饗祭日，則酒氣腹飽〔一〕。亦如丁蘭至孝，刻木爲母，晨昏敬養，形喜愠之色〔二〕。且土木不變，唯心感耳。

校注

〔一〕按，祖庭事苑卷三「生祠」條：「古人有德政惠及生民，往往（校注者按，原闕一「往」字，據文意補）有遺愛去思，爲立生祠，繪塑形像，以四時饗之。東漢王堂，字敬伯，廣漢郪人也。永初中，西羌寇巴郡，爲民患。詔書遣中郎將尹就攻討，連年不剋。三府舉堂治劇，拜郡守。堂馳兵赴賊，斬虜千餘級，巴庸清净，吏民生爲立祠。庸，即上庸縣也。」立生祠之事，參見顧炎武日知録卷二二、趙翼陔餘叢考卷三二「生祠」條。

〔三〕法苑珠林卷四九忠孝篇感應緣：「丁蘭，河内野王人也。年十五喪母，刻木作母事之，供養如生。蘭妻夜火灼母面，母面發瘡。經二日，妻頭髮自落，如刀鋸截，然後謝過。蘭移母大道，使妻從服三年拜伏。一夜忽如風雨，而母自還。鄰人所假借，母顔和即與，不和即不與。（原注：鄭緝之孝子傳曰：『蘭妻誤燒母面，即夢見母痛。人有求索，許不先白母。鄰人曰：枯木何知？遂用刀斫木母，流血。蘭還悲號，造服行喪。廷尉以木減死，宣帝嘉之，拜太中大夫者也。』）

問：立識方成唯識義，云何境識俱遣？

答：顯識論云：「立唯識，乃一往遣境留心，究竟爲論。遣境爲欲空心，是其正意。是故境、識俱泯，即是實性。實性即是阿摩羅識。」〔一〕所以唯識論亦名破色心論。

校注

〔一〕見真諦譯轉識論。按，此云「顯識論云」者，據開元釋教録卷七：「顯識論一卷，内題云顯識品，從無相論出，題云真諦譯，新附此。轉識論一卷，即出前顯識論中，題云真諦譯，新附此。」又，隋慧遠大乘義章卷三八識義十門分別：「阿摩羅識，此云『無垢』，亦曰『本浄』。就真論真，真體常浄，故曰『無垢』。」

佛性論云：「經中佛以幻師爲譬。佛告迦葉：譬如幻師作諸幻像，所作等幻虎，還食幻師。迦葉，如是觀行比丘，隨觀一境，顯現唯空〔一〕。故實無所有，虛無真實。云何能得離此二邊？由依意識，生唯識智。唯識智者，即無塵體智。是唯識智若成，則能還滅自本意識。何以故？以塵無體故，意識不生。意識不生故，唯識自滅。故意識如幻師，唯識智如幻虎，以意識能生唯識故，唯識觀成，還能滅於意識。何以故？由塵等無故，意識不生。譬如幻虎，還食幻師。如提婆法師説偈言：意識三有本，識塵是其由，若見塵無體，有種自然滅。」〔二〕

校注

〔一〕大乘寶雲經卷七：「譬如幻師幻作猛虎，幻虎成已，還食幻師。行道沙門亦復如是，有所觀法，皆空、皆寂、無有見者，是觀亦空。」

〔二〕見佛性論卷四辯相分中無變異品。

入楞伽經云：但不取諸境，名爲識滅，實不滅識〔一〕。何者？以境本空，從識變故；以識無體，不須滅故。

校注

〔一〕大乘入楞伽經卷二：「大慧，諸修行者入於三昧，以習力微起而不覺知，但作是念：『我滅諸識，入於三昧。』實不滅識而入三昧，以彼不滅習氣種故，但不取諸境，名爲識滅。」

是以識心無體，隨境有無，見空生空，見色生色，事來即起，事去還無。如傳奥法師〔一〕云：妄念所緣，於有色處，則不見空，但見於色；於無色處，則見有空。緣有時、無時亦尔：緣有時，則見有心生，見無心滅；緣無時，則見無心生，見有心滅〔二〕。此皆妄念所緣之境。

校注

〔一〕傳奥法師：唐末石壁寺僧人。詳見本書卷六注。

〔二〕按，此説見起信論疏筆削記卷一六，故此「傳奥法師云」者，當出其大乘起信論隨疏記，參見本書卷六注。

又，事上無事，本全是心，念起塵生，念寂塵滅。如起信論云：「以一切色法，本來是心，實無外色。」〔一〕然既無外色，亦無外空，空尚是無，色焉能有？論云：「若無色者，則無虚空之相。」疏釋云：「本以待色爲空，今既唯心無色，何得更有於空也？」〔二〕故知萬法皆相待而有。若入宗鏡，自然諸法絶待，歸本真心。故論云：「所謂一切境界，唯心妄起。若心離於妄動，則一切境界滅，唯一真心無所不徧。」〔三〕

校注

〔一〕見真諦譯大乘起信論。下一處引文同。
〔二〕見法藏撰大乘起信論義記卷下末。
〔三〕見真諦譯大乘起信論。

問：世人多執有情動作有識，無情不動作無識。且如葵藿向日而轉，芭蕉聞雷而生，橘得屍而敷榮，鐵因石而移動，又如麴發酒醋，火爇山林，此等皆是無情，云何動作？

答：有情、無情，各有二義。若有情生死，一是衆生業力所爲，二是法界性自然生；若無情轉動，一是異法性自尔，二是法作。如大涅槃經云：「佛告師子吼菩薩：善男子，汝言衆生悉有佛性，得阿耨多羅三藐三菩提如磁石者，善哉，善哉！以有佛性因緣力故，得阿耨多羅三藐三菩提。若言不須修聖道者，是義不然。善男子，譬如有人行於曠野，渴乏遇井，其井極深，雖不見水，當知必有。是人方便求覓罐綆，汲取則見。佛性亦尒，一切衆生雖復有之，要須修集無漏聖道，然後得見。乃至〔一〕譬如衆生造作諸業，若善、若惡，非内、非外，如是業性，非有、非無，亦復非是本無今有、非無因出，非此作此受、此作彼受、彼作彼受、無作無受，時節和合而得果報。衆生佛性亦復如是，亦復非是本無今有，非内、非外，非有、非無，非此、非彼，非餘處來、非無因緣，亦非一切衆生不見有，諸菩薩時節因緣和合得見。時節者，所謂十住菩薩摩訶薩修八聖道，於諸衆生得平等心，尒時得見，不名爲作。

「善男子，汝言如磁石者，是義不然。何以故？石不吸鐵。所以者何？無心業故。善男子，異法有故，異法出生；異法無故，異法滅壞。無有作者，無有壞者。善男子，猶如猛火，不能焚薪，火出薪壞，名爲焚薪。善男子，譬如葵藿，隨日而轉。如是葵藿，亦無敬心、無識、無業，異法性故，而自迴轉。善男子，如芭蕉樹，因雷增長。是樹無耳，無心、意、識，異法有故，異法增長；異法無故，異法滅壞。善男子，如阿叔迦樹〔二〕，女人摩觸，華爲之出。是樹無心，亦無覺觸，異法有故，異法出生；異法無故，異法滅壞。善男子，如橘〔三〕得屍，果則滋多。如是橘樹，無心、無觸，異法有故，異法滋多；異法無故，異法滅壞。善男子，如安石榴樹，甎骨糞故，果實繁茂。安石榴樹亦無心、觸，異法有故，異法出生；異法無故，異法滅壞。善男子，磁石吸鐵，亦復如是，異法有故，異法出生；異法無故，異法滅壞。

衆生佛性亦復如是，不能吸得阿耨多羅三藐三菩提。善男子，無明不能吸取諸行，行亦不能吸取識也，亦得名爲無明緣行、行緣於識，有佛無佛，法界常住。」〔四〕

校注

〔一〕乃至：表示引文中間有删略。

〔二〕阿叔迦樹：又作「阿輸迦樹」「阿輸柯樹」等，意譯「無憂樹」。

〔三〕「橘」，諸校本作「樹」。按，經中作「橘」。

〔四〕見大般涅槃經卷三二，南本見卷三〇。

故知法法無心，塵塵本寂，寂而常用，用而常寂。法無心而隨緣成壞，人無心而諸行遷流，如芭蕉聞雷、葵藿向日。無明不取諸行，諸行不吸識心，則法法不相到，法法不相知，法法不相待，法法不相借，皆性自尒故，法如是故。

是以金剛三昧經云：「心不生境，境不生心。何以故？凡所見境，唯所見心。」〔一〕即不相到也。華嚴經頌云：「諸法無作用，亦無有體性，是故彼一切，各各不相知。」〔二〕即不相知也。維摩經云：「一切法生滅不住，如幻如電，諸法不相待，乃至一念不住。」〔三〕即不相待也。寶藏論云：「火不待日而熱，風不待月而涼。堅石處水，天鼓遊光。明暗自尒，乾濕同方。物尚不相借，豈況道乎！」〔四〕即不相借也。如火以熱爲性，風以凉爲性，豈假藉他緣乎？「天鼓」者，日也，常遊光照四天下，日出即明，日没即暗，皆是法尔，非關造作。「堅石處水」者，石雖處水，水不入石，雖同一處，石自乾而水自濕。故知法法標宗，塵塵絶待，則非因緣，亦非自然矣。

校注

〔一〕見金剛三昧經入實際品。

〔二〕見實叉難陀譯大方廣佛華嚴經卷一三。

〔三〕見維摩詰所説經卷上弟子品。

〔四〕見寶藏論廣照空有品。

問：既唯一真心，教中云何復説諸法如幻？

答：了境是心，萬法奚有？以依心所起，無有定體，皆如幻化，畢竟寂滅。寶積經云：「尔時，世尊告幻師言：一切衆生及諸資具皆是幻化，謂由於業之所幻故。諸比丘衆亦是幻化，謂由於法之所幻故。我身亦幻，智所幻故。三千大千一切世界亦皆是幻，一切衆生共所幻故。凡所有法無非是幻，因緣和合之所幻故。」〔一〕

校注

〔一〕見大寶積經卷八五。

又，教中摠明十喻，如幻、如化、如夢、如影等〔一〕，此是諸佛密意，破衆生執世相爲實，起於常見。世間共知幻、夢等法是空，則不信人法、心境等，如幻、夢亦空。所以將所信之虚，破所信之實，令所信之實同所信之虚，然後乃頓悟真宗，徧一切處，心内、心外，決定無有實法建立。

校注

〔一〕十喻：如幻、如焰、如水中月、如虚空、如響、如乾達婆城、如夢、如影、如鏡中像、如化。

大莊嚴論云：「我昔曾聞有一幻師，有信樂心，至耆闍山，爲僧設會。供養已訖，幻尸陁羅木作一女人，端正奇特，在大衆前，抱捉此女而嗚㖟之，共爲欲事。時諸比丘見此事已，咸皆嫌忿，而作是言：『此無慙人，所爲鄙褻。知其如是，不受其供！』時彼幻師既行欲已，聞諸比丘譏訶嫌責，即便以刀斫刺是女，分解支節，挑目截鼻，種種苦毒，而殺此女。諸比丘等又見此事，倍復嫌忿：『我等若當知汝如是，寧飲毒藥，不受其供！』乃至〔一〕尒時，幻師即捉尸陁羅木，用示衆僧，合掌白言：『我向所作，即是此木。於彼木中，有何欲殺？欲安衆僧身故，設此飲食，欲令衆僧心安故，爲此幻耳。』願諸比丘聽我所説，豈可不聞佛於脩多羅中説一切法猶如幻化？我今爲欲成彼語故，故作斯幻。如斯幻身，無壽、無命。識之幻師運轉機關，令其視眴，俛仰顧眄，行步進止，或語或笑。以此事故，深知此身真實無我。』」〔二〕

校注

〔一〕乃至：表示引文中間有删略。

〔二〕見大莊嚴論經卷五。

華嚴經頌云：「世間種種法，一切皆如幻，若能如是知，其心無所動。諸業從心生，故説心如幻，若離此分别，普滅諸有趣。譬如工幻師，普現諸色像，徒令衆貪樂，畢竟無所得。世間亦如是，一切皆如幻，無性亦無生，示現有種種。度脱諸衆生，令知法如幻，衆生不異幻，了幻無衆生。衆生及國土，三世所有法，如是悉無餘，一切皆如幻。幻作男女形，及象馬牛羊，屋宅池泉類，園林華果等。幻物無覺知，亦無有住處，畢竟寂滅相，但隨分别現。菩薩能如是，普見諸世間，有無一切法，了達悉如幻。衆生及國土，種種業所造，入於如幻

際，於彼無依著。如是得善巧，寂滅無戲論，住於無礙地，普現大威力。」〔一〕

校注

〔一〕見實叉難陀譯大方廣佛華嚴經卷四四。

又，入法界品：「時童子童女告善財言：『善男子，我等證得菩薩解脱，名爲幻住。得此解脱故，見一切世界皆幻住，因緣所生故；一切衆生皆幻住，業煩惱所起故；一切世間皆幻住，無明、有、愛等展轉緣生故；一切法皆幻住，我見等種種幻緣所生故；一切三世皆幻住，我見等顛倒智所生故；一切衆生生滅、老死、憂悲、苦惱皆幻住，虚妄分别所生故；一切國土皆幻住，想倒、心倒、見倒無明所現故；一切聲聞、辟支佛皆幻住，智斷分别所成故；一切菩薩皆幻住，能自調伏教化衆生諸行，願法之所成故；一切菩薩衆會、變化、調伏、諸所施爲皆幻住，願智幻所成故。善男子，幻境自性不可思議。』」〔一〕

校注

〔一〕見實叉難陀譯大方廣佛華嚴經卷七七。

大集經偈云：「如來法界無差别，爲鈍根者説差别，宣説一法爲無量，如大幻師示衆

生。」〔一〕

校注

〔一〕見大方等大集經卷一瓔珞品。

清涼疏釋：「如幻忍〔二〕」者，如一巾幻作一象。「楞伽經云：『智不得有無，而興大悲心。』〔三〕由了體空，不壞幻相差別故，如象生即是象死。此二對，應成四句，謂此二無二故非異，無不二故非一，非一即非異故非非一，非異即非一故非非異，亦絶雙照故非亦一亦異。

「若以巾上三義對象上三義，辯非一、異，略有十句：一、以巾上成象義，對象上差別義合爲一際，名不異。此是以本隨末，就末明不異。經云：法身流轉五道，号曰衆生〔三〕。如來藏受苦樂與因俱，若生若滅等〔四〕。二、以巾上住自位義，與象上體空義合爲一際，名不異。此是以末歸本，就本明不異。經云一切衆生即如，不復更滅等〔五〕。三、以攝末所歸之本，與攝本所從之末，此二雙融，無礙不異。此是本、末平等爲不異，以前二經文不相離故。四、以所攝歸本之末，亦與所攝隨末之本，此二相奪，故名不異。此是本、末雙泯明不異，以真妄平等，異不可得。

「次下四門明非一，謂：五、以巾住自位義，與象上差別義，此二本、末相違相背，故名非一。楞伽經云：『如來藏不在阿賴耶中，是故七識有生滅，如來藏者不生滅。』〔六〕此之謂也。六、巾上成象義，與象上體空義，此二本、末相反相害故非一。勝鬘經云『七識不流轉，不受苦樂，非涅槃因，唯如來藏受苦樂』〔七〕等。七、以初相背與次相害，此二義別，故名非一。謂相背則各相背捨，相去懸遠；相害則相與敵對，親相食害。是故近遠非一，以前經文不相雜故。八、以極相害俱泯而不泯，與極相背俱存而不存、不存不泯義爲非一，此是成壞非一，以七識即空而是有故，真如即隱而是顯故。九、上四非一與四非異而亦非一，以義不雜故。」〔八〕又，「相違是存，相害是泯，然存上有不存之義，泯上有不泯之義。若唯泯無不泯，則色、空俱亡，無可相即。以不全泯故，雖相即而色空歷然；若唯存無不存，則色、空各有定性，不得相即。由有不存故，雖歷然而得相即，以體虛故」〔九〕。「十、然亦不異，以理徧通故，法無二故。若以不異門取，諸門極相和會；若以非一門取，諸門極相違害。極違而極順者，是無障礙法也。」〔一〇〕

校注

〔一〕如幻忍：了知諸法皆依因緣而生，猶如幻化，本來空寂，而得安住心。

〔二〕見楞伽阿跋多羅寶經卷一。

〔三〕不增不減經：「即此法身，過於恒沙無邊煩惱所纏，從無始世來隨順世間，波浪漂流，往來生死，名爲衆生。」

〔四〕楞伽阿跋多羅寶經卷四：「七識不流轉，不受苦樂，非涅槃因。大慧，如來藏者，受苦樂與因俱，若生若滅。」

〔五〕維摩詰所説經卷上菩薩品：「諸佛知一切衆生畢竟寂滅，即涅槃相，不復更滅。」

〔六〕見入楞伽經卷七佛性品。

〔七〕實見楞伽阿跋多羅寶經卷四。

〔八〕見澄觀撰大方廣佛華嚴經疏卷四六。

〔九〕見澄觀述大方廣佛華嚴經隨疏演義鈔卷七五。

〔一〇〕見澄觀撰大方廣佛華嚴經疏卷四六。按，此「清涼疏釋」辯非一、異四句、十句分别，出法藏述華嚴經探玄記卷一五。

又釋云：「别明義理，於中有二，先成有無，後成四句。言有無者，以三性中，各有二義，皆有無故。圓成二者，一、性有，二、相無；依他二者，一、緣有，二、性無；徧計二者，一、情有，二、理無。今初巾中即圓成二義，術、馬皆是依他二義。而術是能成之因，託真而起故，用有體無，用有即是緣有，體無即是性無。三、馬是所成之果故，相有實無，相有即是緣有，實無即是性無。四、明依、圓不離，即事同真，生喻於事，死喻於真，事泯理顯，故生無死有。以無礙故者，出其所因，即事理無礙也。五、中就情則有，妄見分明故；就理則無，以是妄計，必非有故。所以幻喻廣説有無者，以惑情所封，有無皆失；理無惑計，有無皆真。是知幻喻諸法，非實、非虛，非空、非有。若無於有，不成於無；若無於無，不成於有。有無交徹，萬化齊融。」〔一〕

校注

〔一〕見澄觀述大方廣佛華嚴經隨疏演義鈔卷七五。按，演義鈔此段是對大方廣佛華嚴經疏卷四六中這一部分的解釋：「然上五義，各具有無：一、巾性有相無，爲馬所隱故；二、術用有體無，以依巾無體故；三、馬相有實無，以實無而現故；四、生即是無死即是有，以無礙故；五、情有理無，但妄見故。」又，「然上五義」者，大方廣佛華嚴經疏卷四六：「就法喻中，各開五法，如結一巾，幻作一馬：一、有所依之巾，二、幻師術法，三、所現幻馬，四、馬生即是馬死，五、愚小謂有。初巾喻法性；二術喻能起因緣，謂業惑等；三喻依他起法，即衆生等；四喻依他無性，即是圓成故，廣説皆云非也；五喻取爲人法，今菩薩反此，故云解了。」

又五中各具四句顯成。四句者，「於中有二：初一重四句，後重重四句。今初又二，先正顯，後簡非。今初也，初性有相無四者，一、有，真性有故；二、空，無諸相故；三、亦有亦空，義門異故；四、非有非空，互融奪故。二、用有體無四者，一、有，迷真有用故；二、空，依真無體故；三、亦有亦空，體用不壞故；四、非有非空，無體之用故非有，即用之體故非空。三、相有實無四者，一、有，事相現故；二、空，緣〔一〕成無實故；三、俱存，無性不礙緣成，緣成不礙無性故；四、俱非，緣成即無性故非有，無性即緣成故非空。四、生即是無死即是有四者，一、真性顯故；二、依他即無性故；三、性相雙存故；四、性相即奪故。五、情有理無四者，一、偏計妄情，能招生死故；二、即理而求，不可得故；三、要由理無，方即情有，若無情有，不顯理無故；四、情有即理無，理無即情有故」〔二〕。

校注

〔一〕「緣」，諸校本作「圓」。後四「緣」字同。按，大方廣佛華嚴經隨疏演義鈔作「緣」。

〔二〕見澄觀述大方廣佛華嚴經隨疏演義鈔卷七五。

已上四句，然皆具德，以稱真故。不同情計，定執四句成謗。皆即有之空，方爲具德之空；即空之有，方爲具德之有。又，盡有之空、盡空之有，方爲具德。又，四句齊照成解境故，四句齊泯成行境故，皆言亡慮絶，方爲具德耳〔一〕。

校注

〔一〕澄觀述大方廣佛華嚴經隨疏演義鈔卷七五：「『然皆具德，不同四謗』者，揀非也。言四謗者，謂定有者是增益謗，若定無者是損減謗，亦有亦無相違謗，非有非無戲論謗。疏以具德故，出不同所由。謂上明四句即是具德，以稱真故，不同情計，定執四句。今重顯初門具德之義，一、真如是有義，以迷悟依故，不空義故，不可壞故；二、真性是空，以離相故，隨緣義故，對染説故；三、真如亦有亦空，以具德故，逆順自在故，體鎔融故；四、真性非有非空，以二不二故，定取不可得故。餘之四句，前已略明。又皆即有之空，方爲具德之空；即空之有，方爲具德之有。是則非有之有、非空之空爲具德耳。又，盡有之空、盡空之有，方爲具德。又，隨一句必具餘三，若隨闕者，則非具德。又，四句齊照成解境故，四句齊泯成行境故，皆言亡慮絶，方爲具德耳。是知若依四謗，四句皆絶；若依具德，四句不亡。不即不離，方知幻法故。」

所以昔人云：「巫山臺上，託雲雨以去來；舒姑水側，寄泉流而還往。」〔二〕故知聚沫之身非有，如幻之心本空，豈有欲情而成實事？又如莊周，達體虚如幻，見自身爲蝴蝶，及夢中自見己身遊天崖〔三〕。是以凡夫盲無慧目，妄取前塵男女等相，如幻化法，但誑心眼，都無實事，皆業識心動，起見現相，意識分别，强立我人、自他差别。若能識幻，方悟前非，終不於空而興造作。又此幻法，多人錯解，執一切法如幻如化，便作空無之見。如方廣外道，立空無爲宗，不知實義故〔三〕。華嚴論云：了如幻法，是堅固義〔四〕。言堅固者，即是常住義，豈可作空無之解？故知此幻即真，幻不可得。無幻之幻，名爲幻法；絶見之見，方名見幻。

校注

〔一〕見法苑珠林卷七五十惡篇邪婬部述意部。故「昔人」者，即道世。「巫山雲雨」者，詳見宋玉高唐賦；「舒姑泉流」者，任昉述異記卷上：「臨城縣南四十里有蓋山，登百許步，有舒姑泉。昔有舒氏女，與其父析薪，於泉處坐，牽挽不動，父還告家，比還，惟見清泉。女母曰：『吾女本好音樂。』及弦歌，泉湧回流，見朱鯉一雙。今作樂嬉戲，泉故湧出。」

〔二〕詳見莊子齊物論。

〔三〕方廣外道：依附佛法之外道。龍樹造、鳩摩羅什譯大智度論卷一：「更有佛法中方廣道人言：一切法不生不滅，空無所有，譬如兔角龜毛常無。」吉藏三論玄義：「學大乘者，名方廣道人，執於邪空，不知假有，故失世諦。既執邪空，迷於正空，亦喪真矣。」

〔四〕李通玄撰新華嚴經論卷一九：「如幻心是堅固義，爲無體可成壞故。」

問：諸法不真，各無自性，刹那變異，故稱爲幻。佛身常住，豈稱幻耶？

答：諸佛略有二身：一、真實身，二、方便身。以衆生有不見如來真實身故，示方便身，令入真實。若悟入時，即方便身是常住體，了幻不可得故。如鴦崛魔羅是一切寶莊嚴國、一切世間樂見上大精進佛，以本願力，入幻網門，現跡同凡，示行殺害，後見佛悟道，惡業頓消，令一切衆生知得道業亡，不生邪執，皆令仰慕佛法難量、不可思議，有大威力。所以鴦崛魔羅經偈云：「如來所變化，衆生悉不知，如來所作幻，衆幻中之王，大身方便身，是則爲如來。」〔一〕

校注

〔一〕見央掘魔羅經卷四。

問：一切法如幻，云何有垢浄、能所對治？

答：只爲如幻故，垢浄不定，由心迴轉，凡、聖法生。故思益經云：垢法説浄，見垢實性故；浄法説垢，貪著浄相故〔一〕。

校注

〔一〕思益梵天所問經卷四解諸法品第四之餘：「何謂垢法説浄？不得垢法性故。何謂浄法説垢？貪著浄法故。」

又，莊嚴經論云：「問：若諸法同如幻，以何義故，一爲能治，一爲所治？

「偈答云：譬如强幻王，令餘幻王退，如是清浄法，能令染法盡。」

「釋曰：彼能治浄法，亦如幻王，由能對治染法得增上故；彼所治染法，亦如幻王，由於境界得增上故。『如是清浄法，能令染法盡』者，如彼强力幻王，能令餘幻王退。」〔一〕以染、浄法各有增上力，隨境自在轉，故稱爲王。

校　注

〔一〕見大乘莊嚴經論卷四述求品。

所以圓覺經云：「尒時，世尊告普眼菩薩言：『善男子，彼新學菩薩及末世衆生，欲求如來浄圓覺心，應當正念遠離諸幻，先依如來奢摩他行，堅持禁戒，安處徒衆，宴坐静室，恒作是念：「我今此身，四大和合，所謂髮毛、爪齒、皮肉、筋骨、髓腦、垢色，皆歸於地；涕唾、膿血、津液、涎沫、淡淚、精氣、大小便利，皆歸於水；煖氣歸火；動轉歸風。四大各離，今者妄身當在何處？」即知此身畢竟無體，和合爲相，實同幻化。四緣假合，妄有六根。六根、四大中外合成，妄有緣氣，於中積聚，似有緣相，假名爲心。善男子，此虚妄心，若無六塵則不能有。四大分解，無塵可得，於中緣塵，各歸散滅，畢竟無有緣心可見。善男子，彼諸衆生，幻身滅故，幻心亦滅；幻心滅故，幻塵亦滅；幻塵滅故，幻滅亦滅；幻滅滅故，非幻不滅。譬如磨鏡，垢盡明現。善男子，當知身心皆爲幻垢，垢相永滅，十方清浄。善男子，譬如清浄摩尼寶珠，映於五色，隨方各現，諸愚癡者，見彼摩尼實有五色。善男子，圓覺浄性現於身心，隨類各應。彼愚癡者，説浄圓覺實有如是身心自相，亦復如是，由此不能遠於幻化。』」〔一〕

釋曰：珠中無五方之色，因光所映；性中無五趣之身，隨業而現。迷珠者，執珠中實色；味性者，認性内虚身。法喻皎然，真僞可驗。

校注

〔一〕見大方廣圓覺修多羅了義經。

音義

閦，初六反。　搦，女白反。　縵，莫半反，無文也。　噉，徒敢反。　譁，呼瓜反。　葵，渠追反。　藿，呼郭反。　鑵，古患反，汲水器。　綆，古杏反。　汲，居立反，引也。　咂，子合反。　鄙，方美反，陋也，耻也。　褻，私列反。　譏，居依反。　挑，土凋反，撥也。　筋，舉欣反。　唾，湯卧反。　膿，奴紅反。

戊申歲分司大藏都監開板

宗鏡録卷第八十

慧日永明寺主智覺禪師延壽集

夫入此宗門，云何了一切法如化？

答：以萬法無體，名相本空，無而忽有，名之曰化。

如華嚴經十忍品云：「佛子，云何爲菩薩摩訶薩如化忍〔一〕？佛子，此菩薩摩訶薩，知一切世間皆悉如化。所謂一切衆生意業化，覺想所起故；一切世間諸行化，分別所起故；一切苦樂顛倒化，妄取所起故；一切世間不實法化，言説所現故；一切煩惱分別化，想念所起故；復有清淨調伏化，無分別所現故；於三世不轉化，無生平等故；菩薩願力化，廣大修行故；如來大悲化，方便示現故；轉法輪方便化，智慧無畏辯才所説故。

「菩薩如是了知世間、出世間化，現證知，廣大知，無邊知，如事知，自在知，真實知，非虚妄見所能傾動，隨世所行亦不失壞。譬如化，不從心起、不從心法起，不從業起、不受果報，非世間生、非世間滅，不可隨逐、不可攬觸，非久住、非須臾住，非行世間、非離世間，不專繫一方、不普屬諸方，非有量、非無量，不厭不息、非不厭息，非凡、非聖，非染、非浄，非生、非死，非智、非愚，非見、非不見，非依世間、非入法界，非黠慧、非遲鈍，非取、非不取，非生死、非涅槃，非有、非無有。

「菩薩如是善巧方便，行於世間，修菩薩道了知世法，分身化往；不著世間，不取自身，於世、於身無所分别；不住世間，不離世間；不住於法，不離於法。以本願故，不棄捨一衆生界，不調伏少衆生界，不分别法。非不分别，知諸法性無來無去，雖無所有而滿足佛法，了法如化，非有非無。佛子，菩薩摩訶薩如是安住如化忍時，悉能滿足一切諸佛菩提之道，利益衆生，是名菩薩摩訶薩第九如化忍。」〔二〕

故知善、不善法，從心化生，以無作之因，受忽有之果。故六祖云：「思惡法，即化爲地獄；思善法，化爲天堂。毒害化爲畜生，慈悲化爲菩薩。乃至〔三〕皆是自性變化。」〔四〕

校注

〔一〕如化忍：「十忍」之一，了知一切法非有非無，如世之化法，故不取不捨而得安住心。

〔二〕見實叉難陀譯大方廣佛華嚴經卷四四。

〔三〕乃至：表示引文中間有删略。

〔四〕按，法海本壇經作：「思量惡法，化爲地獄；思量善法，化爲天堂。毒害化爲畜生，慈悲化爲菩薩，智惠化爲上界，愚癡化爲下方。自性變化甚多，迷人自不知見。」宗寶本壇經懺悔第六：「思量惡事，化爲地獄；思量善事，化爲天堂。毒害化爲龍蛇，慈悲化爲菩薩，智慧化爲上界，愚癡化爲下方。自性變化甚多，迷人不能省覺，念念起惡，常行惡道。」此處引六祖所云，當别有所據。

大智度論：「問云：若一切法皆空、如化，何以故有種種説法别異？答曰：如佛所化及餘人所化，雖不實而有種種形像别異。夢中所見種種亦如是，人見夢中好、惡事，有生喜者，有生怖者。如鏡中像，雖無實事，而隨本形，像有好醜。諸法亦如是，雖空而各各有因緣。如佛此中説：於是化法中，有聲聞變化，有辟支佛變化，有菩薩變化，有佛變化，有煩惱變化，有業變化。」〔一〕

又云：「如化者，化主無定物，但以心生，便有所作，皆無有實。人身亦如是，本無所因，但從先世心，生今世身，皆無有實。以是故，諸法如化。」〔二〕

校注

〔一〕見龍樹造、鳩摩羅什譯大智度論卷九六。又大智度論卷九六：「聲聞變化者，三十七品、四聖諦，乃至三解脱門。何以故？聲聞人住持戒中，禪定攝心求涅槃，觀内外身不浄，是名身念處。如是等法，爲涅槃故勤精進生起。是法本無而今有、已有還無，是爲聲聞變化。辟支佛變化者，所謂觀十二因緣等諸法。所以者何？辟支佛智慧深於聲聞人故。菩薩變化者，所謂六波羅蜜，及二種神通：報得及修得。佛法變化者，三十二相、八十隨形好、十力、一切種智等無量佛法。煩惱變化者，煩惱起種種業：善、不善、無記業，畢定業、不畢定業，善、不善、無動業等無量諸業。（中略）業變化者，生一切果報法，所謂六道：惡業果報是三惡道，善業果報是三善道。惡業有上、中、下：上者地獄，中者畜生，下者餓鬼。善業亦有上、中、下：上者天，中者人，下者阿修羅等。」

〔三〕見龍樹造、鳩摩羅什譯大智度論卷六。

問：「不應言變化事空。何以故？變化心亦從修定得，從此心作種種變化，若人、若法，是化有因有果，云何空？」〔一〕

答：「如佛説：觀無生，從有生得脱；依無爲，從有爲得脱。雖觀無生法無，而可作因緣，無爲亦尔。變化雖空，亦能生心因緣。」「復次，空不以不見爲空，以其無實用故言空。以是故言諸法如化。」

故知一切法皆從心生，悉如幻化。雖幻化不實，亦可作善惡之因緣，受昇沉之報應，不可生於斷見，但了體虚，莫生取捨。

校注

〔一〕出龍樹造、鳩摩羅什譯大智度論卷六。下兩處引文同。

問：凡有相法，皆從變化，心無形相，云何化現？

答：心本是化，理不思議，從心現心，如化起化。佛地論云：「心化唯二：一、自身相應，謂自心上化現種種心及心法影像差別；二、他身相應，謂令他心亦現種種心及心法影像差別。此並相分，似見分現。有義定力能令自心解非分法，名化自心；加被有情，令愚昧者解深細法，令失念者得正憶念，名化他心。然心無化，無形質故。如論說言：心無形故，不可變化。又說化〔一〕身無心、心法，此就二乘及諸異生定力而說，彼定力劣，不能化現無形質法。諸佛菩薩不思議定，皆能化現。若不尔者，云何如來現貪瞋等？云何聲聞及傍生等知如來心？云何經説化無量類，皆令有心？云何此論說諸化意業？云何經說有依他心？但諸化色同實色用，化根及心但有相現，不同實用。又就下類，故作是說。若尔，云何不化非情，令心相現？非情已是心等相分，云何復令有心相現？若心相現，則名有情，非非情攝，是故化心但說二種。」〔二〕一、自身，二、他身化等。

校注

〔一〕「化」，諸校本作「法」。按，佛地經論作「化」。

〔二〕見玄奘譯佛地經論卷七。

問：此一心門，理無異轍，約機對法，教有多門。於一法中，名字差別，或名佛性，或稱如來藏，云何成藏義？云何名佛性？

答：如來藏者，是真識心。是真心中，具有一切恒沙佛法，如妄心中具有恒沙染法。是心與法同一體性，故名如來藏。即一切衆生有如來藏，能爲佛因，名有佛性，如睡心中有覺悟性，如黄石中有金性，白石中有銀性。如是一切世間法中，皆有涅槃性。此性即是衆生自實，故名爲我，我即佛性[一]。隱則名爲如來藏，顯則名爲法身。

校注

[一] 隋慧遠撰大般涅槃經義記卷三：「如來藏者，是真識心。是真心中，具有一切恒沙佛法，所謂智慧、三昧、神通、解脱等法。如妄心中具有恒沙諸煩惱法。是心與法同一體性，不離不異。如來藏中具有是義，故名爲有。藏體雖有而爲惑隱，不可得見，斷煩惱已，定必得之，故知是有。如人迷解，正方可見，故得名有。」「一切衆生有如來藏，能爲佛因，名有佛性，如睡心中有覺悟性，亦如礦石有金銀性。如是一切，此性是其衆生自實，故名爲我。以是我故，一切有性即名有我。」

問：若衆生自實名爲佛性，覺此性故名爲佛者，但了一性，即契本原，云何教中或説二、三、四、五種等佛性不同？

答：大涅槃經云正因佛性，衆生心是也〔一〕。又云：「佛性者，不名一法，不名十法，不名百法，不名千法，不名萬法。未得菩提時，一切善、惡、無記皆名佛性。」〔二〕故知未得菩提時，一切諸法尚非名數，豈況悟了，更説二、三？然雖開合，一性無差，約本末因果，而分多種。

校注

〔一〕智顗説、湛然略維摩經略疏卷五：「大經云正因佛性，衆生心是。」智顗説、灌頂録金光明經玄義卷上：「佛名爲覺，性名不改，不改即是非常非無常。如土内金藏，天魔外道所不能壞，名正因佛性。」正因佛性，就是成佛的主要原因，是衆生本有的真如。

〔二〕見大般涅槃經卷三六，南本見卷三三。

佛性論云：「佛性有三種，所謂三因、三種佛性。三因者，一、應得因，二、加行因，三、圓滿因〔一〕。此三因，前一因則以無爲如理爲體，後二因則以有爲願行爲體。三種佛性者，應得因中，具有三性：一、住自性性，二、引出性，三、至得果性。」〔二〕

此三性復成三藏：「一、所攝藏，二、隱覆藏，三、能攝藏。一、所攝爲藏者，佛説約住自性如如，一切衆生是如來藏。言『如』者，有二義：一、如如智，二、如如境。並不倒故，名

『如如』。言『來』者，約從自性來，來至至得，是名如來。故如來性雖因名應得，果名至得，其體不二，但由清、濁有異：在因時，爲違二空故，起無明而爲煩惱所雜，故名染濁。雖未即顯，必當可現，故名應得；若至果時，與二空合，無復惑累，煩惱不染，説名清浄。果已顯現，故名至得。所言『藏』者，一切衆生，悉在如來智内，故名爲藏；以如如智稱如如境故，一切衆生，決定無有出如如境者，並爲如來之所攝持，故名所藏衆生爲如來藏。二、隱覆爲藏者，如來自隱不現，故名爲藏。言如來者，有二義：一者、現如不顛倒義，由妄想故名爲顛倒，不妄想故名之爲如；二者、現常住義，此如性，從住自性性來至至得，如體不變異故，是常住義。如來性住道前時，爲煩惱隱覆，衆生不見，故名爲藏。三、能攝爲藏者，謂果地一切過恒沙數功德，住如來應得性時，攝之已盡。若至果時，方言得性者，此性便是無常。何以故？非如今得，故知本有，是故言常。」〔三〕

校注

〔一〕按，此處引文，此後略對「三因」的解釋：「應得因者，二空所現真如。由此空故，應得菩提心及加行等，乃至道後法身，故稱應得；加行因者，謂菩提心。由此心故，能得三十七品、十地、十波羅蜜助道之法，乃至道後法身，是名加行因；圓滿因者，即是加行。由加行故，得因圓滿及果圓滿。因圓滿者，謂福慧行；果圓滿者，謂智斷恩德。」

〔二〕見佛性論卷二顯體分第三中三因品。又，引文此後有云：「住自性者，謂道前凡夫位；引出性者，從發心以上，窮有學聖位；至得性者，無學聖位。」

〔三〕見佛性論卷二顯體分第三中如來藏品。

雖説三因佛性〔一〕，但是一性。何以故？正因是本有，以衆生不覺故，爲客塵所蔽，如金在礦，金體不現，要假其功，方成金用。此正因佛性亦復如是，在纏不現，處煩惱礦中，須先假了因智慧知有開發，次藉緣因方便助顯，方成大用。緣、用雖分，體恒一味，不動衆生性而成佛性矣。以住自性之理，在凡而即真〔二〕；以引出性之事，成果而不虛。以應得之文，處染而何失？以至得之道，證聖而無疑。又因自性有故，能引出應得至果，剋證非虛。如大涅槃經云：「一闡提等定當得成阿耨多羅三藐三菩提故。善男子，譬如有人，家有乳酪，有人問言：『汝有酥耶？』答言：『我有酪，實非酥，以巧方便定當得故，故言有酥。』衆生亦尔，悉皆有心，凡有心者，定當得成阿耨多羅三藐三菩提。以是義故，我常宣説一切衆生悉有佛性。」〔三〕

校注

〔一〕三因佛性：正因佛性、了因佛性和緣因佛性。詳見本書卷七七。

〔二〕「真」，諸校本作「具」。

〔三〕見大般涅槃經卷二七，南本見卷二五。

又，經論通明四種佛性：初、因性，即染浄緣起；二、因因性，即内熏發心；三、果性，即始覺已圓；四、果果性，即本覺已顯〔一〕。又，初、隨緣隱顯，二、微〔二〕起浄用，三、染盡浄圓，四、還原顯實。又，初、自性住性，即正因；二、是引出佛性，即了因；三、四皆是至得果性，即緣因。又，初二因中理智，後二果中理智，因果雖異，智不殊理，契同無二，唯一心轉，絶相離言，無不包融，故名佛性〔三〕。

校注

〔一〕大般涅槃經卷二七：「佛性者，有因、有因因，有果、有果果。有因者，即十二因緣；因因者，即是智慧；有果者，即是阿耨多羅三藐三菩提；果果者，即是無上大般涅槃。善男子，譬如無明爲因，諸行爲果，行因識果，以是義故，彼無明體亦因、亦因因，識亦果、亦果果。佛性亦爾。」

〔二〕「微」，原作「徵」，據大方廣佛華嚴經隨疏演義鈔改。

〔三〕「經論通明四種佛性」至此，詳見澄觀述大方廣佛華嚴經隨疏演義鈔卷二四。又，法藏述華嚴經明法品内立三寳章卷下因因果果門：「初者，謂染浄緣起門，二、内熏發心，三、始覺圓，四、本覺現。又，初、隨染隱體，二、微起浄用，三、染盡浄圓，四、還源顯實。又，初與第四俱是理性，但染、浄異；中間二俱是行性，但因、果異。又，初、染而非浄，第二、浄而非染，第三、亦染亦浄，第四、非染非浄。又，初是自性住，二是引出，三、四是至得果。又，初二因，後二果。又，轉初爲四，轉二爲三。又，依初起二，以二成三，以三證初，冥合不二，是故四義唯一心轉。若離無明，此四相皆盡也。」

又，涅槃疏云：「涅槃正性有五：一、正性，非因非因因，非果非果果；二、因性，十二因緣；三、因因性，十二因緣所生智慧；四、果性，三藐三菩提；五、果果性，大般涅槃。」〔一〕雖復分別，只是一法。

校注

〔一〕見灌頂大般涅槃經玄義卷下。

又，古釋有三種性：一、理性，謂真如；二、行性，謂無漏種子；三、隱密性，即塵勞之疇〔一〕。三性隱、顯雖分，一體凡、聖共有。

校注

〔一〕唐慧沼撰能顯中邊慧日論卷四明佛性不同一：「依諸經論所明，佛性不過三種：一、理性，二、行性，三、隱密性。言理性者，佛性論云：『爲除此執故，佛説佛性。佛性者，即是人、法二空所顯真如。由真如故，無能罵所罵，通達此理，離虚妄過。』（中略）行性者，通有漏、無漏一切萬行。若望三身，無漏爲正生了，有漏爲緣，疏名生了。無漏正名佛性，有漏假名，非正佛性。（中略）隱密性者，如維摩經云『塵勞之儔，爲如來種』等。涅槃三十三云：『如來未得阿耨菩提時，一切善、不善、無記悉名佛性。』涅槃三十二云：『一切無明煩惱等結，悉是佛性。』何以故？佛性因故，從無明行及煩惱得善五陰。」

又，約常住、隨緣而分二種佛性：一、常住義。經云：其藥本味，停留山中〔一〕。如常不輕菩薩敬四衆〔二〕等，以此佛性，混煩惱而不汙，顯菩提而不浄，以常住不變故，所以菩薩不敢輕一小衆生，以佛性不壞故。二、隨緣義。經云：隨其流處，成種種味〔三〕。如常慘菩薩愍四衆〔四〕等，以真心不守自性，舉體隨緣而作人法。經云：法身流轉五道，号曰衆生〔五〕。以衆生隨緣失性，不覺不知，所以菩薩常生悲慘。又，衆生佛性皆有二義：一是所依佛性，如上二義：一是常住，二是隨緣。二、能依雜染：一、緣成似有義，二、無性即空義。由染法有即空義故，所依佛性常浄不變也；由染法有似有義故，所依佛性隨緣成染也〔六〕。

校　注

〔一〕大般涅槃經卷七：「譬如雪山，有一味藥，名曰樂味，其味極甜，在深叢下，人無能見。有人聞香，即知其地當有是藥。過去往世有轉輪王，於此雪山爲此藥故，在在處處造作木筒，以接是藥，是藥熟時，從地流出，集木筒中，其味真正。王既殁已，其後是藥或醋、或鹹、或甜、或苦、或辛、或淡。如是一味，隨其流處有種種異，是藥真味，停留在山，猶如滿月。」

〔二〕妙法蓮華經卷六常不輕菩薩品：「爾時，有一菩薩比丘名常不輕。得大勢，以何因緣名常不輕？是比丘凡有所見，若比丘、比丘尼、優婆塞、優婆夷，皆悉禮拜讚歎，而作是言：『我深敬汝等，不敢輕慢。所以者何？汝等皆行菩薩道，當得作佛。』而是比丘不專讀誦經典，但行禮拜，乃至遠見四衆，亦復故往禮拜，讚歎而作是言：『我不敢輕於汝等，汝等皆當作佛。』」

〔三〕參前注引大般涅槃經卷七。

〔四〕思益梵天所問經卷三談論品：「常慘菩薩言：若菩薩見墮生死衆生，其心不樂世間諸樂，欲自度己身亦度衆生，是名菩薩。」注維摩詰經卷一引鳩摩羅什注「常慘菩薩」云：「悲念衆生也。」吉藏撰維摩經義疏卷一：「常慘菩薩者，衆生苦輪恒轉，大士悲心常切也。」

〔五〕不增不減經：「即此法身，過於恒沙無邊煩惱所纏，從無始世來隨順世間，波浪漂流，往來生死，名爲衆生。」

〔六〕法藏撰梵網經菩薩戒本疏卷二：「以此佛性有二義故，生二心也：一、常住義。經云：其藥本味，停住山中。約此本性清淨義故，生孝順心而尊敬，如常不輕菩薩敬四衆等。二、約隨緣義。經云：隨其流處，成種種味。約此成染義故，生慈悲心而救度，如常啼菩薩愍四衆等。又以常住即隨緣，隨緣即常住不二故，是菩薩緣衆生常具二心也。又，義准衆生，皆有二義：一是所依佛性，具有二義，如上辨。二是能依雜染，亦二義：一、緣成似有義，二、無性即空義。由此染法有即空義故，所依佛性常淨不反也；由此染法有似有義故，所依佛性隨緣成染也。」

故知以衆生無性即空故，在凡不凡；以法身隨緣故，處聖非聖。又，以衆生緣成似有故，聖不是凡；以法身常住不變故，凡不是聖。則真、俗一際，染、淨恒分，凡、聖兩途，生、佛無異，如是鎔融，方明一心佛性。

古德問：「一切衆生，佛性常住，爲現？爲當？答：三世皆常。問：若現常者，衆生即佛耶？答：如胎中子，豈不同〔一〕父姓？若同父姓，寧責耆少？」〔二〕又，佛性非當、現者，「只見此理，不可推當，修道乃得，不可言現」。只見此理，則約理無差；修道乃得，則隨事不濫。

校　注

〔一〕「同」，原作「問」，據嘉興藏本及大般涅槃經疏改。

〔二〕見灌頂大般涅槃經疏卷四。下一處引文同。

又，涅槃經明六盲摸象，各説異端，雖説不諦，亦不離象〔一〕。如各執五陰空、大等六法爲佛性，雖説不著，亦不離六法〔二〕。「如頭足之中，既無有象，不可即也；頭足之外，亦無別象，不可離也。非即非離，非内非外，而得言象。衆生佛性，亦復如是，非即六法，非離六法，非内非外，故名中道，名爲佛性。若取六法爲佛性者，乃是衆盲之佛性；若離六法爲佛性者，如指虚空爲佛性，如諸婆羅門所謗，爲仙預所害〔三〕；取不即不離中道爲佛性者，如大王智臣所見佛性。」〔四〕

校注

〔一〕大般涅槃經卷三二：「譬如有王告一大臣：『汝牽一象，以示盲者。』爾時，大臣受王敕已，多集衆盲，以象示之。時彼衆盲各以手觸，大臣即還而白王言：『臣已示竟。』爾時，大王即唤衆盲，各各問言：『汝見象耶？』衆盲各言：『我已得見。』王言：『象爲何類？』其觸牙者，即言象形如蘆菔根；其觸耳者，言象如箕；其觸頭者，言象如石；其觸鼻者，言象如杵；其觸脚者，言象如木臼；其觸脊者，言象如床；其觸腹者，言象如甕；其觸尾者，言象如繩。善男子，如彼衆盲，不説象體，亦非不説。若是衆相，悉非象者，離是之外，更無別象。善男子，王喻如來正遍知也，臣喻方等大涅槃經，象喻佛性，盲喻一切無明衆生。」

〔二〕大般涅槃經卷三二：「善男子，如彼盲人各各説象，雖不得實，非不説象。説佛性者，亦復如是，非即六法、不離六法。善男子，是故我説衆生佛性非色、不離色，乃至非我、不離我。」六法者，五陰及我。

〔三〕仙預：或作仙豫、仙譽，爲釋迦佛於過去世爲國王時之名。大般涅槃經卷一二：「我念往昔，於此閻浮提作大國王，名曰仙預，愛念敬重大乘經典，其心純善，無有麁惡嫉妬慳恡，口常宣説愛語、善語，身常攝護貧窮、孤獨，布施、精進，無有休廢。時世無佛、聲聞、緣覺，我於爾時，愛樂大乘方等經典，十二年中，事婆羅門，供給所須。過十二年，施安已訖，即作是言：『師等今應發阿耨多羅三藐三菩提心。』婆羅門言：『大王，菩提之性，是無所有，大乘經典，亦復如是。大王云何乃令人物同於虛空？』善男子，我於爾時心重大乘，聞婆羅門誹謗方等，聞已即時斷其命根。」

〔四〕見灌頂大般涅槃經疏卷二七。

十地經云：衆生身中，有金剛佛性，猶如日輪〔一〕。佛者是覺，人有靈知之覺，今第一義空與之爲性，故名佛性。非情無覺，但持自體，得稱爲法，今真性與之爲性，故名法性，故云：「假説能、所，而實無差。」云何無差？同一性故。外典亦云：天地萬物，同稟陰陽之元氣也〔二〕。

校注

〔一〕唐弘忍述最上乘論：「十地經云：衆生身中有金剛佛性，猶如日輪，體明圓滿，廣大無邊。」亦見唐慧淨般若心經疏引，云「十地論云」。按，十地經論中未見此説。其中卷一有云：「此真如觀内智圓滿普照法界，猶如日輪，光遍世界故。」或爲此説所本。

〔二〕「佛者是覺」至此，詳見澄觀述大方廣佛華嚴經隨疏演義鈔卷二五。又，「外典亦云」者，王充論衡言毒：「萬物之生，皆稟元氣。」

問：夫言佛性，境、智俱收，故云：菩提、菩提斷，俱名爲菩提；説智及智處，俱名爲般若〔一〕。云何教中云：在有情數中稱佛性，在無情數中稱法性〔二〕？

答：在心稱佛性，在境稱法性，從緣雖別，能、所似分，約性本同，一體無異。如瓶貯醍醐，隨諸器而不等；猶水分江海，逐流處而得名。一味真心，亦復如是，凡、聖境智，一際無差。所以法王經云：一切衆生，一心佛性平等，等諸法故〔三〕。只爲真心不守自性，隨緣轉動，於轉動處，立其異名。

校注

〔一〕窺基撰妙法蓮華經玄贊卷三末：「解深密經云：菩提、菩提斷，俱名爲菩提。智度論云：説智及智處，俱名爲般若。」

〔二〕澄觀撰大方廣佛華嚴經疏卷一〇：「智論云：在有情數中，名爲佛性；在非情數中，名爲法性。假説能、所，而實無差。」宗密述大方廣圓覺脩多羅了義經略疏卷上之一：「法界性與如來藏體同義別，別有其二：一者，在有情數中，名如來藏；在非情數中，名法界性，如智論明佛性、法性之異。二者，謂法界則情器交徹，心境不分；如來藏則但語諸佛、衆生清浄本源心體。如云能造善惡，能起厭求，就法界言，即無斯義。據此則藏心克就根源，界性混其本末，混則普該之義易信，克則周遍之理難明。故指藏心如法界性，亦乃攝其二義之別，歸於一體之同，方顯覺妄因依，誠非究竟圓實。」

〔三〕法王經：「佛是衆生，衆生是佛，一切衆生皆有佛性，佛性、衆生性皆同一性，一性平等，等諸法故。我有方便，令入一乘。」此經開元釋教録卷一八別録中僞妄亂真録第七著録。敦煌遺書斯二六九二寫卷鈔，首殘，大正藏第八五册收。

古德云：譬如珠，向月出水，向日出火〔一〕。一珠未曾異，而得水、火之名，以珠體是一，能應二緣。且如月爲水緣時，月中未曾無火性；日爲火緣時，日中未曾無水性。何以故？二性相冥故，但緣水火，事有優劣，故使二性冥伏不現，各從自體得水、火名，非全無性。真如一心，亦復如是，在有情中名佛性，在無情中名法性，一如未曾異而得法、佛之名，以真如體一，能應二緣。且如有情正爲佛緣時，有情未曾無法性；無情正爲法緣時，無情未曾無佛性。何以故？二性相冥故，但猶色心，事有優劣，故二性冥伏不現，各從自體得法、佛名，非全無性。

校注

〔一〕實叉難陀譯大方廣佛華嚴經卷七八：「譬如有人得日精珠，持向日光而生於火。」「譬如有人得月精珠，持向月光而生於水。」「月精珠」，般若譯本作「月愛珠」。栖復集法華經玄贊要集卷七：「此珠有三種：一、陽燧珠，將映日而得火，由有信故，將對智而能生無漏道火；二者、月愛珠，將對月而出水，由此信故，能令衆生得月性水也；三、水清珠，能清濁水故，將此信心投不信心中，能清不信性水渾濁故。」

又，義楚集釋氏六帖卷一九寶玉珍奇部第三十八珠「能出水火」條：「佛頂萬行經云：以珠對日出火，名陽燧珠；對月出水，名月愛珠；能清濁水，名水清珠也。」

清涼記云：「法性即佛性」者，故經云：「知一切法，即心自性。」〔一〕「若以心性爲佛性者，無法非心性，則不隔内外而體非内外。内外屬相，性不同相，何有内外？然迷一性而變成外，外既唯心，何有非佛？所變無實故，説牆壁言無佛性〔二〕，以性該〔三〕相，無非性矣。如煙因火，煙即是火而煙鬱火；依性起相，相翳於性而相即性。如水成波，波即是水；境因心變，境不異心。心若有性，境寧非有？況心與境，皆即真性，真性不二，心境豈乖？若以性從相，不妨内外。若以外境而例於心，令有覺知，修行作佛，即是邪見外道之法。故須常照，不即不離，不一不異，無所惑矣。故知佛性〔四〕非内非外，隨物迷悟，强説昇沉。」〔五〕

校　注

〔一〕見實叉難陀譯大方廣佛華嚴經卷一七。

〔二〕大般涅槃經卷三七：「非佛性者，所謂一切牆壁、瓦石、無情之物，離如是等無情之物，是名佛性。」

〔三〕「該」，原作「説」，據大方廣佛華嚴經隨疏演義鈔改。

〔四〕「知佛性」，大方廣佛華嚴經隨疏演義鈔作「云即」。

〔五〕見澄觀述大方廣佛華嚴經隨疏演義鈔卷三七。

又，今「爲遮妄執一切無情有佛性義，就計此義，自有淺深。一謂〔一〕精神化爲土木金石〔二〕，梟獍負塊以成於子〔三〕，情變非情，非情變情，斯爲邪見，不異外道衆生計生，草木有命〔四〕，故不可也。若説無情同一性故，則稍近宗，亦須得意。彼本立意約於真如自體徧故，真實之性無有二故。涅槃經説第一義空爲佛性故〔五〕，一切法中，有安樂性〔六〕。攝境從心，無非心故；色性、智性，體無二故。如是等文，諸經具有。今謂此釋太即太過，失情無情，壞於性相。若以涅槃第一義空該通心、境，涅槃何〔七〕以簡於瓦礫言無性耶〔八〕？今直顯正義，謂性與相非一非異，情與非情亦非一異。故應釋言：以性從緣，則情與非情異，一、如涅槃簡去牆壁、瓦礫等故；二、無覺不覺者，真性之中無心境故；三、無非覺悟，以無情性融覺性故」〔九〕。

校注

〔一〕按，此云「一謂」，後當有「二謂」。「二謂」者，即後文「若説無情同一性故」。

〔二〕大佛頂如來密因修證了義諸菩薩萬行首楞嚴經卷七：「由因世界愚鈍輪迴，癡顛倒故，和合頑成八萬四千枯槁亂想。如是故，有無想羯南，流轉國土，精神化爲土木金石，其類充塞。」子璿集首楞嚴義疏注經卷七：「墮在世間，愚癡爲本，既非覺了，頑鈍相成。或乃習定灰凝，思專枯槁，心隨境變，化物成身。用無識爲真修，將頑愚爲至道。乃至如劫毘羅化爲石，千年華表土木精怪等。」

〔三〕大佛頂如來密因修證了義諸菩薩萬行首楞嚴經卷七：「如土梟等附塊爲兒，及破鏡鳥以毒樹果抱爲其子，子成，父母皆遭其食，其類充塞。」仁岳述楞嚴經熏聞記卷四：「土梟者，見爾雅注。説文云：梟，不孝鳥也。毛詩草木疏云：流離鳥也。自關而西，謂鳥爲流離，其子適大，還食其母。破鏡者，述異記云：獍之爲獸，狀如虎豹而小，始生，還食其母，故曰梟獍。然則破鏡是獸，明矣，故孤山指譯人誤云鳥耳。舊疏皆作『鳥』字釋之。或曰凡鳥獸眼睛破者，皆名破鏡，未詳所據。」

〔四〕草木有命：外道所執邪見。大佛頂如來密因修證了義諸菩薩萬行首楞嚴經卷一〇：「窮諸行空，已滅生滅，而於寂滅，精妙未圓。若於所知知遍圓故，因知立解。十方草木，皆稱有情，與人無異。草木爲人，人死還成十方草樹。無擇遍知生勝解者，是人則墮知無知執。婆吒、霰尼，執一切覺，成其伴侣，迷佛菩提，亡失知見。」子璿集首楞嚴義疏注經卷一〇：「草木無知而執有知，故云『知無知執』。婆吒、霰尼，二外道也，涅槃云波私吒及先尼，梵音小轉。既執一切覺，即草木有命也。」

〔五〕大般涅槃經卷二七：「佛性者名第一義空，第一義空名爲智慧。所言空者，不見空與不空。智者見空及與不空、常與無常、苦之與樂、我與無我。空者一切生死，不空者謂大涅槃。乃至無我者即是生死，我者謂大涅槃。見一切空，不見不空，不名中道。乃至見一切無我，不見我者，不名中道，中道者名爲佛性。」

〔六〕大般涅槃經卷三：「一切諸法中，悉有安樂性。」

〔七〕「何」，原作「可」，據大方廣佛華嚴經隨疏演義鈔改。
〔八〕大般涅槃經卷三七：「非佛性者，所謂一切牆壁、瓦石、無情之物，離如是等無情之物，是名佛性。」
〔九〕見澄觀述大方廣佛華嚴經隨疏演義鈔卷五一。

故起信論問云：若諸佛法身離於色相者，云何能現種種色相？答曰：即此法身是色體故，能現於色，所謂從本已來，色、心不二。以色性即智故，色體無形，説名智身；以智性即色故，説名法身，徧一切處〔一〕。今取二性相即互融之義説耳〔二〕。

校注

〔一〕見真諦譯大乘起信論。
〔二〕「故起信論問云」至此，見澄觀述大方廣佛華嚴經隨疏演義鈔卷五一。

百門義海云：「謂覺塵及一切法從緣無性，名爲佛性。經云：三世佛種，以無性爲性。一切處隨了無性，即爲佛性，不以有情故有，不以無情故無。今獨言有情者，徧世〔一〕勸人爲器，常於一毛一毫之處，明見一切理事無非如來性。是開如來性起功德，名爲佛性。」〔二〕

校注

〔一〕「偏世」，華嚴經義海百門作「意在」。

〔二〕見法藏述華嚴經義海百門體用顯露門。

是知六道四生、山河大地、情與非情，皆同一性。如世尊最後垂示應盡還原品三告之文〔二〕。經云：「尒時，世尊如是逆順入諸禪已，普告大衆：『我以甚深般若，徧觀三界一切六道，諸山、大海、大地含生，如是三界，根本性離，畢竟寂滅，同虚空相。無名、無識，永斷諸有，本來平等，無高下想。無見、無聞、無覺、無知，不可繫縛，不可解脱。無衆生、無壽命，不生、不起，不盡、不滅，非世間、非非世間，涅槃、生死，皆不可得，二際平等，等諸法故，閑居静住，無所施爲，究竟安置，必不可得。從無住法，法性施爲，斷一切相，一無所有。法相如是，其知是者，名出世人。是事不知，名生死始。汝等大衆，應斷無明，滅生死始。』」

又：「復告大衆：『我以摩訶般若，徧觀三界有情、無情，一切人法，悉皆究竟，無繫縛者，無解脱者，無主、無依，不可攝持。不出三界，不入諸有，本來清浄，無垢、無煩惱，與虚空等，不平等、非不平等，盡諸動念，思想心息，如是法相，名大涅槃。真見此法，名爲解脱，凡夫不知，名曰無明。』

「作是語已，復入超禪[二]，從初禪出，乃至入滅盡定，從滅盡定出，乃至入初禪。如是逆順入超禪已，復告大衆：『我以佛眼，徧觀三界一切諸法，無明本際，性本解脱，於十方求，了不能得，根本無故，所因枝葉，皆悉解脱。無明解脱故，乃至老、死皆得解脱。以是因緣，我今安住常寂滅[三]光，名大涅槃。』」[四]

校注

〔一〕「文」，原作「又」，據心賦注卷二、冥樞會要卷下改。

〔二〕超禪：即超越三昧，又稱「頂禪」，指佛及菩薩能超越上下諸地而隨意入出之三昧。又稱「自在定」，因於諸法門中能自在入出故。智顗法界次第初門卷中之上超越三昧初門第三十二：「所以名超越者，能超過諸地，自在入出，故名超越。」

〔三〕「寂滅」，原作「滅寂」，據嘉興藏本及大般涅槃經後分改。

〔四〕見大般涅槃經後分卷上應盡還源品。

如上真實慈父廣大悲心不可思議三告之文，或有偶斯教者，可以折[一]骨爲筆，剥皮爲紙，刺血爲墨而書寫之[二]，不可頃刻暫忘，刹那失照。且如第一文云：「徧觀三界一切六道，諸山、大海、大地含生，如是三界，根本性離，畢竟寂滅。」第二文云：「徧觀三界有情、無情，一切人法，悉皆究竟。」第三文云：「徧觀三界一切諸法，無明本性，性本解脱。」是以徧法界内、盡十方中，若有情、若無情，若有性、若無性，山河、大地，草芥、人畜，不在三界、不出三界，不隨生死、不住涅槃，皆同真如一心妙性。如是信解，頓入一乘，更無秘文能出斯旨。離此有説，皆是權施，誘引提携，咸歸宗鏡。

校注

〔一〕「折」，嘉興藏本作「析」。

〔二〕大般涅槃經卷一四：「世尊，我於今者，實能堪忍剥皮爲紙、刺血爲墨、以髓爲水、折骨爲筆，書寫如是大涅槃經。」又如般若譯大方廣佛華嚴經卷四〇：「剥皮爲紙，折骨爲筆，刺血爲墨，書寫經典，積如須彌，爲重法故，不惜身命。」

問：既云「一切衆生皆有佛性」，云何涅槃經云「或有佛性闡提人有，善根人無」等〔一〕？

答：一切衆生，實有佛性。經約善、惡、無記、理、果等，互説有無。薦福疏云：今准經明佛性，略有五種，謂善、不善、無記及理、果等。今言「一闡提有、善根人無」者，此是不善佛性也。然善根人有其二種：一是離欲善根人，離欲斷一切不善故；二是五住已上，五住已上無不善性故。此之二人俱無不善性也。「善根人有、闡提人無」者，此是善佛性也。

闡提斷一切善，故云無也。「二人俱有」者，理及無記也。「二人俱無」者，俱無果性故。涅槃經云：「如來佛性則有二種：一、有，二、無。有者，所謂三十二相乃至無量三昧，是名爲有。無者，所謂如來過去〔二〕諸善、不善、無記，業因、果報、煩惱、五陰、十二因緣，是名爲無。乃至〔三〕闡提佛性亦尒。」〔四〕是則上從于佛，下至闡提，皆有有、無二性，非全無性〔五〕。是知但約三性及果而論有無。若言理性，尚無凡、聖，豈説有、無？則約理無不具者。所以生法師云：「夫禀質二儀，皆是涅槃正因。闡提含生之類，何得獨無佛性？蓋是此經度未盡耳。」故生法師忍死十年，以證斯旨，及涅槃後分到後，果有斯文，遂踞師子座，因而坐蛻〔六〕。

校注

〔一〕大般涅槃經卷三六：「或有佛性一闡提有，善根人無。或有佛性善根人有，一闡提無。或有佛性，二人俱有。或有佛性，二人俱無。」

〔二〕「去」，原作「未」，據大般涅槃經、大方廣佛華嚴經隨疏演義鈔改。

〔三〕乃至：表示引文中間有删略。按，此處澄觀述大方廣佛華嚴經隨疏演義鈔中即已删略。

〔四〕見大般涅槃經卷三六，南本見卷三二。

〔五〕按，「薦福疏云」至此，詳見澄觀述大方廣佛華嚴經隨疏演義鈔卷八。薦福者，即法藏，其傳見崔致遠唐大薦福寺故寺主翻經大德法藏和尚傳、宋高僧傳卷五周洛京佛授記寺法藏傳。

〔六〕「生法師云」至此，參見澄觀述大方廣佛華嚴經隨疏演義鈔卷八。生法師者，即竺道生，傳見高僧傳卷七竺道生傳。此事亦參見其傳。

問：如上決定説一切衆生有佛性者，衆生既具，云何不免沉淪？

答：衆生雖具正因，而無緣了〔一〕，所以圓覺經云：「未出輪迴而辯圓覺，彼圓覺性即同流轉。若免輪迴，無有是處。」故先德頌云：「圓成沉識海，流轉若飄蓬。」〔二〕

校注

〔一〕緣了：即緣因、了因。

〔二〕見梁朝傅大士頌金剛經正信希有分第六。參見本書卷五七注。

是以真如本覺，不守自性，以無性故，但隨緣轉。如云「法身流轉五道，故号衆生」〔一〕。應須以善巧方便，發之以智照，助之以良緣，了了見時，方逃境縛。如起信鈔云：「且夫真之與妄，皆依一法界心所説，蓋以此心本來有體有用。即用之體，則蕩然空寂；即體之用，則了然覺知。以無始時來迷故，於空寂之處，確然根身塵境。於覺知之處，則紛然分別緣念。故肇公〔二〕云：法身隱於形穀之中，真智隱於緣慮之内。然其形穀緣念，元來體空；空寂覺知，元來不變。不變之真，元來隨緣；體空之妄，元來成事。非因造作，法尔如斯。衆生身心，現今若此，即約此義，以明染、淨緣之義相也。」〔三〕

校注

〔一〕法藏述華嚴經探玄記卷二：「經云：法身流轉五道，名曰衆生。既云『流轉』，當知有去，或亦無去，以雖在纏而不動故。」佛説不增不滅經：「舍利弗，即此法身，過於恒沙無邊煩惱所纏，從無始世來隨順世間，波浪漂流，往來生死，名爲衆生。」

〔二〕「肇公」，原作「肇論」，據起信論疏筆削記改。此説出僧肇寶藏論離微體淨品：「若執有身者，即有身礙，身礙故，即法身隱於形穀之中。若執有心者，即有心礙，心礙故，即真智隱於念慮之中。」

〔三〕按，此説見起信論疏筆削記卷八，故此起信鈔者，當即傳奥大乘起信論隨疏記，詳見本書卷六注。

大涅槃經云：「佛告善男子，如汝所言，若一闡提有佛性者，云何不遮地獄之罪？善男子，一闡提中，無有佛性。善男子，譬如有王，聞箜篌音，其聲清妙，心即耽著，喜樂愛念，情無捨離，即告〔一〕大臣：『如是妙音，從何處出？』大臣答言：『如是妙音，從箜篌出。』王復語言：『持是聲來。』尔時，大臣持箜篌置於王前，而作是言：『大王當知，此即是聲。』王語箜篌：『出聲！出聲！』而箜篌聲亦不出。尔時，大王即斷其弦，聲亦不出；取其皮木，悉皆拆裂，推求其聲，了不能得。尔時，大王即嗔大臣：『云何乃作如是妄語？』大臣白王：『夫取聲者，法不如是。應以衆緣善巧方便，聲乃出耳。』衆生佛性，亦復如是，無有住處，以善方便故得可見。以可見故，得阿耨多羅三藐三菩提。一闡提輩不見佛性，云何能遮三惡道罪？善男子，若一闡提信有佛性，當知是人不至三惡，是亦不名一闡提也。以不自信有佛性故，即墮三惡，故名一闡提。」〔二〕

校注

〔一〕「告」，原作「吉」，據諸校本及大般涅槃經改。

〔二〕見大般涅槃經卷二六，南本見卷二四。

是知一切衆生雖有正因，不得了緣，枉沉生死，爲不知故甘稱下凡，爲不聞故不親善友，常迷智眼，豈有了因？恒習惡緣，何成善本？今爲未聞者廣搜秘藏，發起信心；爲未知者直指心原，了然無滯；爲已聞者智慧開發，萬善資熏；爲已知者一向保任〔一〕，理行成就。有斯深益，豈厭文繁？普望後賢，廣重〔二〕傳授。

校注

〔一〕「保任」，諸校本作「任保」。

〔二〕「重」，諸校本作「垂」。

問：佛性若定有無，即成斷常之見，如何體會，理合正因？

答：非一非異，能契一乘之門；亦有亦無，不謗三因之性。如大涅槃經云：「佛言：善男子，若有説言一切衆生定有佛性，常、樂、我、淨，不作、不生，煩惱因緣，故不可見，當知是人謗佛、法、僧；若有説言一切衆生都無佛性，猶如兔角，從方便生，本無今有，已有還無，當知是人謗佛、法、僧。若有説言衆生佛性〔一〕非有如虚空，非無如兔角。何以故？虚空常故，兔角無故，是故得言亦有亦無，有破兔角，無破虚空，如是説者，不謗三寶。」〔二〕

校注

〔一〕「佛性」，原無，據大般涅槃經補。

〔二〕見大般涅槃經卷三六，南本見卷三三。

問：教説一心佛性之理，有何因緣？獲何善利？

答：佛眼諦觀，正理不謬。若人決定信受，則除五種過失，生五種功德。

佛性論云：「如來爲除五種過失，生五種功德故，説一切衆生悉有佛性。除五過失者，一、爲令衆生離下劣心故。有諸衆生，未聞佛説有佛性理，不知自陰必當有得佛義故，於此身起下劣想，不能發菩提心。二、爲離慢下品人故。若有人曾聞佛説衆生有佛性故，因此發心，既發心已，便謂我有佛性，故能發心，作輕慢意，謂他不能。爲破此執故，佛説一切衆生皆有佛性。三、爲離虚妄執故。若人有此慢心，則於如理如量正智不得生顯，故起虚妄。虚妄者，是衆生過失。過失有二：一、本無，二、是客。一本無者，如如理中，本無人我，作人我執。此執本無，乃至〔一〕故知能執，皆成虚妄。由於此執，所起無明諸業果執並是虚妄，無受者、作者，而於中執有是虚妄，故言本無。二是客者，有爲諸法，皆念念滅，無停住義，則能罵、所罵，二無所有，但初刹那爲舊，次刹那爲客，能罵、所罵起而即謝。是則初刹那是怨，次則非怨。以於客中，作於舊執，此執不實，故名虚妄。若起此執，正智不生，爲除此執，故説佛性。佛性者，即是人、法二空所顯真如。由真如故，無能、所罵。通達此理，離虚妄〔二〕執。四、爲除誹謗真實法故。一切衆生過失之事，並是二空。由解此空故，所起清淨智慧功德，是名真實。言誹謗者，若不説佛性，則不了空，便執實有，違謗真如，淨智功德，皆不成就。五、離我執故。若不見虚妄過失、真實功德，於衆生中不起大悲。由聞佛説佛性故，知虛妄過失、真實功德，則於衆生中起大悲心，無有彼此，故除我執。「爲此五義因緣，佛説佛性生五種功德：一、起正勤心，二、生恭敬事〔三〕，三、生般若，四、生闍那〔四〕，五、生大悲。由五功德，能翻五失：由正勤故，翻下劣心；由恭敬故，翻輕慢意；由般若故，翻妄想執；由生闍那俗智，能顯實智及諸功德故，翻謗真法；由大悲心慈念平等故，翻我執。乃至由般若故，不捨涅槃；由大悲故，不捨生死；由般若故，成就佛法；由大悲故，成就衆生。」〔五〕

校注

〔一〕乃至：表示引文中間有删略。下二「乃至」同。

〔二〕「妄」，原作「空」，據磧砂藏、嘉興藏本及佛性論改。

〔三〕「事」，諸校本作「意」。按，佛性論作「事」。

〔四〕闍那：意譯「智」。隋慧遠大乘義章卷一〇止觀捨義八門分別：「言『闍那』者，諸佛菩薩，彼知一切諸法差别，故名爲智。」慧琳一切經音義卷二六：「毗婆舍那，亦云『闍那』，亦云『若那』，此云『惠』也、『觀』也，或云『見』也。」

〔五〕見佛性論卷一緣起分。

是以若了一切衆生皆有佛性，自然不謗不慢，無失無違。何者？以衆生妙故，皆不可思議。如佛在竹林中説法，授白鴿鳥劫國名号八相之記〔一〕，諸大菩薩等皆申懺悔，咸云：「若智未齊如來，我等自此已後，更不敢稱量衆生。」〔二〕

校注

〔一〕智顗説金光明經文句卷六釋授記品：「授者，與也。記者，記成道事也。此中授三大士一萬諸天當來成佛事，故言授記。亦名授莂，亦名授決，授劫國數量名爲莂，審實不虚名爲決。從佛所與名爲授，從其所得名爲受。此中從佛所與，故言授記。」

〔二〕按，此説出處俟考，或即「割肉貿鴿」事的變異。「割肉貿鴿」譬，詳見大莊嚴論經卷一二、賢愚經卷一梵天請法六事品等。又，「不敢稱量衆生」者，道泰等譯入大乘論卷下：「如密藏經中説，如來法身住於一切衆生身中，光影外現，猶如浄綵裹摩尼珠。無所障蔽，亦復如是。是故當知如來法身遍在一切諸衆生中，如佛所説。乃至枯樹焦木，亦悉皆入，不應生害，況復餘類。是故不應稱量衆生，除諸如來，無能知者。」首楞嚴三昧經卷下：「我經中説：人則不應妄稱量衆生。所以者何？若妄稱量於他衆生，則爲自傷。唯有如來，應量衆生及與等者。」

寶堅和尚〔一〕云：我見老鵶在生槃上迴頭轉腦，便全體見渠法身。

校注

〔一〕按，據傳法正宗記卷七，大鑒（即慧能）之四世有「河中府寶堅者」。景德傳燈録卷九，前京兆章敬寺懷暉禪師法嗣十六人，其中之一爲河中寶堅禪師。此寶堅和尚者，當是。

又，有俗官入寺，與盤山和尚〔一〕登殿，問云：「此雀兒還有佛性不？」師云：「有。」問：「既有佛性，爲甚麽向佛頭上阿〔二〕？」師云：「是何不向鷂子頭上阿？」〔三〕

校注

〔一〕盤山和尚：寶積禪師。祖堂集卷一五盤山和尚：「盤山和尚嗣馬大師，在北京。師諱寶積，未詳姓氏。」據景德傳燈録卷七，爲懷讓禪師第二世法嗣四十五人中之幽州盤山寶積禪師。

〔二〕「阿」，嘉興藏、清藏本作「屙」。後二「阿」字，同。按，「阿」，通「屙」。

〔三〕按，祖堂集卷一五東寺和尚：「（承相崔公群）更與師到佛殿，見雀兒在佛頭上放糞，相公問：『者個雀兒還有佛性也無？』師云：『有。』相公云：『既有，爲什摩向佛頭上屙？』師云：『他若無，因什摩不向鷂子頭上屙？』相公從此禮拜爲師。」景德傳燈録卷七湖南東寺如會禪師：「湖南東寺如會禪師者，始興曲江人也。初謁徑山，後參大寂。（中略）相國崔公群出爲湖南觀察使。（中略）崔相公入寺，見鳥雀於佛頭上放糞，乃問師曰：『鳥雀還有佛性也無？』師云：『有。』崔云：『爲什麽向佛頭上放糞？』師云：『是伊爲什麽不向鷂子頭上放？』」

問：佛性於五眼〔一〕中，何眼能見？

答：涅槃經云：「佛眼見故，而得明了。」〔二〕以〔三〕佛眼見一切美惡差別等事，悉皆不動，爲見性故。維摩經云：「善能分別諸法相，於第一義而不動。」〔四〕此是心鑒無礙爲眼，非取根塵所對。是以肉眼見麁，天眼觀細，慧眼明空，法眼辯有，佛眼觀不二相一實之理。

校注

〔一〕五眼：肉眼、天眼、慧眼、法眼和佛眼。詳見本書卷三注。

〔二〕見大般涅槃經卷二七，南本見卷二五。

〔三〕「以」，清藏本作「然」。

〔四〕見維摩詰所說經卷上佛國品。

華嚴經離世間品說十眼：「所謂肉眼，見一切色故；天眼，見一切衆生心故；慧眼，見一切衆生諸根境界故；法眼，見一切法實相故；佛眼，見如來十力故；智眼，見諸法故；光明眼，見佛光明故；出生死眼，見涅槃故；無礙眼，所見無障故；一切智眼，見普門法界故。」〔一〕又，「慧眼所見，無法可見，故名爲見」〔二〕者，見法空故，名爲慧眼。非獨慧眼能見，五眼俱現。如是五眼，照如千日，十方之中，無處不見。於一切處，地平如掌，無諸穢惡。若有可見，即是生盲。何以故？無所有故。當知無空，色空俱遣。又，見一切塵全是眼，更不可見；聞一切聲全是耳，不復更聞。所以云：「一切聲是佛聲，一切色是佛色。」〔三〕又云：「離心之外，更無一法，縱見内外，但是自心所見，無别内外，此無過也。」〔四〕乃至若了塵時，塵全是知也，終不以知知於塵，即有所知也。若知於無知，不異知也。今塵即知，不復更以知及不知知於無知，但無能、所之知，非無知也，此方顯無知也。經云：顯現一切法，各各不相知〔五〕。見亦如是。又，聞者，圓教明我，我即聞故，能聞、所聞皆法界故，故使我外更無别聞〔六〕。是以若見若聞，若知若覺，皆一心故。華嚴經云：「所見不可見，所聞不可聞，所知不可知，一心不思議。」〔七〕

校注

〔一〕見實叉難陀譯大方廣佛華嚴經卷五七。

〔二〕見大般涅槃經卷二五，南本見卷二三。

〔三〕按，此説古尊宿語録卷二引云「誌公云」。誌公者，即寶誌。

〔四〕見法藏述華嚴經義海百門體用顯露門。

〔五〕法藏述華嚴經義海百門決擇成就門：「了知塵時，塵全是知也，終不以知知於塵也。若以知知於塵，有所不知也。若知於知，此無知不異知也。今塵即是知，不復更以不知知於無知者，但無能、所之知，非無知也。經云：顯現一切法，各各不相知。」「經云」者，實叉難陀譯大方廣佛華嚴經卷一九：「示現一切色，各各不相知。」

〔六〕「圓教明我」至此，見湛然述維摩經疏記卷上。
〔七〕見實叉難陀譯大方廣佛華嚴經卷一九，但經中無「所知不可知」句。

問：五眼凡、聖共有，則衆生具佛眼，如來有肉眼，云何唯佛眼能觀，十住菩薩等不見佛性？

答：以十住菩薩有行有住故，所以不了了見。若見性了了證實之時，不見已外，更有菩提可行可住，以十住位緣觀未盡故，心有所在。心有所在故，有所不在，是故不能覺一切法。至佛位息緣，真心平等，無處不在。無不在故，無有一法在於心外，亦無一心在於法外，心與法界同體照明，故覺一切。

又此心性，是真實了知義，徧照法界義，以本有爲所照，以浄〔一〕眼智明爲能照。如涅槃經云：「見性肉眼，即名佛眼。」〔二〕大涅槃經明二種見佛性：一、相貌見，二、了了見〔三〕。相貌見者，謂登地菩薩方便權智，識變似空，名相貌見；了了見者，謂地上菩薩根本正智，親證真理，不變相緣，名了了見，即是親證。相貌見者，比量知；了了見者，現量得。

校注

〔一〕「浄」，諸校本作「浮」。按，作「浄」是。浄眼即清浄離垢之法眼。

〔二〕大般涅槃經卷六：「聲聞之人雖有天眼，故名肉眼。學大乘者，雖有肉眼乃名佛眼。」

〔三〕大般涅槃經卷一七：「見有二種：一、相貌見，二、了了見。云何相貌見？如遠見烟，名爲見火，實不見火，雖不見火，亦非虚妄；見空中鶴，便言見水，雖不見水，亦非虚妄；如見花葉，便言見根，雖不見根，亦非虚妄；如人遥見籬間牛角，便言見牛，雖不見牛，亦非虚妄；如見女人懷妊，便言見欲，雖不見欲，亦非虚妄；如見樹生葉，便言見水，雖不見水，亦非虚妄；又如見雲，便言見雨，雖不見雨，亦非虚妄；如見身業及以口業，便言見心，雖不見心，亦非虚妄，是名相貌見。云何了了見？如眼見色。」

問：既云佛眼能觀佛性，如何教中又言我以五眼不見三聚〔一〕，衆生狂愚無目而言見耶？

答：若約實相體，性徧法界，以實相無相故，則不可見；若論照用，相徧法界，以無相之相亦可得見。

又，五眼圓照三諦之理，諸境分明，雖云洞鑒，未必是有；雖云不見，未必是無，斯乃無相之相，不觀之觀。當知相中無相只勿相，觀中無觀只勿觀。體萬物而自虚，同一道之清淨，豈同執實隨塵，作能所斷常之見耶？

校　注

〔一〕三聚：指三種類聚，又稱三定聚，即正定聚、邪定聚和不定聚。能破顛倒、必定證悟者，爲正定；不能破顛倒、畢竟不證悟者，爲邪定；得因緣能破，不得因緣則不能破者，爲不定。摩訶般若波羅蜜經卷二一三慧品：「佛告須菩提：『諸法無所爲、無所作中無有分別，有所爲、有所作中有分別。何以故？凡夫愚人不聞聖法，著五受陰，所謂色、受、想、行、識，著檀那波羅蜜乃至著阿耨多羅三藐三菩提。是人念：有是色、得是色。乃至念：有是阿耨多羅三藐三菩提、得是阿耨多羅三藐三菩提。是菩薩作是念：我當得阿耨多羅三藐三菩提、我當度衆生生死。須菩提！我以五眼觀，尚不得色乃至阿耨多羅三藐三菩提，何況是狂愚人無目而欲得阿耨多羅三藐三菩提、度脱衆生生死？』須菩提白佛言：『世尊，若佛以五眼觀，不見衆生生死中可度者。今世尊云何得阿耨多羅三藐三菩提，分別衆生有三聚——正定、邪定、不定？』『須菩提，我得阿耨多羅三藐三菩提，初不得衆生三聚，若正定、若邪定、若不定。須菩提，以衆生無法有法想，我以除其妄著世俗法故，説有得，非第一義。』」

問：夫佛眼者，皆是圓修圓證方具，十住菩薩尚未分明，云何無明煩惱凡夫，尚未得天眼，云何得同佛眼？

答：如來五眼，衆生悉具，非待證聖方有。涅槃經云：若學大乘人，雖是肉眼而名佛眼，二乘雖具天眼，不名佛眼〔一〕。又云：見如來性者，雖有煩惱，如無煩惱〔二〕。若實明宗見性，即肉眼而明佛眼，以智照爲眼故。

校注

〔二〕大般涅槃經卷六：「善男子，我爲聲聞、有肉眼者説言降魔，不爲修學大乘人説。聲聞之人雖有天眼，故名肉眼；學大乘者雖有肉眼，乃名佛眼。何以故？是大乘經名爲佛乘，如此佛乘最上、最勝。」

〔三〕大般涅槃經卷八：「善男子，雖修一切契經諸定，乃至未聞大般涅槃，皆言一切悉是無常。聞是經已，雖有煩惱，如無煩惱，即能利益一切人天。何以故？曉了己身有佛性故，是名爲常。」

台教約五品〔一〕，初位中，以凡夫心，同佛所知；用所生眼，齊如來見〔二〕。若論明昧淺深，即落修證。今直論見性，即無前後。

校注

〔一〕智顗説妙法蓮華經文句卷一〇上釋分別功德品：「五品者，一、直起隨喜心，二、加自受持讀誦，三、加勸他受持讀誦，四、加兼行六度，五、加正行六度。此五人者，通論皆自行化他。」大明三藏法數卷一五：「品者，次序之義，謂於圓教外凡位中，而有淺深次序之別，故分五品也。（原注：外凡者，因未登聖位，心居理外也。）一、隨喜品。隨喜者，隨他修善，喜他得成也。謂佛轉法輪，衆生得益，我助彼喜，是名隨喜品。經云『若聞是經而不毁呰，起隨喜心』是也。二、讀誦品。看文曰讀，背文曰誦，謂内修圓觀，更加讀誦，如膏助火，心觀益明，是名讀誦品。經云『何況讀誦、受持之者』是也。三、説法品。（原注：亦名解説品。）説法者，宣傳聖言也。謂由讀誦故，内解轉勝而復外資講説，導利於人，化功歸己，心倍勝前，是名説法品。經云『若有受持、讀誦、爲他人説』是也。（原注：化功歸己者，謂以説法廣濟於他，其功則歸於己矣。）四、兼行六度品。六度者，布施、持戒、忍辱、精進、禪定、智慧也。謂前觀心雖熟，未遑涉事，今正觀稍明，旁兼利物，福德力故，倍增觀心，是名兼行六度。經云『況復有人能持是經，兼行布施』等是也。五、正行六度品。正行六度者，謂圓觀稍熟，事理將融，涉事不妨於理，在理不隔於事，自行化他，事理具足，觀心無礙，轉勝於前，是名正行六度品。經云『若人讀誦，爲他人説，復能清淨持戒』等是也。」

〔二〕智顗説妙法蓮華經文句卷一〇上釋隨喜功德品：「以凡夫心，等佛所知；用所生眼，同如來見。如此知見，究竟法界，廣無涯底，無等、無等等，更無過上。佛今説此，我得聞此，故名『隨喜功德品』。」

所以鴦崛摩羅經偈云「所謂彼眼根，於諸如來常。具足無減修，了了分明見」〔一〕者，止觀釋云：「彼是九法界眼根也。『於如來常』者，九界自謂各各非真，如來觀之，即佛法界，無二無別。『無減修』者，觀諸眼即佛眼，一心三諦，圓因具足，無有缺減也。『了了分明見』者，照實爲了了，照權爲分明，三智一心中，五眼具足圓照，名爲了了見佛性也。見論圓證，修論圓因。又，具足修者，觀於眼根，捨二邊漏，名爲檀；眼根不爲二邊所傷，名爲尸；眼根寂滅，不爲二邊所動，名爲羼提；眼根及識自然流入薩婆若海，名爲精進；觀眼實性，名爲上定；以一切種智，照眼中道，名爲智慧〔二〕。是爲眼根具足無減修，無減故，了了分明見眼法界。乃至彼意根，於諸如來常具足無減修，了了分明知〔三〕，於一一根，即空、即假、即中，三觀一心，名無減修。證慧眼、法眼〔四〕、佛眼一心中得，名了了見，皆如上説。根既如此，塵亦復然，一切諸法，亦復如是。是爲圓教調伏諸根，滿足六度。此則究竟調伏，究竟滿足，如是助道，助究竟道。當知六度徧能調伏一切諸根也。」〔五〕

校注

〔一〕央掘魔羅經卷三：「所謂彼眼根，於諸如來常，決定分明見，具足無減修。」此處引文，據智顗説、灌頂記摩訶止觀。

〔二〕隋慧遠撰大乘義章卷一二六波羅蜜義十門分别：「六波羅蜜者，謂檀波羅蜜乃至般若波羅蜜。初言『檀』者，是外國語，此名『布施』，以己財事分布與他，名之爲『布』；輟己惠人，目之爲『施』。言『尸羅』者，此方正翻名曰『清涼』，三業炎非，焚燒行人，事等如熱，戒能防息，故號清涼；復言『戒』者，隨義傍翻，以能防焚，故復稱戒。言『羼提』者，此名『忍辱』，他人加毁，名之爲『辱』；於辱能安，目之爲『忍』。『毗離耶』者，此名『精進』。練心於法，故説爲『精』；精心務達，故稱爲『進』。言『禪那』者，此名『思惟修』，亦名『功德叢林』。上界静法，審觀方成，名『思惟修』；能生諸德故，復説爲『功德叢林』。言『般若』者，此方名『慧』。於法觀達，故稱爲『慧』。」

〔三〕「知」，原作「見」，據摩訶止觀改。

〔四〕「眼」，原作「界」，據摩訶止觀改。

〔五〕見智顗説、灌頂記摩訶止觀卷七下。

又，若論差別者，則諸天是報得，二乘是修得，我此宗門非報非修，是發得五眼，以本圓具故。若悟佛乘人，雖具煩惱性，能知如來秘密之藏，即肉眼而名佛眼。二乘人雖證滅修道，具漏盡通，即天眼而爲瞖眼。所以志公云：「大士肉眼圓通，二乘天眼有瞖。」〔一〕融大師〔二〕云：不取天眼等五通造事外道，唯取入理凡夫耳。

校注

〔一〕出誌公和尚十四科頌持犯不二。誌公和尚十四科頌，詳見本書卷一四注。

〔二〕融大師：法融。傳見續高僧傳卷二一唐潤州牛頭沙門釋法融傳。

音義

蔽，必意反，掩也。　礦，古猛反，金璞也。　慘，七感反。　耆，渠脂反。　梟，古堯反。　獍，居慶反。　剥，北角反，削也。　踞，居御反。　蜕，書芮反，蜕皮。　鴿，古合反。　鷂，弋笑反。

戊申歲分司大藏都監開板